权威·前沿·原创

皮书系列为
"十二五""十三五""十四五"时期国家重点出版物出版专项规划项目

B

BLUE BOOK

智库成果出版与传播平台

吉林蓝皮书

BLUE BOOK OF JILIN

吉林法治发展报告

（2024）

ANNUAL REPORT ON RULE OF LAW

IN JILIN (2024)

主　编／刘立新

副主编／丁晓燕

社会科学文献出版社

SOCIAL SCIENCES ACADEMIC PRESS（CHINA）

图书在版编目（CIP）数据

吉林法治发展报告 . 2024 / 刘立新主编；丁晓燕副
主编 . --北京：社会科学文献出版社，2024.5
（吉林蓝皮书）
ISBN 978-7-5228-3452-8

Ⅰ.①吉…　Ⅱ.①刘…　②丁…　Ⅲ.①社会主义法制
-研究报告-吉林-2024　Ⅳ.①D927.34

中国国家版本馆 CIP 数据核字（2024）第 066190 号

吉林蓝皮书
吉林法治发展报告（2024）

主　　编 / 刘立新
副 主 编 / 丁晓燕

出 版 人 / 冀祥德
组稿编辑 / 任文武
责任编辑 / 王玉山
文稿编辑 / 杨　莉
责任印制 / 王京美

出　　版 / 社会科学文献出版社·生态文明分社（010）59367143
　　　　　地址：北京市北三环中路甲 29 号院华龙大厦　邮编：100029
　　　　　网址：www.ssap.com.cn
发　　行 / 社会科学文献出版社（010）59367028
印　　装 / 三河市东方印刷有限公司

规　　格 / 开本：787mm×1092mm　1/16
　　　　　印张：24　字数：360 千字
版　　次 / 2024 年 5 月第 1 版　2024 年 5 月第 1 次印刷
书　　号 / ISBN 978-7-5228-3452-8
定　　价 / 128.00 元

读者服务电话：4008918866

吉林法治发展报告（2024）
编　委　会

主要编撰者简介

刘立新　中共党员，东北师范大学法学博士。现任吉林省委宣传部副部长（正厅长级），吉林省社会科学界联合会副主席，吉林省社会科学院（吉林省社会科学界联合会）党组书记，吉林省社会科学院院长。长期从事理论、宣传、思想工作，在统筹意识形态、指导理论研究、规划哲学社会科学发展等方面经验丰富、颇有建树。曾任吉林省委组织部干部教育处处长，辽源市委常委、东丰县委书记，辽源市委宣传部部长，辽源市纪委书记，辽源市政协主席等职务。

丁晓燕　吉林省社会科学院（吉林省社会科学界联合会）党组成员，吉林省社会科学院副院长、二级研究员，吉林省委决策咨询委员会委员，吉林省政府决策咨询委员，中国城市经济学会常务理事，国务院政府特殊津贴获得者、吉林省有突出贡献专家、吉林省拔尖创新人才。长期从事区域经济、产业经济、文旅经济研究。近年来，主持、承担各级各类课题50余项，发表论文和研究报告近百篇，主编出版《吉林老工业基地振兴发展研究》《东北振兴与产业转型升级研究》《吉林省文化产业发展解析》《吉林省文化和旅游发展报告》等。作为课题负责人，主持国家社会科学基金项目"振兴东北老工业基地战略跟踪研究"，相关研究成果得到中央有关领导批示。

宋慧宇　吉林省社会科学院法学研究所研究员，法学博士，政治学博士后。中共吉林省委宣传部规范性文件审查和风险评估专家，吉林省社会科学研究"十四五"（2021~2025 年）规划法学学科专家，吉林省涉案企业合规第三方机制专业人员库专家成员，长春市法律咨询专家，长春市法学会理事，吉林省法学会行政法学研究会常务理事，吉林省法学会仲裁法学研究会理事。先后主持国家社会科学基金项目、司法部国家法治与法学理论项目、中国博士后科学基金项目、吉林省哲学社会科学基金项目等。出版学术专著两部：《食品安全政府治理能力现代化的制度保障研究》和《行政监管权及其规制研究》。独立发表学术论文 30 余篇。获得吉林省社会科学优秀成果二等奖和三等奖各 1 项、吉林省社会科学基金项目优秀成果二等奖 1 项、长春市社会科学优秀成果二等奖 1 项。

摘　要

党的十八大以来，吉林省全面推进科学立法、严格执法、公正司法、全民守法，法治吉林建设迈出全新步伐，成为全省改革发展稳定大局的坚强保障，为在新的起点上推动吉林省经济社会发展奠定了坚实法治基础。吉林省委逐步完善党内法规建设，全面从严治党，加强党内治理法治化，坚持把党的领导贯彻到法治吉林建设全过程和各方面；吉林省人大常委会将党的领导贯彻到立法工作全过程和各方面，立足全省振兴发展实际需要，坚持科学立法、民主立法、依法立法，充分发挥人大在立法工作中的主导作用，全方位推进经济、环保、社会、民生、文化等领域立法；吉林省政府高度重视法治政府建设，积极推动政府职能转变和不断深化放管服改革，构建系统完备、科学规范、运行有效的依法行政制度体系，以推进综合执法改革为重点完善行政执法各项制度，严格规范公正文明执法，不断提高行政执法水平；吉林省司法机关始终坚持以人民为中心，坚持公正司法，积极服务和保障吉林振兴发展，全面强化司法体制改革，深入推进平安吉林和法治吉林建设；吉林省不断增强全社会法治观念，推动全社会树立法治意识，运用法治思维和法治方式化解社会矛盾，推进和谐稳定的法治社会建设。当前，吉林省正处于实现高质量发展和破解深层次矛盾问题的关键阶段，与新时代吉林振兴发展和人民群众的法治需求相比，各项工作仍然存在一定的差距和不足，迫切需要在党的二十大精神和习近平法治思想的指引下，更好地发挥法治固根本、稳预期、利长远的保障作用。要把学习贯彻习近平法治思想作为当下和今后一个时期的重要政治任务，并坚持以习近平法治思想为指引，不断将其贯彻落实到依法治省全过程、全方位、全领域，更好转化为法治吉林建设的生动实践；要紧扣吉林省"十四五"规划以及其他重要法治规划和方案，加强重点领域、新兴领域立法，立法内容要体现地方特色，坚持问题导向，增强立法适用性和可操作性，立法过程要践行全过程人民民主，广泛听取人民群众对立法规划的意见和建议；以习近平法治思想为指导，不折不扣地贯彻落实重要法治规划和方案所设定的政府各项职责、任务，确保政府依法全面履行职能；持续深化司法体制综合配套改革，完善诉讼繁简分流制度，坚持和发展新时代"枫桥经验"，深入推进诉源治理与执法办案并重；加快落实刑事案件律师辩护全覆盖、扩大远程公证服务覆盖面、建立和完善律师参与诉源治理制度机制，推进公共法律服务提质增效；大力挖掘社会资源的潜力，运用"五社联动"机制创新基层治理格局；创新生态环境保护机制，以"五化"闭环工作法推动生态强省建设，推进社会公众全过程参与和全方位监督生态环境保护。

当前，吉林省正处于全面建设社会主义现代化新吉林的关键时期，着力建设更高水平的法治吉林是解决经济社会发展面临的一系列重大问题的根本要求。全省各政府机关、司法行政系统、科研机构、高等院校等在法治吉林建设方面持续不断地进行研究探索，形成了很多具有理论价值和应用价值的成果，《吉林法治发展报告（2024）》首次将这些研究成果呈现出来。《吉林法治发展报告（2024）》全书共分为六个部分，即总报告、法治政府、司法建设、法治社会、行业监管和社会治理，共24篇报告，全方位系统总结了党的十八大以来特别是近几年吉林省法治建设的实践进程与经验，深入剖析面临的问题及原因，同时为吉林省法治建设建言献策，明确法治建设今后的努力方向，切实把习近平法治思想贯彻落实到法治吉林建设全过程，更加扎实推进全面依法治省，持之以恒建设法治吉林。

关键词： 法治吉林　依法治省　治理现代化

目 录 ⟫

Ⅰ 总报告

B.1 党的十八大以来吉林省法治建设发展总体状况与展望

.... 吉林省社会科学院课题组 / 001

一 加强党内治理法治化，统筹推进法治吉林建设 .... / 002

二 完善立法，将全过程人民民主贯穿立法全过程 .... / 007

三 坚持依法行政，持续推进法治政府建设 .... / 011

四 深化司法体制改革，切实维护司法公正 .... / 018

五 增强全社会法治观念，全面推进法治社会建设 .... / 024

六 迎接法治建设新挑战，推进法治吉林建设实现新突破

.... / 032

Ⅱ 法治政府

B.2 吉林省加强行政规范性文件管理的对策研究

.... 中共吉林省委党校课题组 / 040

B.3 吉林省综合行政执法体制改革综述

.... 吉林省司法厅综合行政执法体制改革课题组 / 055

B.4 吉林省"双随机、一公开"监管工作的实践与创新

         …………………………… 吉林省市场监管厅课题组 / 066

B.5 吉林省市场监管领域基层法治建设新路径探索

         ………………………… 中共吉林省委党校课题组 / 081

Ⅲ　司法建设

B.6 党的十八大以来吉林法院审判管理工作路径创新及成效分析

         ……………………………………………… 常非凡 / 094

B.7 吉林法院司法责任体系建设研究报告……………… 高　远 / 107

B.8 吉林省涉案中小微企业合规问题研究……………… 刘志惠 / 125

B.9 吉林法院人身安全保护令制度实施情况的调研报告…… 黄一鸣 / 138

B.10 吉林省社区矫正的历史演进、发展现状及对策建议

         ………………………………… 赵　蒙　江　涛 / 149

B.11 吉林省人民调解工作现状分析及对策研究 ………… 崔佳良 / 163

Ⅳ　法治社会

B.12 加强法治乡村建设，助力全面推进乡村振兴

    ——吉林省法治乡村建设工作情况报告 ………… 张　超 / 175

B.13 运用红色文化资源构筑吉林新型普法阵地研究 ……… 李宪松 / 190

B.14 吉林省法律援助工作现状与机制创新研究 ………… 张新梅 / 198

B.15 公共法律服务助力长春乡村振兴的实践与探索

        ………… 长春市司法局、吉林省社会科学院联合课题组 / 212

B.16 吉林省优化法治化营商环境对策研究 ……… 苏致衡　林海波 / 226

B.17 吉林省发挥司法职能作用，优化营商环境调研报告

         ………………………………… 张　颖　魏　莹 / 239

B.18 吉林省基层社会综治模式创新研究 ………………… 徐　建 / 252

V 行业监管

B.19 吉林省生态环境保护的法制保障研究 ……… 何志鹏 孙 璐 / 263

B.20 吉林省打击电信网络诈骗犯罪的实践与思考 ………… 张明正 / 278

B.21 吉林省深化药品监管体制改革的实践与探索 ………… 金 锋 / 290

B.22 吉林省完善知识产权保护调研报告 ……………………… 李 雪 / 305

VI 社会治理

B.23 吉林省社会治理状况调研报告 …… 中共吉林省委党校课题组 / 316

B.24 吉林省提升社会组织参与基层社会治理能力研究 …… 孙 璐 / 330

Abstract ………………………………………………………… / 342

Contents ………………………………………………………… / 346

皮书数据库阅读使用指南

总 报 告

B.1
党的十八大以来吉林省法治建设发展
总体状况与展望

吉林省社会科学院课题组*

摘 要： 党的十八大以来，吉林省在全面推进依法治省、建设法治吉林的思想指导下，着力推进地方立法制度体系完善；坚持依法行政，不断深化法治政府建设；深化司法体制改革，司法服务保障高质量发展；不断增强全社会法治观念，推进和谐稳定的法治社会建设。法治吉林建设取得显著成效。"十四五"时期，吉林省正处于实现高质量发展和破解深层次矛盾问题的关键阶段，与新时代吉林振兴发展和人民群众的法治需求相比，法治建设仍然存在一定的差距和不足。未来一段时间，吉林省应继续贯彻落实习近平法治思想引领法治吉林建设，紧扣吉林省"十四五"规划加强重点领域立法，继续深化各项行政体制改革和司法体制综合配套改革，扎实推动更高水平的

---

* 吉林省社会科学院课题组：组长：丁晓燕，吉林省社会科学院副院长、研究员，研究方向为区域发展战略。成员：邢宜哲，吉林省社会科学院法学研究所研究员，研究方向为法治政府、知识产权；宋慧宇，吉林省社会科学院法学研究所研究员，法学博士、政治学博士后，研究方向为政治学、行政法学。执笔人：宋慧宇。

平安吉林建设，推进公共法律服务提质增效，制定"五社联动"机制具体行动策略创新基层治理格局，创新生态环境保护机制促进生态强省建设等，以点带面、点面结合，切实推动法治吉林建设不断取得新进展、新成效。

关键词： 依法治省　综合执法　政务公开　司法公正　五社联动

2022年是党的十八大召开十年之际，这十年是吉林省法治建设取得长足进步的十年，吉林省全面推进科学立法、严格执法、公正司法、全民守法，法治吉林建设迈出全新步伐，成为全省改革发展稳定大局的坚强保障，为在新的起点上建设法治吉林奠定了坚实基础。

一　加强党内治理法治化，统筹推进法治吉林建设

党的十八大以来，吉林省委逐步加强和完善党内法规建设，全面从严治党取得新成果，同时，坚持把党的领导贯彻到法治吉林建设全过程和各方面，为新时代吉林全面振兴发展提供法治保障。

（一）完善党内法规建设，全面从严治党向纵深推进

1. 坚持把党的政治建设摆在首位

吉林省委在落实全面从严治党主体责任中不断提高政治站位、强化政治统领，把学习贯彻落实习近平总书记视察吉林重要讲话和重要指示批示精神作为首要任务，把严守政治纪律和政治规矩作为重要内容，把巩固深化"不忘初心、牢记使命"主题教育成果作为生动实践，2021年制定了《中共吉林省委关于坚决拥护"两个确立"坚决做到"两个维护"全面加强党的政治建设的决定》，指出党的政治建设是党的根本性建设，以党的政治建设新成效引领新时代吉林振兴发展新突破。

2. 坚持思想建党和制度治党紧密结合

吉林省坚持把思想建党作为全面从严治党的根本举措，突出思想政治建

设、作风建设。2013 年，党的群众路线教育实践活动开启了吉林省党的思想建设的新起点。2015 年，"三严三实"专题教育接续推进，全省党的思想政治建设和作风建设教育实践活动成果得到进一步巩固和拓展。2016 年，扎实开展"两学一做"学习教育，党内教育常态化格局初步形成，中组部"两学一做"学习教育情况通报以《吉林加大学习教育指导推进力度》为题，推介了吉林省做法。① 2019 年，全省"不忘初心、牢记使命"主题教育自上而下分两批有力有序有效开展。2021 年，吉林省委印发《全省党史学习教育实施工作方案》，明确 17 个重点任务、49 项具体内容、145 个实施举措和步骤，全面部署全省党史学习教育；同年，着力打造"七讲七进"理论宣讲新模式，推动党的十九届六中全会精神深入基层、深入人心。近年来，围绕学习贯彻党的十九大精神和党的十九届历次全会精神等内容，全省共举办研讨班进修班轮训班 2640 期，培训干部 40.9 万人次。②

3. 推动党内监督制度化、规范化、程序化

2018 年以来，吉林省委陆续出台《关于对不担当不作为干部进行组织处理的办法》（2018 年）、《关于形式主义、官僚主义突出问题问责办法（试行）》（2020 年）、《中共吉林省委关于加强对"一把手"和领导班子监督的若干措施》（2021 年）、《吉林省贯彻〈中国共产党问责条例〉实施办法》（2021 年）、《贯彻落实〈省委常委会加强对"一把手"和领导班子监督具体措施〉工作台账》（2021 年）等规范性文件，将监督贯穿党内治理全过程，并强化奖惩问责处理的示范作用。2021 年，吉林省纪委监委印发《吉林省纪检监察机关全面加强政治监督的实施意见（试行）》，全面加强政治监督工作，推动全省党建工作取得了明显成效。

4. 深入贯彻落实新时代党的组织路线

扎实推进新时代吉林党支部标准体系（BTX）建设，2018 年，吉林省

---

① 李抑嫱：《补足精神之"钙" 扎牢思想之根——我省党的思想建设工作回眸》，《吉林日报》2017 年 5 月 22 日，第 1 版。
② 李抑嫱：《补足精神之"钙" 筑牢思想之"魂"——我省党的思想建设工作回眸》，《吉林日报》2022 年 5 月 12 日，第 1 版。

委出台《新时代吉林基层党组织建设质量标准体系（试行）》，构建形成了要素指标、智慧党建、工作推进、责任落实、考核评价五大质量标准体系，推动全省基层党组织建设全面进步、全面过硬；树立重实干重实绩重担当的用人导向，落细落实容错纠错和受处理处分干部关怀使用"一个意见，两个办法"，"2020年先后对198名干部容错，对1953名受处理处分干部关爱帮扶"①；2021年吉林省在全国率先建立党建引领城乡基层治理统一领导体制，组建省市县三级党委城乡基层治理工作委员会，着力破解基层治理"九龙治水、条块分割，权责失衡、力量分散"的突出问题，探索走出一条党建引领城乡基层治理的有效路径。②

5. 严格落实中央八项规定及其实施细则精神，驰而不息纠治"四风"

吉林省第十一次党代会召开以来的五年时间里，在以习近平同志为核心的党中央坚强领导下，吉林省委率先垂范、踔厉奋进，带领全省上下持续加强作风建设，将2021年确定为全省"作风建设年"，党风政风焕然一新，社风民风持续向好。深化作风建设，坚持全面从严，突出监督重点，五年来全省纪检监察机关共查处违反中央八项规定精神问题11195个，批评教育帮助和处理12147人，通报曝光典型问题2639起3614人；③以人民为中心价值取向深化政治监督，五年来，通过巡视共受理群众来信来电71384件次，接待群众来访2182次，发现违反中央八项规定精神和"四风"问题376个、群众身边腐败和不正之风问题263个，推动立行立改，解决群众反映强烈的"急难愁盼"问题608个；严肃查处群众身边腐败和作风问题，坚决打通全面从严治党向基层延伸"最后一公里"，五年来，市县两级共巡察党

① 景俊海：《发挥全面从严治党引领保障作用 加快实现新时代吉林全面振兴》，《党建研究》2021年第5期。
② 周立权：《吉林：创新建立党建引领城乡基层治理统一领导体制》，"新华社"百家号，2021年8月6日，https://baijiahao.baidu.com/s?id=1707337557602423500&wfr=spider&for=pc。
③ 姚思行：《持之以恒正风肃纪 为新时代吉林振兴发展提供坚强作风保障——省第十一次党代会以来全省纪检监察机关强化作风监督工作综述》，中共延边州纪律检查委员会（延边州监察委员会）网站，2022年5月24日，http://www.ybjj.gov.cn/jl/2022-05-24/16129.html。

组织 4941 个，巡察村（社区）10684 个，实现历史性全覆盖，全省市县巡察发现问题 151842 个、问题线索 14308 个，立案审查调查 4528 人，4454 名干部受到党纪政务处分，移送司法机关 257 人。①

（二）坚持党的全面领导，统筹推进法治吉林建设

1. 加强党组织自身领导能力建设

一是制定工作规则提高吉林省委执政能力和领导水平。2022 年 6 月，吉林省委印发了《中国共产党吉林省委员会工作规则》，明确了吉林省委工作的原则、作用、组织架构、职责、组织原则、议事和决策程序、监督和追责等内容，贯彻落实了全面从严治党要求，加强和改进中国共产党吉林省委员会工作。二是对培养造就忠诚干净担当的高素质专业化干部队伍进行科学部署。吉林省委分别于 2014 年、2019 年和 2020 年制定出台了《吉林省 2014—2017 年干部教育培训规划》《2019—2022 年吉林省干部教育培训规划》《吉林省贯彻落实〈2019—2023 年全国党员教育培训工作规划〉的实施意见》，进一步提高全省党员教育培训工作质量，努力建设一支政治合格、执行纪律合格、品德合格、发挥作用合格的高素质党员队伍。

2. 完善全面依法治省总体制度设计

2014 年，吉林省委出台《中共吉林省委关于贯彻落实党的十八届四中全会精神全面推进依法治省的实施意见》，明确了全面推进依法治省、建设法治吉林的指导思想、总体目标、基本原则和主要任务，对全面推进依法治省的组织领导、强化依法治省的各项保障措施做出了全面部署。2018 年 10 月，《吉林省机构改革方案》印发，指出组建吉林省委全面依法治省委员会，作为吉林省委议事协调机构，2018~2021 年，吉林省委全面依法治省委员会先后召开四次会议，传达学习习近平总书记在中央全面依法治国委员会第一、二、三次会议上的重要讲话精神，深入贯彻习近平法治思想和习近平

---

① 黄亮、傅禹砜：《坚守政治监督定位　彰显巡视利剑作用——十一届省委巡视工作综述》，《吉林日报》2022 年 5 月 20 日，第 1 版。

总书记视察吉林重要讲话的指示精神，部署当年全面依法治省各项工作。

3. 推进国家治理体系和治理能力现代化重点任务落实

深入贯彻落实党的十九届四中全会精神，扎实推进治理体系和治理能力现代化，"社会治理社会化、法治化、智能化、专业化水平大幅提升，基层基础巩固夯实，基层队伍进一步建强，基层治理体系和治理能力现代化建设更富成效"①。2019 年，吉林省委出台《中共吉林省委关于贯彻党的十九届四中全会〈决定〉精神，推动坚持和完善中国特色社会主义制度、推进国家治理体系和治理能力现代化重点任务落实的意见》，在科技创新、行政管理、民生保障、生态环境、开放合作等方面谋划设计了一批具有吉林特色的制度安排，致力于将中央和吉林省重大决策部署、重大制度转化为实际成果和治理效能。

4. 统筹推进法治政府建设

吉林省深入贯彻习近平法治思想，坚持把法治政府建设作为全面依法治省的重点任务和主体工程来抓。一是统筹做好吉林省法治政府建设。2022年初，吉林省委全面依法治省委员会印发《吉林省落实〈法治政府建设实施纲要（2021—2025 年）〉重要举措方案》，进一步完善了吉林省落实"一规划两纲要"具体措施，明确了"十四五"时期吉林省法治政府建设的目标任务。二是推动开展全省法治政府建设示范创建活动。2019 年，在中央依法治国办在全国组织开展的法治政府建设示范创建活动中，吉林省集安市入选；2021 年，吉林省委全面依法治省委员会办公室在全省各市（州）、县（市、区）及部分开发区部署开展了 2019~2020 年全省法治政府建设示范创建活动。

5. 领导吉林省建设高质量法治社会

一是扎实推动更高水平的平安吉林建设，提升公共安全保障能力。2019年，吉林省委出台《关于防范化解重大风险加快吉林全面振兴全方位振兴

---

① 景俊海：《高举旗帜牢记嘱托　踔厉奋发勇毅前行　奋力谱写全面建设社会主义现代化新吉林精彩篇章——在中国共产党吉林省第十二次代表大会上的报告（二〇二二年六月十九日）》，《吉林日报》2022 年 6 月 27 日，第 1 版。

的决定》，指出吉林省风险隐患主要体现在经济和社会领域，要突出重点难点，加大防控力度，坚决打好防范化解重大风险攻坚战。二是加强食品药品安全和生产监管，切实保障人民群众身体健康和生命安全，为吉林省经济社会发展营造安全稳定环境。吉林省委、省政府相继印发《关于全面加强食品安全监管工作的意见》（2019年）、《关于全面加强药品安全监管工作的意见》（2019年）、《吉林省关于全面加强危险化学品安全生产工作的实施方案》（2020年）。三是坚持以人民为中心，切实实施服务民生和保障民生制度。吉林省委、省政府印发《关于完善法律援助制度的实施意见》（2015年）和《关于改革完善社会救助制度的实施意见》（2020年）等。

二 完善立法，将全过程人民民主贯穿立法全过程

党的十八大以来，吉林省人大常委会将党的领导贯彻到立法工作全过程和各方面，立足全省振兴发展实际需要，坚持科学立法、民主立法、依法立法，充分发挥人民代表大会在立法工作中的主导作用，全方位推进经济、环保、社会、民生、文化等领域立法，努力通过立法实践取得良好的经济效果、社会效果和法律效果。

（一）坚持党的领导，全面加强吉林省地方立法工作

1. 坚持党对立法工作的领导，不断完善吉林省地方法规体系

吉林省人大常委会紧扣落实中央和吉林省委重大决策部署，紧扣回应人民群众重大关切，紧扣推进全面依法治省，立法工作迈出新步伐。2013～2017年五年间，共制定、修改地方性法规53件，审议批准设区的市、自治州制定、修改地方性法规47件，审议批准民族自治地方制定、修改、废止单行条例22件；① 2018～2021年四年间，共审议法规草案72件，通过51

① 《吉林省人民代表大会常务委员会工作报告——2018年1月28日在吉林省第十三届人民代表大会第一次会议上 省人大常委会常务副主任马俊清》，吉林人大网，2018年1月28日，http：//jlrd. gov. cn/ztzl/ljhy/jlsdsyjrdschy_ 84717/wjbg/201801/t20180128_ 5411866. html。

件，批准设区的市和民族自治地方法规、单行条例 124 件，审查规范性文件 114 件。①

2013 年~2022 年 7 月，吉林省颁布实施省级地方性法规 97 部，具体内容及占比见图 1。

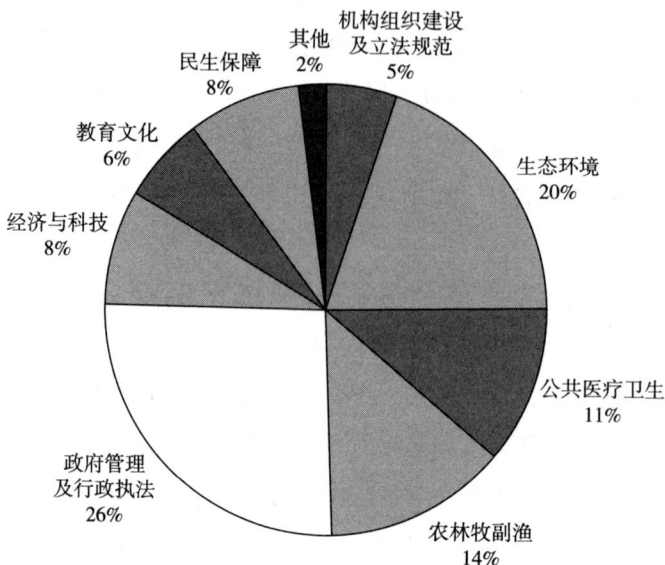

图 1　2013 年~2022 年 7 月吉林省地方性法规具体内容及占比

资料来源：吉林省人民代表大会常务委员会，由课题组分类整理。

从图 1 可以看出，党的十八大以来十年间，吉林省制定的省级地方性法规占比最高的是政府管理及行政执法类，约占总数量的 1/4，主要涉及社会公共事务管理，按年份看数量也比较均衡；生态环境领域法规占比达 1/5，这也是十年间吉林省生态环境改善的重要原因之一；农林牧副渔和经济与科技类地方性法规总数量占比超过 1/5，可以看出经济发展仍然是重中之重；公共医疗卫生领域立法占比超过 1/10，其中大多数涉及食品药品安全问题。相比较而言，教育文化和民生保障这两大领域的法规占比略低。

---

① 数据来自历年吉林省人民代表大会常务委员会工作报告，由课题组汇总。

2. 坚持科学立法民主立法，地方立法质量全面提高

吉林省人大常委会紧紧抓住提高立法质量这个关键，科学确定立法项目，从吉林全面振兴全方位振兴需求出发，通盘考虑立法项目的必要性和成熟度，区分轻重缓急列入立法规划和计划，不断增强立法的系统性、及时性、针对性和有效性；创新立法工作机制，将全过程人民民主贯彻到立法实践的每一个环节，2015 年制定了《关于进一步完善科学立法、民主立法程序的指导意见》，规范法规起草、论证、协调、审议各个环节；2016 年制定了《吉林省人大常委会立法评估办法》，把握立法主动权，有效克服立法的随意性和盲目性，实现立法资源优化配置；建立基层立法联系点制度，直接听取基层意见，扩大人民群众对地方立法的参与面；积极拓宽法规起草渠道，探索委托第三方起草法规草案；研究制定立法专家顾问制度，提高地方立法专业化能力。

（二）加强重点领域立法，护航吉林高质量发展

1. 地方立法促进经济高质量发展

党的十八大以来，吉林省在乡村振兴、三农问题、大数据发展、营商环境、中小企业发展，以及人参、旅游、保健品等特色产业发展等方面制定和修订了地方性法规，不断推动体制机制创新，为吉林省经济发展提供立法支撑。

2. 加强生态立法，筑牢生态环境法治屏障

吉林省从生态环境保护、河湖管理、长白山自然保护区管理，以及大气污染、危险废物污染、气象水文保护等方面立法，着力推进生态文明建设。2018 年，吉林省人大常委会审议通过的《吉林省黑土地保护条例》是我国首部黑土地保护地方性法规，填补了全国立法空白，加大了黑土地保护力度，是一部立足自然资源保护和可持续利用的创制性地方立法；2021 年，吉林省人大常委会修改了《吉林省黑土地保护条例》，将每年 7 月 22 日确定为"吉林省黑土地保护日"，这是吉林省贯彻落实党中央重大决策部署要求推动地方立法的一次生动实践。

3. 强化社会领域立法，推动社会治理法治化建设

党的十八大以来，吉林省强化行政执法、社会治理、公共服务、公用事业、志愿服务、教育等方面地方立法，通过立法切实解决社会普遍关注的焦点问题，为维护社会和谐稳定提供法治保障。

4. 为民立法，提升人民群众生活品质

一是为促进吉林省人口长期均衡增长，2014年，吉林省修订了《吉林省人口与计划生育条例》，确定实施单独两孩政策；2021年，吉林省修正了《吉林省人口与计划生育条例》，助推"三孩"生育政策及配套支持政策尽快在吉林省落地实施。二是在消费者权益保护、老年人、残疾人权益保障、物业管理、城市供热、反家庭暴力等方面积极回应人民群众对法治建设的期盼。

5. 立法推动文化事业发展与民族文化保护与传承

为提高公民思想道德素质和科学文化素质，2017年，吉林省制定了《吉林省全民阅读促进条例》；为继承、保护和弘扬中华民族优秀传统文化，2015年批准《延边朝鲜族自治州朝鲜族非物质文化遗产保护条例》和《前郭尔罗斯蒙古族自治县民族文化条例》，2017年制定了《吉林省非物质文化遗产保护条例》。

（三）强化监督职能，发挥人大监督作用

1. 积极开展全方位监督

党的十八大以来，吉林省人大常委会一是紧紧围绕中心、服务大局，坚持依法监督、正确监督和有效监督。2013~2020年八年间共组织开展执法检查、视察和专题调研询问123次，共听取审议"一府两院"专项工作报告121项，[①] 着力增强监督工作的针对性、实效性，保证宪法、法律和地方性法规的贯彻实施。二是加强依法监督的制度建设，2016年制定了《吉林省人大常委会专题询问办法（试行）》，切实提升吉林省人大常委会监督实效，规范专题询问工作，促进依法行政、公正司法。

---

① 数据来自历年吉林省人民代表大会常务委员会工作报告。

2. 聚焦民生热点，提升监督质效

吉林省人大常委会围绕中央决策部署和吉林省委中心工作，针对人民群众反映强烈的热点难点痛点问题确定监督项目。一是 2018~2020 年，吉林省人大常委会连续三年围绕"两不愁三保障"突出问题集中开展脱贫攻坚工作监督，并听取吉林省政府关于全省脱贫攻坚工作情况的报告，对决战决胜脱贫攻坚起到了积极的推动作用。二是吉林省人大常委会连续三年视察扫黑除恶专项斗争工作，听取和审议了《省人大常委会关于视察全省扫黑除恶专项斗争开展情况的报告》和省政府《关于全省扫黑除恶专项斗争工作情况的报告》，书面审议了吉林省高级人民法院、吉林省人民检察院专项工作报告，推动扫黑除恶专项斗争向纵深发展。

三 坚持依法行政，持续推进法治政府建设

党的十八大以来，吉林省政府高度重视法治政府建设，积极推动政府职能转变和不断深化放管服改革，构建系统完备、科学规范、运行有效的依法行政制度体系，以推进综合执法改革为重点完善行政执法各项制度，促进严格规范公正文明执法，不断提高行政执法水平。

（一）坚持高位推动，推进法治政府建设

吉林省始终坚持以习近平新时代中国特色社会主义思想为指导，以习近平法治思想为指引，贯彻党的十八大、十九大和十八届、十九届历次全会精神，不断加强法治政府建设顶层设计。吉林省政府于 2014 年出台了《吉林省法治政府建设指标体系》，涵盖九大方面法治政府体系建设；2022 年推动印发《吉林省落实〈法治政府建设实施纲要（2021—2025 年）〉重要举措方案》，将法治政府建设工作纳入经济社会发展总体规划。

（二）坚持简政惠民，积极推动政府职能转变

1. 深化行政审批制度改革

深入贯彻党中央、国务院关于取消、下放和调整行政审批事项的决策部

署,大力推动行政审批等权力下沉。2013 年,吉林省政府办公厅连续印发关于深化行政审批制度改革、推进简政放权的实施意见和通知。① 2013 年以来,吉林省政府连年公布省级行政审批、行政许可和证明项目清单,仅 2018 年就梳理出省级行政权力 3886 项,确定保留 2768 项,取消和下放 1188 项,放权比例为 30%。② 2021 年 7 月 1 日起,在全省范围内实施涉企经营许可事项全覆盖清单管理,按照直接取消审批、审批改为备案、实行告知承诺、优化审批服务等四种方式分类推进审批制度改革。③

2. 优化法治化营商环境

吉林省政府近几年加快打造市场化、法治化、国际化营商环境,2019 年推动出台并贯彻实施《吉林省优化营商环境条例》,2020 年底制定了《吉林省优化营商环境条例实施细则》,从优化市场环境、政务环境、法治环境等方面提出要求,2021 年连续出台《吉林省营商环境优化提升实施方案(2021)》和《吉林省营商环境考核评价实施方案(试行)》,推动落实国家营商环境评价各项指标内容全面优化提升,坚持营商环境建设清单化、图表化、手册化、模板化、机制化"五化"工作法,进一步厘清责任分工、强化责任落实。在 2020 年中国营商环境评价中,长春市成为全国营商环境提升最快的 10 个城市之一。④ 2022 年 2 月 15 日,吉林省委办公厅和吉林省人民政府办公厅正式印发《长春智慧法务区建设总体方案》,同月长春智慧法务区启动建设,7 月 18 日长春智慧法务区正式启动运行,努力建设全面覆盖、无缝衔接国际国内法律服务需求的高能级法律服务高地。⑤

① 《吉林省人民政府办公厅关于深入推进行政审批制度改革工作的实施意见》(吉政办发〔2013〕16 号);《吉林省人民政府办公厅关于印发深化行政审批制度改革推进简政放权实施方案的通知》(吉政办发〔2013〕25 号);《吉林省人民政府办公厅关于做好省政府取消调整行政审批项目落实和监管工作的通知》(吉政办明电〔2013〕73 号);《吉林省人民政府办公厅关于落实和衔接国务院下放管理层级行政审批事项的通知》(吉政办明电〔2013〕101 号)。
② 《吉林省人民政府关于 2018 年度法治政府建设情况的报告》。
③ 《吉林省深化"证照分离"改革进一步优化营商环境激发市场主体活力实施方案》。
④ 孟凡明:《厚植高质量发展沃土——长春市全力打造一流营商环境纪实》,《吉林日报》2021 年 10 月 28 日,第 1 版。
⑤ 《揭牌!签约!长春智慧法务区正式启动运行》,长春新区管理委员会网站,2022 年 7 月 18 日,http://www.ccxq.gov.cn/xqyw/tpxw/202207/t20220719_2119775.html。

3. 深化"放管服"和"最多跑一次"改革

一是根据《中共吉林省委关于贯彻落实党的十八届四中全会精神全面推进依法治省的实施意见》要求，2016 年省市县三级权力和责任清单全部公布实施，2021 年乡（镇、街道）政府完成政府权责清单编制和公布工作，全面实行政府权责清单制度。2018 年连续公布三批"只跑一次"事项清单（省级），共涉及 1263 项群众和企业办事事项。[1] 二是 2018 年开通市场主体登记"e 窗通"系统，日均新登记企业 322 户；2020 年在"吉事办"网上办事大厅设立"一网通办"专区，230 项政务服务事项实现全流程网上办理，100 项高频事项实现"最多跑一次"。[2] 三是 2020 年吉林省人民政府下发《关于开展深化"放管服"改革赋予省级以下政府更多自主权改革试点的通知》，在长春市、通化市开展赋予省级以下政府更多自主权改革试点。四是 2018 年吉林省人民政府第 21 次常务会审议通过《关于全面推行"证照分离"改革的实施意见》，标志着"证照分离"改革在吉林省全面落地，并在长春新区开展试点工作；2020~2021 年，第二批"证照分离"改革推行，并启动"证照一码通"改革试点。经过多年加快转变政府职能，优化营商环境和政务服务，2021 年全省实现新登记市场主体 63.6 万户，同比增长 50.6%，增速居全国第三位。[3]

4. 加快"数字政府"建设，推进"互联网+政务服务"

持续推进政务服务方式转型升级，健全政务服务办事平台功能，完善数据共享和移动服务。2017 年初，吉林省人民政府颁布《关于深入推进"互联网+政务服务"工作的实施意见》，提出构建开放共享、高效便民的"互联网+政务服务"体系。2017 年重点推进政务信息系统整合共享；2018~2019 年，贯彻落实"一网、一门、一次"改革，省级政务大厅推行"一窗受理、集成服务"；2020~2021 年进一步提升网上政务服务能力，着力打通业务链条和数据共享堵点，实现更多政务服务事项"省内通办""跨省通办"。

---

① 数据来源于《吉林省群众和企业办事"只跑一次"事项清单（省级）（第三批）》。
② 数据来源于历年吉林省人民政府工作报告。
③ 陈俊、褚晓亮、宗巍、段续：《神州答卷丨吉林：蓄发展之能　谋振兴之变》，新华网，2022 年 6 月 18 日，http://www.news.cn/politics/2022-06/18/c_1211658233.htm。

（三）坚持科学民主决策，完善依法行政制度体系

1.坚持制度先行，完善依法行政制度体系

一是深入推进科学立法、民主立法、依法立法，制定了《吉林省规范性文件制定办法》（2013 年）、《吉林省人民政府拟定地方性法规草案和制定规章办法》（2016 年），从制度上完善了立法工作机制；围绕吉林省委、省政府中心工作，每年科学编制年度立法工作计划，不断加大重点领域立法工作力度，2013~2021 年，吉林省政府共提请吉林省人大常委会审议地方性法规草案 62 部，共制定政府规章 35 部，其中 9 部政府规章涉及行政立法（包括行政规范性文件）及行政执法相关内容，其他主要关注点集中于公共管理服务（8 部）、公共安全（6 部）、环境保护（4 部）、民生保障（4 部）、教育科技（3 部）等领域（见图 2）。二是制定和修改政府规章，规范行政执法行为。2013 年制定《吉林省规范行政处罚裁量权办法》，2014 年制定、2017 年修改《吉林省规范涉及企业行政执法行为若干规定》，2016 年制定《吉林省行政执法证件管理办法》。三是加强对政府规章和行政规范性文件的监管和清理工作。2019 年制定《吉林省人民政府办公厅关于全面推行行政规范性文件合法性审核机制的实施意见》，完善了行政规范性文件制定主体清单机制，进一步加强合法性审核工作；2020 年建立了省市县三级联动的政府规章、行政规范性文件定期清理机制，有力维护法治的权威和统一。

2.坚持科学民主决策，不断提高行政决策水平

2019 年，吉林省制定《重大行政决策程序暂行条例》，规范决策草案形成的民主和效率程序、决策草案提交前的合法性审查和集体讨论程序，以及决策执行后的跟踪调查和评估程序，为全省各级行政机关规范行政决策程序、提高行政决策水平提供制度遵循，2020 年启动实施后，2020 年和 2021 年两年省本级共合法性审查重大行政决策事项 42 件，其他法律事务 811 件，[①] 确保

---

① 数据来源于吉林省人民政府关于 2020 年和 2021 年法治政府建设情况的报告。

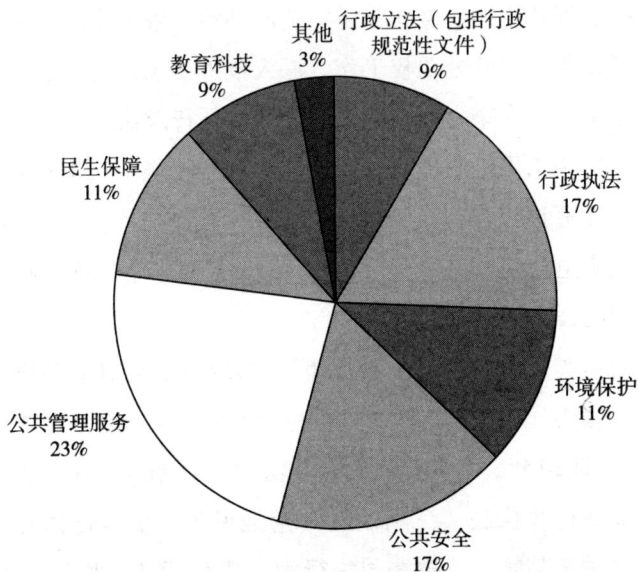

图2　2013~2021年吉林省政府规章具体内容及占比

资料来源：吉林省政府规章库，由课题组分类整理。

政府重大行政决策合法合规。2020年，修订了《吉林省人民政府决策咨询工作规则》，确立了吉林省政府"两团十组一库一联盟"的决策咨询工作体系，为吉林省政府依法科学民主决策提供强有力的专业支持。

（四）深化行政执法体制改革，严格规范行政执法行为

1.积极推进综合行政执法改革

吉林省人民政府于2014年印发的《吉林省法治政府建设指标体系》中行政执法体系建设指标第一点第一项就是"完善相对集中行政处罚权和综合行政执法制度"；2016年，吉林省全面推行"双随机、一公开"监管，在长春新区探索开展集中监管、综合执法；2017年，吉林省人民政府办公厅印发《吉林省深化市场监管体制改革方案》，提出"形成行政监管、综合执法、技术支撑三位一体的监管体系"的目标；2017年，出台《吉林省人民政府办公厅关于全面推进相对集中行政处罚权工作的意见》，明确在城市管

理、公共卫生、安全生产、文化旅游、资源环境、农林水利、交通运输等行政管理领域开展集中行政处罚权工作。深入推进市场监管等5个领域的综合行政执法改革工作，在全省607个乡镇设立综合行政执法办公室，在340个街道建立综合执法工作机制，切实提高基层执法效能；① 2021年，吉林省司法厅印发《关于开展综合行政执法试点工作的实施方案》，要求每个县区确定一个乡镇或街道作为试点，截至2022年5月已明确了65个试点单位。②

2. 严格规范公正文明执法实践

一是全面落实行政执法"三项制度"。2019年，吉林省政府制定《关于全面推行行政执法公示制度执法全过程记录制度重大执法决定法制审核制度的实施方案》；2020年，召开全省行政执法"三项制度"工作推进会，加强考评督导，推动行政执法"三项制度"落地见效；根据吉林省委全面依法治省委员会《关于整顿规范执法司法行为 优化营商环境的意见》和《关于编制行政执法"四张流程图"的工作方案》的要求，2021年建立并推行包容审慎监管执法"四张清单"，广泛开展行政执法"四张流程图"编制，不断筑牢严格规范公正文明执法制度基础。二是全面推行"双随机、一公开"的监管模式。为了规范监管执法行为，增强监管科学性和执法公正性，2016年吉林省开始在市场领域推广随机抽查、规范事中事后监管，2017年全省各级政府部门的行政执法事项除特殊情况外均采取"双随机、一公开"监管方式，2019年在市场监管领域推进部门联合"双随机、一公开"监管全覆盖、常态化，并于2021年制定了《"双随机、一公开"监管工作规范》，旨在提高行政执法规范化水平。

（五）全面推进政务公开，健全行政权力制约监督机制

1. 全面推进政务公开

一是为进一步加强政府信息公开工作的组织领导，2013年底，吉林省

---

① 《吉林省人民政府关于2020年度法治政府建设情况的报告》。
② 《对省政协十二届五次会议第11号委员联名提案的答复》，吉林省人民政府网站，2022年5月25日，http://xxgk.jl.gov.cn/zcbm/fgw_97987/xxgkmlqy/202205/t20220525_8458396.html。

政府成立吉林省政府信息公开工作领导小组。二是 2013 年以来，每年发布全省政务公开工作要点，围绕"三大攻坚战"、"放管服"改革、财政信息、基层政务以及群众普遍关注的重大建设项目批准和实施、公共资源配置、社会公益事业建设等，深入推进重点领域信息公开。三是 2016 年吉林省人民政府印发《关于全面推进政务公开工作的实施意见》，规定从 2017 年起政务公开工作在各级政府绩效考核体系中的分值权重不应低于 4%，建立标准化考核要求；2018 年将政务公开纳入吉林省委党校课程，开展政务公开从业人员培训工作。四是 2017 年 12 月初，吉林省人民政府委托省内第三方机构对各地、各部门政务公开工作情况进行评估，政务公开的质量和实效不断提升。五是 2018 年发布《吉林省人民政府办公厅关于切实做好全省政府公报工作的通知》，对全省政府公报的体系建设、编辑出版、服务水平和组织领导做出了明确规定，更好地满足公众对政府信息公开日益增长的需要。

2. 强化对行政权力的监督和制约

一是切实加强廉政建设，树立法治政府必须首先是廉洁政府的理念，2018~2022 年全省政府系统共召开五次廉政工作会议，不断强化政治建设，压实主体责任，提高廉洁从政本领，强化权力监督制约，提升政府治理能力和效能。二是积极接受人大监督和政协民主监督，2016~2021 年六年间共办理人大代表建议 1471 件，政协委员会提案 2282 件。① 三是充分发挥行政复议层级监督功能，2019~2021 年全省各级行政复议机关共办理行政复议案件分别为 7822 件、4554 件、2653 件，案件数量呈持续下降趋势，行政执法水平明显提升，2020 年全省行政复议纠错比例较 2019 年下降近 30 个百分点，② 行政复议化解行政争议的主渠道作用进一步发挥。四是不断深化"府院联动"工作机制，加强行政机关负责人出庭应诉，为规范行政应诉行为，2019 年初出台吉林省人民政府规章《吉林省行政应诉办法》，2019~2021 年，全省行政机关负责人出庭率分别达到

---

① 数据来源于 2016~2021 年吉林省人民政府工作报告。
② 《吉林省司法厅通报 2020 年度全省行政复议情况》，搜狐网，2021 年 5 月 28 日，https://www.sohu.com/a/469169186_ 121106822。

21.1%、65.5%、80.4%，2022年7月，全省行政机关负责人出庭率已达到100%。①

四　深化司法体制改革，切实维护司法公正

党的十八大以来，吉林省司法机关始终坚持以人民为中心，坚持公正司法，积极服务和保障吉林振兴发展，全面强化司法体制改革，深入推进平安吉林和法治吉林建设。

（一）切实履行司法职责，维护社会大局稳定

1. 积极履行司法职责

吉林省司法机关充分发挥司法职能作用，全力维护社会和谐稳定，2013～2021年，全省法院共受理案件3806385件，审执结3626845件；② 全省检察机关全面加强刑事、民事、行政检察工作，2013年探索建立的"领导扁平化、指挥信息化、管理标准化、资源集约化"一体化侦查机制，被最高人民检察院在全国推广，2019年白城市检察院在全国率先开展强制戒毒检察监督试点，相关经验被《检察日报》头版报道。

2. 创建司法工作联动机制

2016年，吉林省高级人民法院与吉林省政府法制办建立联席会议制度，定期通报行政审判情况，共同研究涉诉重点问题；2019年，吉林省高级人民法院与吉林省委全面依法治省委员会办公室和吉林省司法厅联合制定《关于推动吉林省国家工作人员旁听庭审活动常态化制度化的意见》；2020年，吉林省人民政府和吉林省高级人民法院联合印发《关于建立府院联动机制的意见》，推动在全省形成全层级覆盖、宽领域联动、常态化运行的府院联动工作格局。2018年吉林、广东、内蒙古等7省区检察机关共同建立

---

① 刘中全：《吉林省行政机关负责人出庭率达100%》，法治网，2022年8月11日，http://epaper.legaldaily.com.cn/fzrb/content/20220811/Articel01010GN.htm。

② 数据来源于吉林省高级人民法院历年工作总结。

民事行政检察合作机制，形成跨区域协作机制。

3. 加强未成年人司法保护

教育为主、惩罚为辅，完善少年犯罪审判机制，2019年辽源市西安区法院、延吉市法院荣获全国"青少年维权岗"称号；2021年，吉林省高级人民法院出台《关于进一步加强新时代未成年人审判工作的指导意见》，在全省69家中、基层法院刑事审判庭完成少年法庭挂牌工作，实现全省法院少年法庭地域全覆盖。[①] 2016年，吉林省人民检察院在全国成立首个省级院未成年人检察工作办公室，对700名未成年人的犯罪记录加密封存，帮助其改过自新、回归社会。[②] 2018年，吉林省在全国第一个出台支持检察机关加强未成年人司法保护的意见。[③] 吉林省各级人民检察院创新提出"一案八查"办案机制，[④] 2023年9月，吉林省人民检察院印发了《吉林省检察机关办理涉未成年人案件"一案八查"规定（修订版）》，指引办案检察官通过"一案八查"项目表中列明的八大类内容进行逐案审查，通过高质效办理每一个案件依法保护未成年人合法权益。[⑤]

4. 强化民生司法保障

一是加强人权司法保障。2018年，吉林省高级人民法院、吉林省司法厅联合印发《关于开展刑事案件律师辩护全覆盖试点工作的实施办法》，开展刑事案件律师辩护全覆盖试点，在全省75个法院设立法律援助值班律师

---

① 《少年审判 守护未来！吉林有我》，吉林法院网，2022年6月1日，http：//jlfy. e-court. gov. cn/article/detail/2022/06/id/6717336. shtml。

② 《吉林省人民检察院工作报告（2016年1月）》，吉林省人民检察院网站，2016年2月12日，http：//www. jl. jcy. gov. cn/tjzj/gzbg/202011/t20201123_ 3052010. shtml。

③ 孙峰松、李博：《吉林省委、省政府办公厅出台意见支持检察机关加强未成年人司法保护》，中华人民共和国最高人民检察院网站，2018年11月29日，https：//www. spp. gov. cn/spp/zdgz/201811/t20181129_ 400806. shtml。

④ 殷玥瓅、周炳宇、金晶姬：《六维视角下的吉林检察——2023年全省检察机关服务吉林振兴发展综述》，《吉林日报》2024年1月23日，第9版。

⑤ 陈政、王默、鲁小祯：《2023年未成年人检察工作亮点》，"吉林检察"微信公众号，2024年1月17日，https：//mp. weixin. qq. com/s？_ _ biz=MzA5NjgOOTAzMQ＝＝&mid=2650785262&idx=1&sn=339df2a61fc43834e255c09bd1bb546b&chksm=88a2b806bfd53110f0d71c5c91bcd375220 dac59a79124549371d36c6004e98f83b471dd2d2a&token=150144836&lang=zh_ CN#rd。

工作站，仅2018年和2019年两年就为2281名刑事被告人指定了辩护律师。① 二是完善诉讼服务体系。2018年以来持续推进"一站式"建设，健全"互联网+诉讼服务"体系，升级移动微法院和"12368"诉讼服务功能，推动实现"一站通办、一网通办、一号通办"，全面推行诉讼服务"好差评"制度，自觉接受群众监督。三是多元化解社会矛盾纠纷，践行新时代"枫桥经验"。2014年，吉林省高级人民法院出台《关于推进多元解决纠纷机制建设的指导意见》，并与吉林省司法厅等11个省直部门联合制定了《关于进一步加强新形势下人民调解工作的意见》，力求做到诉讼调解与人民调解、行政调解、行业调解有效衔接。吉林市昌邑区法院和东丰县法院被最高人民法院确定为全国多元化纠纷解决机制改革示范法院。

（二）司法服务保障高质量发展，全力助推吉林振兴

1. 强化服务发展理念和政策措施

坚持把服务大局作为重要政治任务，2016年吉林检察机关创新提出"司法要严、政策要活、效果要好"12字方针，制定了保障"三大攻坚"等"1+6"工作意见，为全面深化改革提供有力法治保障；吉林法院提出牢固树立"服务、创新、开放、协调、争先"五种观念，2018年吉林省高级人民法院制定出台《为实现吉林高质量发展提供司法服务保障的意见》，明确提出把推动实现吉林高质量发展作为全省法院中心任务。

2. 优化营商法治环境

一是服务民营经济发展。2018年，吉林省检察院制定"保护企业家权益1号文件"和"服务民营经济高质量发展十条意见"，出台了"三严四宽"司法政策；2019年，吉林省检察院与吉林省工商联联合出台《关于加强沟通联系促进民营经济健康发展的实施意见》以支持民营经济发展。2021年，吉林省高级人民法院出台《暖企惠企安企六项新措施》，切实保护企业和企业家合法权益。二是保障重大战略实施。2018年在长春成立东北

---

① 数据来源于2018年和2019年吉林省高级人民法院工作报告。

地区首家知识产权法庭，服务创新驱动发展；2021 年助推"长春智慧法务区"法律服务高地建设；2022 年长春智慧法务区"五庭一院"建设中五个专业法庭全部获批成立并挂牌运行，着力打造全省民事审判领域改革的先行者、试验田。① 三是防范化解重大风险。2019 年，吉林省高级人民法院制定出台了《关于充分发挥审判职能 防范化解重大风险的意见》，防范化解法院系统各类风险和隐患，建立健全防范重大风险的各项工作机制，提高风险防控能力；2021 年吉林省人民检察院首次印发《金融犯罪白皮书》，从社会治理层面提出防控对策，助力做好金融风险防控工作。

3. 推进公益诉讼试点

作为全国公益诉讼试点省份，2017 年 7 月，吉林省公益诉讼检察制度正式确立，率先在全国制定公益诉讼办案流程规范，为最高人民检察院制定全国公益诉讼办案指南提供了"吉林样板"；办理了全国首例行政公益附带民事公益诉讼案件、全国首例消费者保护民事公益诉讼支持起诉案件、全国首例审判监督程序公益诉讼案件。② 在试点期间，吉林检察机关以国家生态文明建设和绿色发展新理念为指引，公益诉讼工作在生态文明建设和环境保护工作中起到了积极作用。

（三）深化司法体制改革，促进司法公正高效

1. 积极推进司法体制改革

2014 年，吉林省被中央确定为全国首批 6 个司法体制改革试点省份之一。2014 年，《中共吉林省委关于贯彻落实党的十八届四中全会精神全面推进依法治省的实施意见》对司法体制改革试点工作做了统筹安排，吉林省

---

① 《守护人民权益信仰 服务大局发展振兴——全省法院贯彻实施民法典工作成效获得省人大充分肯定》，"吉林省高级人民法院"微信公众号，2022 年 9 月 29 日，https：//mp. weixin. qq. com/s？＿＿biz=MzAxNzM3Mjk1OQ==&mid=2652957092&idx=1&sn=d89429d4b 634ef0ffe4d507990a22d3e&chksm=8032cbd4b74542c22ab8e50bdc05a6629cbcb7d0780dcb2f99f3 0b4e867b8c9330c76f4de020&scene=27。

② 祖维晨、刘巍、董鹏宇、赵梦卓、王超：《聚法治之力 筑发展之基》，《吉林日报》2020 年 12 月 20 日，第 1 版。

司法机关坚持中央顶层设计与吉林基层实践相结合，推动中央司法体制改革试点在吉林落地生根。2014 年，确定并启动了 1 个地级市和 4 个县（市、区）的法院、检察院 10 个单位开展先行试点；2015 年，吉林省法检三级院员额内法官、检察官全部产生，新的办案组织和管理机制开始运行；2016 年，省级以下法院、检察院人财物省级统管全面启动实施。① 吉林省司法机关圆满完成全国首批司法体制改革试点任务，吉林检察机关改革"四位一体"模式被中央纳入顶层设计，吉林法院为全国法院改革提供了可复制、可推广的经验，得到中央政法委和最高人民法院充分肯定。

2. 持续推进并深化诉讼制度改革

2016 年，吉林省在全国率先启动以审判为中心的刑事诉讼制度改革，大力推进庭审实质化，健全侦查人员、鉴定人、证人出庭作证制度，严格落实非法证据排除规则，充分保障被告人和辩护律师诉讼权利，切实发挥法庭审理的决定性作用。2018 年以来，吉林法院准确把握罪刑法定、疑罪从无、证据裁判原则，严格落实"三项规程"和认罪认罚从宽制度；吉林检察机关严格落实罪刑法定、疑罪从无等原则，充分发挥审前主导和过滤作用，保障了当事人、辩护人的诉讼权利。

3. 创新开展内设机构"大部制"改革和吉林电子法院智慧法院建设

牢牢抓住司法改革首批试点的重大发展机遇，吉林检察机关创新推行内设机构"大部制"改革，得到中央政法委、最高人民检察院的高度重视和充分肯定，2015 年被正式纳入全国第三批司法改革试点内容。吉林法院坚持以电子法院智慧法院建设应用为深化司法改革的着力点，2015 年，我国首家高级法院电子法院在吉林省高级人民法院正式开通运行。② 吉林电子法院是吉林省在全国率先建成的信息化精品工程，2017 年以来，电子法院升级为智慧法院。2019 年，吉林省高级人民法院在全国高院层面率先实现全流程无纸化

---

① 粘青、董鹏宇、李晓光：《风劲潮涌 破难前行——我省司法体制改革试点工作综述》，《吉林日报》2016 年 7 月 18 日，第 1 版。
② 陈博宜、孙兵王、洁瑜：《中国首家高级法院电子法院开通运行》，中国新闻网，2015 年 6 月 19 日，https://www.chinanews.com.cn/sh/2015/06-19/7356239.shtml。

网上办案。吉林高院依托智慧法院深化司法公开，2020 年中国社会科学院组织中国司法透明度指数评估，吉林高院在全国高级法院中排名第一。①

（四）坚持从严管理，打造过硬司法队伍

1. 加强思想政治建设

党的十八大以来，吉林省司法机关按照学懂弄通做实要求，深入学习贯彻习近平新时代中国特色社会主义思想、党的十九大精神，扎实开展党的群众路线教育实践活动、"三严三实"专题教育，推进"两学一做"学习教育常态化制度化。扎实开展基层党建工作。2021 年，靖宇县法院直属机关党委获评"全国先进基层党组织"称号；2022 年，吉林省人民检察院第一检察部党支部入围全国检察机关党建业务深度融合典型案例。②

2. 加强司法能力建设

以基层为重点，精准实施分级分类培训，不断提升司法人员业务素养和办案水平，吉林法院不断加大双语法官培养培训力度，着力解决民族地区双语法官短缺问题。2020 年，吉林检察机关强化业绩考评，作为全国检察官业绩考评四个试点省份之一，吉林省考评综合完成率位居全国第一。③

3. 加强廉洁司法建设

严格贯彻《中国共产党廉洁自律准则》和《中国共产党纪律处分条例》，深入开展规范司法行为专项整治工作；严格落实"一岗双责""一案双查"制度，层层压实"两个责任"，2020 年，吉林省高级人民法院制定《廉政风险防控工作暂行规定》，提出 57 项防控措施，扎紧监管"篱笆"；吉林检察机关采取约谈、函询、诫勉谈话等措施，严格规范检察人员与当事人、律师、中介组织的交往行为。

---

① 《中国司法透明度指数报告（2021）发布：吉林法院连续 6 年位居全国前列》，吉林省高级人民法院司法公开网，2021 年 5 月 21 日，http：//www.jlsfy.gov.cn/ygsfbg/425013.jhtml。

② 《第一批全国检察机关党建业务深度融合典型案例征集评选活动入围案例丨吉林省检察院第一检察部党支部》，中华人民共和国最高人民检察院网站，2022 年 9 月 14 日，https：//www.spp.gov.cn/spp/sp/202209/t20220914_577215.shtml。

③ 李佳星：《"两院"报告扫描 为振兴吉林提供良好的法治环境》，《吉林人大》2021 年第 2 期。

五 增强全社会法治观念，全面推进法治社会建设

党的十八大以来，吉林省不断增强全社会法治观念，推动全社会树立法治意识，运用法治思维和法治方式化解社会矛盾，推进和谐稳定的法治社会建设。

（一）推进扫黑除恶行动，建设平安吉林

1.开展扫黑除恶专项斗争

吉林省上下坚持扫黑、除恶、治乱、打伞、断血一体推进，2018 年在全国率先成立省级涉黑涉恶线索核查管理中心，出台《吉林省涉黑涉恶线索核查管理工作规则》，对全省涉黑涉恶线索实行全口径受理录入、全系统分流核查、全流程闭环管理。① 各地建立法院、公安、税务、银行、金融、市场监管等多部门参与的"黑财"联合查控平台，全面拓宽涉案财产查控渠道，营商环境持续优化。吉林省高级人民法院紧扣扫黑除恶专项斗争三年为期的总目标，密集召开各类会议研究部署，层层传导压力，压实工作责任，对在专项斗争中推进不力、工作进展迟缓的法院进行约谈，督促整改落实。吉林省检察机关建立检察官绩效考评管理体系，将"打财断血"纳入检察官办案考核指标，并结合全省检察工作实际，制定《关于规范和加强扫黑除恶专项斗争制发检察建议的意见》，指导全省检察机关通过制发检察建议参与综合治理。吉林省司法行政机关将"积极参与扫黑除恶专项斗争"连续三年列入司法行政工作要点和重点工作任务分工中，并制定下发了《吉林省司法行政系统扫黑除恶专项斗争工作指导方案》等 40 余份文件，对扫黑除恶涉及的各项工作进行了具体部署。

2.深入推进扫黑除恶社会宣传发动工作

2018 年吉林省公安厅、吉林省财政厅联合出台最高奖励 15 万元的《吉

---

① 《扫黑除恶吉林亮剑丨聚焦吉林省扫黑除恶专项斗争十大亮点工作之五——成立省涉黑涉恶线索核查管理中心》，白城市长安网，2019 年 4 月 9 日，http://www.jlpeace.gov.cn/bcscaw/shce/201904/PDEWBQ8F0QVP3HFDTDWXIQFS64VOW0Y1.shtml。

林省群众举报涉黑涉恶犯罪线索奖励实施办法（试行）》。在扫黑除恶专项行动期间，全省法院深入基层开展法律宣讲 200 余次，发放宣传单、宣传手册 69500 余张（册），直接受众超过 10 万人，全力营造打击黑恶势力的社会氛围，其中，扫黑除恶宣传微视频《漫普法｜扫黑除恶最佳对象》获得全国法院第七届金法槌十佳微视频奖。①

（二）大力开展普法宣传，培育法治文化

1."七五"普法成效显著

一是 2016 年 11 月，吉林省政府常务会议、吉林省委常委会议听取讨论并通过《省委宣传部、省司法厅关于在公民中开展法治宣传教育的第七个五年规划（2016—2020 年）》，对"七五"普法工作进行了全面部署。二是 2017年吉林省委宣传部、吉林省司法厅、吉林省依法治省领导小组办公室联合下发《关于成立吉林省省级"七五"普法讲师团的通知》，充分调动社会资源，组建省级"七五"普法讲师团，深化法治宣传教育工作。三是深入开展宪法宣传教育，2019 年全省累计发放宪法学习宣传资料 200 余万份，组织专题文艺会演 500 余场，开展主题活动 3200 余场，巡讲 800 余次。②

2.落实"谁执法谁普法"普法责任制

2018 年，吉林省委办公厅、吉林省人民政府办公厅印发了《关于实行吉林省国家机关"谁执法谁普法"普法责任制的实施意见》，推动全省司法机关和各行政执法部门制定本部门普法责任清单，建立"谁执法谁普法"普法责任制联席会议机制，开展"七五"普法中期督导工作。

3.积极引导法治文化建设

一是将法治教育与道德教育结合起来，推动社会主义核心价值观融入法治建设，制定《关于培育和践行社会主义核心价值观的实施意见》（2014

---

① 《荡涤黑恶阴霾　扫出清风正气——全省法院大力推进扫黑除恶专项斗争》，吉林省高级人民法院司法公开网，2020 年 12 月 4 日，http：//www.jlsfy.gov.cn/shce/418801.jhtml。

② 《吉林省人民政府关于 2019 年度法治政府建设情况的报告》，吉林省人民政府网站，2020 年 3月 13 日，https：//www.jl.gov.cn/szfzt/fzzfjs_ 2019/szf/202003/t20200313_ 6885288.html。

年）、《吉林省培育和践行社会主义核心价值观行动方案》（2015 年）、《关于进一步把社会主义核心价值观融入法治建设的实施意见》（2017 年）等指导性文件。二是加强新媒体新技术在普法中的运用，近年来，吉林省开设电视法治频道栏目 70 个，广播法治栏目 44 个，建立各级普法网站 49 个，各级官方普法微博（微信）165 个。① 三是大力加强法治文化基地建设，吉林省已建设法治宣传橱窗、长廊等 7933 个，建设省、市级法治文化基地 150 个。② 四是开展群众性法治文化活动，利用文艺演出、普法"机器人"、"我与宪法"合影征集等群众喜闻乐见的形式，开展普法宣传活动。

4. 高起点谋划"八五"普法开局

吉林省委、省政府高度重视"八五"普法启动工作，于 2021 年 9 月转发《省委宣传部、省司法厅关于开展法治宣传教育的第八个五年规划（2021—2025 年）》，确定了全民普法工作体系更加健全，制度完备、实施精准、评价科学、责任落实的工作体系基本形成的工作目标。吉林省第十三届人民代表大会常务委员会第三十次会议通过了《关于推进第八个五年法治宣传教育的决议》，对推动新一轮全省法治宣传教育工作的开展给予了有力监督和保障。

（三）推进公共法律服务多元化，加强基层社会治理

1. 加强基层党建并强化基层党组织对社区治理引领

近几年，吉林省积极增强基层党组织对社区治理的引领力，构建"大党建"格局，深入推进单位党建、行业党建和区域党建互联互动，不断强化资源整合，推动基层党组织在城市农村基层治理中担重任、唱主角。2020年，吉林省委制定《学习贯彻习近平总书记重要讲话重要指示精神创新城市基层党建"吉林行动"计划》《关于开展省直机关党组织与社区党组织

---

① 王子阳、祖维晨、王超、董鹏宇、刘巍、赵梦卓：《基层社会治理 夯实平安幸福之基》，《吉林日报》2021 年 7 月 1 日，第 T13 版。

② 刘忠全：《"法治文化"大餐就在群众身边 吉林省普法"七五"成效显著"八五"顺利开局》，吉林普法网，2021 年 11 月 5 日，http：//sft. jl. gov. cn/jlspfw/fzjl/202111/t20211105_8275745. html。

"双百共建"活动的实施意见》，着力推进基层党建工作；2021 年，吉林省委出台《健全党组织领导的城市基层治理体系 全面推行"五长制"的十项措施》，创建党建引领城乡基层治理统一领导体制。

2. 扎实推进具有吉林特色的公共法律服务体系建设

一是加强公共法律服务政策引领，2020 年，吉林省委全面依法治省委员会审议通过了《吉林省关于加快公共法律服务体系建设的实施意见》，吉林省政府将深化公共法律服务体系建设纳入吉林省"十四五"规划；2021 年，吉林省政府印发了《吉林省"十四五"公共法律服务体系建设规划》，对"十四五"时期公共法律服务供给网络、供给模式、供给内容、服务质量评价和服务保障措施等各项工作做出部署。二是创新实践"互联网+公共法律服务"，2018 年底，12348 吉林法律服务网正式上线运行，向全省人民提供 7×24 小时免费法律咨询服务。三是公共法律服务效率和质量稳步提升，2020 年，吉林省司法厅和长春市司法局在全国率先构建了公共法律服务"省市一体化"新型运行管理机制，① 实现了资源配置一体化、指挥调度一体化、业务流程一体化，让全省各市（州）联合起来，为城乡群众提供更加均衡普惠便捷的公共法律服务。四是着力开展公共法律服务保障民生，吉林省司法厅自2017 年起连年在全省司法行政系统组织开展"落实'三抓'部署，服务企业发展'123'工程"活动，全省共建立法律服务助企团队 602 个，对接服务市级以上大项目 2286 个，为 3 万余家企业免费开展"法治体检"。②

3. 不断完善人民调解工作制度

一是创新做好人民调解工作，2018 年，吉林省委、省政府印发《吉林省关于进一步加强新时代人民调解工作的意见》，吉林省司法厅印发《吉林省坚持发展"枫桥经验"实现矛盾不上交三年行动实施方案》，同年召开了

---

① 《吉林省人民政府办公厅关于印发吉林省"十四五"公共法律服务体系建设规划的通知》，吉林省人民政府网站，2021 年 8 月 6 日，https：//xxgk. jl. gov. cn/szf/gkml/202108/t20210806_8172032. html。

② 祖维晨、刘巍、董鹏宇、赵梦卓、王超：《聚法治之力 筑发展之基——"十三五"期间吉林省法治建设综述》，人民网，2020 年 12 月 20 日，http：//jl. people. com. cn/n2/2020/1220/c349771-34483844. html。

吉林省人民调解工作会议和坚持发展"枫桥经验"加强人民调解暨司法所工作推进会,对打造"枫桥经验"的吉林样板和吉林实践,切实筑牢维护社会和谐稳定的第一道防线进行了工作部署。二是创新人民调解工作载体,"百姓说事点"是吉林省司法行政系统独创的民意畅通新渠道,近年来,吉林省司法厅创新搭建17000多个"百姓说事点"平台,基本实现了全省村、居(社区)全覆盖,[①]平台化解基层矛盾纠纷作用得到充分彰显。2019年,吉林省司法厅印发《关于深入推进"百姓说事点"创新发展的指导意见》,并召开了全省司法行政系统"百姓说事点"创新发展现场推进会。"百姓说事点"做法被中宣部作为全国基层社会治理典型经验进行重点宣传,《人民日报》以整版篇幅点赞吉林省创新发展"百姓说事点"做法,中央广播电视总台等10余家国家和省级媒体先后报道。

4. 聚焦基层基础,构建平安乡村

2019年,吉林省公安厅立足全省农村治安状况,部署实施"一村一警"工程,着力推动重心下移、警力下沉、保障下倾,全省9338个行政村共配备农村辅警9461人,实现了"一村一警"全覆盖,"一村一警"工程在广泛参与基层社会治理、维护基层治安、化解矛盾纠纷、提供法律服务、开展法治宣传等方面发挥了重要作用。[②]

(四)坚持谋划在前,依法处突能力显著增强

1. 提高突发事件应对法治化规范化水平

2017年以来,吉林省按照《突发事件应对法》有关规定,及时修订本省突发事件总体应急预案和部分专项应急预案,2017年印发重污染天气、食品安全事故(已废止)应急预案;2019年,吉林省人民政府办公厅发布《关于印发吉林省暴雪冰冻灾害应急联动机制的通知》;2021年,吉林省出台有关森林草原火灾、冰冻灾害、生产安全事故等突发事件的总体应急预

---

① 董凡超、张淑秋:《吉林创新"百姓说事点"平台为民解忧止纷》,《法治日报》2021年1月11日,第4版。

② 《吉林:"一村一警"全覆盖 夯实乡村治安基础》,《人民公安报》2019年12月11日,第1版。

案；2022 年，吉林省出台食品安全事故应急预案等，对推动全省应急预案体系建设发挥了重要作用。

2. 系统性、整体性重构应急管理体制

2018 年 10 月，吉林省应急管理厅正式挂牌成立。2019 年完成了 9 个部门、5 个议事协调机构职能划转和人员转隶工作，市县两级应急管理部门全部组建；厘清了与相关行业主管部门的职责边界，充分发挥吉林省防汛抗旱指挥部办公室、吉林省森林草原防灭火指挥部办公室统筹协调作用和各有关部门专业优势。[1] 2021 年健全《吉林省安全生产委员会成员单位及相关单位安全生产工作任务分工》《关于进一步细化防指成员单位职责分工的意见》《重大以上地震灾害应急响应任务清单》《吉林省地震应急工作方案》等 12 项制度规定，进一步厘清职责边界。[2]

3. 制定专项整治计划方案和创新工作机制

2020 年，吉林省安委会印发了《吉林省安全生产专项整治三年行动实施计划》，对国务院安委会下发的《全国安全生产专项整治三年行动计划》进行了细化、实化、具体化，包括总方案和 2 个专题实施方案、9 个专项实施方案，专项整治三年行动从 2020 年 5 月启动至 2022 年 12 月结束。[3] 2021 年，吉林省在全国率先建立森林草原防灭火工作"八联"机制，提出应急管理、林草、公安、森林消防、生态环境、气象、农业农村等部门联合指导、督查、训练、演练、值守、防范、共享、保障的"八联"机制。[4]

4. 加强基层应急管理体系和能力建设

2020 年，吉林省委、省政府印发《关于加强乡镇（街道）、村（社区）应急管理体系、能力建设的实施意见》，加强全省基层应急管理工作，切实

---

① 李成财：《答好十道大题　交出精彩答卷——2019 年吉林省应急管理工作综述》，《吉林劳动保护》2019 年第 12 期，第 5 页。
② 宋文刚、郭文英、张帅：《以"新担当、新突破、新作为"闯出一条吉林应急管理新路——2021 年吉林省应急管理工作综述》，《吉林劳动保护》2021 年第 12 期，第 16 页。
③ 孙宝宇：《我省开展安全生产专项整治三年行动》，《吉林日报》2020 年 6 月 6 日，第 2 版。
④ 薛蕾、岳虹男：《吉林省探索创新森林草原防灭火工作机制"八联"机制调动各方　指挥决策"一键直达"》，《中国应急管理报》2021 年 12 月 6 日，第 2 版。

提高乡镇（街道）、村（社区）的应急管理、安全生产和防灾减灾救灾水平。2021年，吉林省安委会出台《吉林省安委会办公室关于在全省开展乡（镇、街道）、村（社区）应急管理体系、能力规范化建设工作试点的通知》，在全省范围内开展乡（镇、街道）、村（社区）应急体系、能力规范化建设试点工作。[①]

（五）强化生态环境法治保障，生态环境持续改善

1. 加大生态环境保护力度

2016年以来，吉林省逐年加大生态环境保护立法力度，全面推进生态文明体制改革。2016年，吉林省出台《关于加快推进生态文明建设提升环境质量工作的指导意见》《吉林省生态环境保护职责规定》《吉林省生态环境保护督察办法》《关于进一步加强县级政府生态建设和环境保护职能作用的意见》《吉林省党政领导干部生态环境损害责任追究实施细则》《吉林省生态环境保护综合评价办法》《吉林省生态环境损害赔偿试点实施方案》《吉林省生态环境监测网络建设实施方案》等一系列政策措施，加强生态环境总体保护。2017年，吉林省完成全省生态环境五年（2011～2015年）变化调查与评估工作，调查与评估结果为吉林省生态文明建设决策部署提供有力依据。2018年，吉林省委、省政府制定《吉林省生态环境损害赔偿制度改革工作实施方案》，对生态环境损害赔偿制度改革工作做出部署安排。2019年，吉林省印发《吉林省人民政府办公厅关于加强生态环境监管工作的实施意见》，切实解决政府生态环境监管工作中存在的思想认识不到位、责任落实不到位、监管执法"宽松软"、制度体系不健全等问题。2021年，吉林省制定出台《吉林省环境信息依法披露制度改革实施方案》，推动形成环境信息强制性披露制度。

2. 制定实施生态环境专项保护制度

2016年，吉林省出台《吉林省清洁空气行动计划》《吉林省清洁水体行

---

① 岳虹男：《吉林省应急管理厅开展基层应急管理体系能力规范化建设试点工作督导》，"吉林应急管理"微信公众号，2021年3月6日，https：//mp. weixin. qq. com/s/05cOva3Zb3mt URBr68htWw。

动计划》《吉林省清洁土壤行动计划》等单项措施。2018 年，吉林省出台《吉林省落实打赢蓝天保卫战三年行动计划实施方案》《吉林省秸秆禁烧量化责任追究办法》《吉林省煤炭消费总量控制规划（2016—2020 年）》等文件，旨在有效治理大气污染。吉林省印发《吉林省饮用水水源地保护三年攻坚作战方案》《吉林省城市黑臭水体治理三年攻坚作战方案》，明确黑臭水体治理、饮用水源地保护作战任务；吉林省印发《吉林省辽河流域水污染综合整治联合行动方案》、编制实施《吉林省辽河流域水污染治理与生态修复综合规划（2018—2035）》，全力推进辽河流域水污染治理工作。2019 年，吉林省印发《关于提高自然保护区生态功能的意见》，进一步加强对全省自然保护区建设和管理的指导。2020 年，吉林省出台《吉林省推进农村生活污水治理行动方案》《农村生活污水处理设施水污染物排放标准》，完成全省农村生活污水现状调查。2021 年，吉林省发布《吉林省委省政府关于全面推进乡村振兴加快农业农村现代化的实施意见》、《吉林省人民政府办公厅关于印发吉林省空气、水环境、土壤环境质量巩固提升三个行动方案的通知》（吉政办发〔2021〕10号）、《吉林省生态环境厅关于印发"十四五"期间及 2021 年农村生活污水治理目标任务的通知》（吉环土壤字〔2021〕8 号）。2022 年，吉林省发布《吉林省生态环境厅关于进一步开展农村黑臭水体再排查再识别工作的通知》（吉环土壤字〔2022〕6 号），强力推进农村生态环境整治各项工作。

3. 划定生态保护红线

2016 年，吉林省出台《吉林省人民政府关于开展生态保护红线划定工作的意见》和《吉林省生态保护红线区管理办法（试行）》，决定在全省范围内开展生态保护红线划定工作，依法在重点生态功能区、生态环境敏感区和脆弱区等区域划定生态保护红线；2018 年完成全省生态保护红线划定工作及省级生态保护红线监管平台建设工作；2020 年基本形成《吉林省生态保护红线划定方案》；① 2021 年开展生态保护红线划定。

---

① 《吉林省自然资源厅对省十三届人大三次会议第 1084 号代表建议的答复》，吉林省自然资源厅网站，2020 年 6 月 4 日，http://zrzy. jl. gov. cn/zwgk/taya/202011/t20201104_ 7694593. html。

4.全面推行河长制

2017~2018年,吉林省委、省政府印发《吉林省全面推行河长制实施工作方案》《吉林省关于完善湖长制的实施意见》,形成全省推行河湖长制纲领性文件。2017年,按照河湖全覆盖原则,吉林在全省范围内建立了省、市、县、乡、村五级河湖长制组织体系;推行河长制任务纳入党委政府年度责任目标绩效考核。2018年,我国北方第一个河湖长学院——吉林河湖长学院在吉林水利电力职业学院正式挂牌。2021年,吉林以省总河长3号令出台《吉林万里绿水长廊建设规划(2021—2035年)》,明确6项建设任务和1项提升任务,计划到2035年,绿水长廊总长度达到1.35万公里以上。2022年,吉林省河长制办公室联合吉林省公安厅、吉林省人民检察院、吉林省高级人民法院出台《关于建立"河湖长+河湖警长+检察长+法院院长"协作机制的指导意见》,推动构建上下协同、横向协作、完整配套的工作体系。①

六 迎接法治建设新挑战,推进法治吉林建设 实现新突破

2022年是党的二十大胜利召开之年,也是加快新时代吉林全面振兴全方位振兴的关键阶段,吉林省委第十二次代表大会将"坚持以习近平法治思想为指引,加快建设高水平法治吉林"作为未来五年吉林省经济社会发展主要目标之一。同时,法治吉林建设仍然处于"滚石上山、爬坡过坎"的关键阶段,"十四五"时期,吉林省正处于实现高质量发展和破解深层次矛盾问题的关键阶段,与新时代吉林振兴发展和人民群众的法治需求相比,各项工作仍然存在一定的差距和不足,迫切需要在党的二十大精神的指引下,更好地发挥法治固根本、稳预期、利长远的保障作用。

---

① 边境、任胜章:《筑牢绿色基底 共建生态河湖——我省深入推进河湖长制纪事》,《吉林日报》2022年10月6日,第1版;《2022年第34期—吉林省建立"河湖长+河湖警长+检察长+法院院长"四长治河模式》,中华人民共和国水利部河湖管理司网站,2022年8月18日,http://hhs.mwr.gov.cn/gzjb/202208/t20220818_1591689.html。

（一）以习近平法治思想引领法治吉林建设

第一，把学习贯彻习近平法治思想作为当下和今后一个时期的重要政治任务。习近平法治思想内涵丰富、论述深刻、逻辑严密、系统完备，是中国特色社会主义法治理论的创新和发展，为全面推进法治吉林建设提供了根本遵循。"要将习近平法治思想作为党委（党组）理论学习中心组学习的重点内容，纳入党委干部教育培训计划、党校（行政学院）和干部学院教学培训计划，组织开展法治工作部门全战线、全覆盖的培训轮训，推动习近平法治思想学习教育培训取得新实效"[①]，着力推动各级领导干部学懂弄通做实习近平法治思想，把学习贯彻习近平法治思想与学习贯彻党的二十大精神结合起来，吃透基本精神、把握核心要义、明确工作要求，不断提高政治判断力、政治领悟力、政治执行力。

第二，坚持以习近平法治思想为指引，不断将其贯彻落实到依法治省全过程、全方位、全领域，更好转化为法治吉林建设的生动实践。聚焦党中央关心、社会关注、基层期盼的重点任务推进法治建设，"坚持法治吉林、法治政府、法治社会建设一体推进，以法治思维和法治方式防控社会领域重大风险，持续优化地方立法制度供给，加快政府职能转变，进一步深化司法综合体制配套改革"[②]。

（二）加强重点领域立法同时提高立法质效

第一，要紧扣吉林省"十四五"规划以及其他重要法治规划和方案，加强高质量发展、乡村振兴、科技创新、生态文明、基层治理、民生保障及数字吉林建设等重点领域、新兴领域立法；立法内容要体现地方特色，坚持问题导向，增强立法适用性和可操作性；立法过程要践行全过程人民民主，

[①] 唐一军：《学深悟透做实习近平法治思想　奋力开辟全面依法治国新境界》，《中国司法》2022 年第 1 期。

[②] 景俊海：《更好发挥法治固根本稳预期利长远作用　扎实推动全面依法治省工作高质量发展》，吉林网络广播电视台网站，2022 年 9 月 6 日，http：//www.jlntv.cn/folder2228/folder2434/2022-09-06/2018251.html。

广泛听取人民群众对立法规划的意见建议。

第二，加快吉林省五年立法规划编制。2023年是吉林省十四届人大常委会任期开局之年，任期内将加快立法，为吉林高质量发展提供指引，为吉林省"十四五"振兴发展提供坚实法治保障，吉林省政府各部门需要按照职责分工，积极配合吉林省人大常委会做好五年立法规划编制工作，研究制定立法规划的工作计划和具体措施。

（三）着力建设人民满意的法治型政府

第一，以习近平法治思想为指导，不折不扣地贯彻落实《吉林省落实〈法治政府建设实施纲要（2021—2025年）〉重要举措方案》《吉林省"十四五"公共法律服务体系建设规划》《省委宣传部、省司法厅关于开展法治宣传教育的第八个五年规划（2021—2025年）》等重要法治规划和方案所设定的政府各项职责、任务，确保政府依法全面履行职能。

第二，继续深化行政执法体制改革，深入推进市场监管、生态环境保护、文化市场、交通运输、农业、应急管理等领域综合行政执法改革，指导组建综合行政执法队伍，出台综合执法试点实施方案。着力推进行政执法力量向基层下沉延伸，实现"一支队伍管执法"，以省政府的名义确认乡镇（街道）行政执法主体资格，推进乡镇（街道）综合行政执法工作的标准化、模板化、体系化，以及总结推出一批可复制、可推广的经验。①

第三，继续推行行政检查执法备案智能管理改革。依据2022年6月吉林省营商环境建设办公室印发的《吉林省行政检查执法备案智能管理改革工作规则（试行）》，加快推进行政检查执法备案智能管理，进一步落实现有行政检查执法人员信息、行政检查执法事项信息录入行政检查执法备案智能管理系统，组织行政检查执法人员下载安装应用，严格按照执法报备、手

---

① 《吉林省司法厅调研长春市乡镇（街道）综合行政执法改革工作》，中国吉林网，2022年7月30日，https://fazhi.cnjiwang.com/jlsfxz/sftzxt/202207/3611631.html。

机亮证、扫码迎检、事后评价四个环节进行行政检查，做到"凡检必录，凡录必上传"，形成行政检查执法全过程、全链条电子留痕，同时探寻推动改革在全省"改彻底、全覆盖"。

（四）持续深化司法体制综合配套改革

第一，稳妥推进四级法院审级职能定位改革试点工作。2021年9月，最高人民法院正式启动为期2年的四级法院审级职能定位改革试点工作，今后一个时期，推进四级法院审级职能定位改革试点仍是吉林省各级法院的一项重要工作。首先，积极做好政策解读，尽快制定实施细则和制度清单，建立完善配套的制度体系；其次，着力转变办案理念，克服一味求快、就案办案的固化思维，牢固树立"实质化解纠纷"的司法理念；再次，处理好司法改革与审判监督的关系，强化院庭长职责，用好专业法官会议和审委会等制度机制，严把案件事实、证据认定和法律适用的关口；最后，定期开展改革试点评估工作，广泛听取社会各界意见建议。

第二，完善诉讼繁简分流，坚持和发展新时代"枫桥经验"，深入推进诉源治理与执法办案并重，始终把非诉讼纠纷解决机制挺在前面，体现司法机关深度融入社会治理的责任担当。全省司法机关应积极出台加强诉源治理工作的意见，推进诉源治理标准化建设，可以探索借鉴其他地区的先进经验，比如，张家港市人民法院凤凰人民法庭主动将诉源治理工作融入地方党委领导的基层社会治理体系，创建张家港市首家"无讼社区"示范点，通过推进矛盾纠纷的源头治理、系统治理、依法治理，打造多元解纷"凤凰模式"；[①] 广西壮族自治区昭平县检察院通过"社会性考察+认罪认罚"模式、"和解+公开听证"方式等重要工作举措，加强诉源治理，推动矛盾纠纷化解在最基层；[②] 南宁市构建"法院+监管部门+调解组织"的多元化解

---

① 《多元解纷"凤凰模式"深度融入基层社会治理体系》，江苏省张家港市人民法院网站，2022年10月11日，https://fy.zjg.gov.cn/article/detail/2022/10/id/6950472.shtml。

② 曾雪芬、李宛霖、李新霞：《广西昭平：以多元化方式加强诉源治理》，中华人民共和国最高人民检察院网站，2022年8月3日，https://www.spp.gov.cn/spp/dfjcdt/202208/t20220803_569838.shtml。

新模式，为当事人提供"投诉+调解+确认"的一站式解纷服务；① 崇左市陆川法院探索"网格员+矛调中心+司法确认""商会调解+司法确认"诉源治理新模式；② 深圳市龙岗区人民法院健全诉调对接中心、人民法庭、"无讼社区"三大工作平台，建立"一社区一法官一助理"三个一工作机制；③ 等等。

（五）全力推进扫黑除恶常态化

第一，将扫黑除恶工作重点从专项斗争转变到建立健全长效机制上。首先，要坚持"当下治"与"长久立"相结合，对建立扫黑除恶长效常治机制进行规范性指导，推动各级部门根据各自工作职责分别探索建立长效常治工作机制；其次，重点对"信息网络、自然资源、交通运输、工程建设"四大领域，以及"教育、医疗、金融放贷、市场流通"新四大领域持续开展深入摸排，实施线索举报奖励机制，确保涉黑涉恶线索"无遗漏"；最后，要把源头治理作为扫黑除恶斗争的治本之策，结合本地区一定时期内社会治理和执法重点，积极组织协调相关职能部门开展专项打击整治行动。

第二，常态化开展普法宣传造势，营造良好扫黑除恶舆论氛围。研究制定学习宣传贯彻《反有组织犯罪法》实施方案，将《反有组织犯罪法》纳入干部学习教育内容和国家工作人员网上学法用法考试内容，纳入各级党委（党组）理论学习中心组学习内容，作为领导干部年度述法重要内容；将《反有组织犯罪法》纳入大中小学校法治宣传的重要内容，列入法治副校长

---

① 杨盛、许威、范腾丹：《织密多元解纷"网" 司法温度暖人心——南宁市法院系统深入推进诉源治理助推市域社会治理现代化》，《南宁日报》2022年8月5日，第3版。

② 宋珊珊：《崇左市两级法院考察团莅陆开展诉源治理工作交流》，"陆川县法院"微信公众号，2022年10月11日，https：//mp. weixin. qq. com/s？＿＿biz＝MzI3ODExMDM0Mg＝＝&mid＝2650417676&idx＝1&sn＝4afd38727bf610f0a84386b55b494dfc&chksm＝f35283e5c4250af37f5488448b3bd884a6fbc730c1d6e51435a317e23084574e1562dfa7e689&scene＝27#wechat_ redirect。

③ 《龙岗法院出台意见 推动诉源治理工作纵深开展》，"深圳市中级人民法院"微博，2022年9月23日，https：//weibo. com/ttarticle/p/show？id＝2309404816801270989219#_ loginLayer_ 1670896661322。

授课重要内容；将《反有组织犯罪法》学习宣传纳入民主法治示范村（社区）创建活动的重要内容；通过传统媒体和新媒体等多种形式重点宣讲《反有组织犯罪法》，广泛开展专题学习宣传活动，推动《反有组织犯罪法》宣传在全社会有效覆盖。

（六）推进公共法律服务提质增效

第一，加快落实刑事案件律师辩护全覆盖工作。在总结试点经验的基础上，吉林省各地区启动刑事案件律师辩护全覆盖工作，努力解决刑事案件律师辩护全覆盖所需经费问题，积极扩大刑事案件法律援助覆盖面，以市（州）级为主统筹调配律师资源，采取对口支援等方式提高法律援助服务能力，确保刑事案件律师辩护全覆盖工作顺利推进；[①]加强对扩大刑事案件律师辩护全覆盖试点工作的宣传，让全社会认识到律师可以通过承担辩护职责维护当事人合法权益、促进司法公正。

第二，扩大远程视频公证服务的覆盖面。在海外远程视频公证成功办理的基础上，大力推广"零接触"远程视频公证，建立公证远程视频服务信息系统，并与吉林政务服务平台对接，扩大远程视频公证服务的覆盖面，实现缩短办证时间、降低办证成本，解决异地办证难等问题。

第三，建立和完善律师参与诉源治理制度机制。制定律师参与诉源治理系统化实施方案，推动律师从更广领域和范围、以更大力度从源头上化解矛盾纠纷。首先，拓宽律师参与诉源治理的平台渠道：积极加入行业性专业调解组织；担任村（居）法律顾问；在提供非诉讼法律服务过程中，当发现当事人有诉讼倾向时，主动释法明理，及时进行疏导；积极参与法院诉讼服务、诉前公益性调解。其次，坚持调解中立的工作原则，尊重当事人的意愿，在平等自愿的前提下开展调解，最大限度推动矛盾纠纷实质性化解。

---

① 《宣传贯彻法律援助法，吉林这样做！》，中国法律援助频道、司法部法律援助中心网站，2022年3月7日，http：//www. moj. gov. cn/jgsz/jgszzsdw/zsdwflyzzx/flyzzxgzdt/202203/t2022 0307_ 449902. html。

（七）运行"五社联动"机制创新基层治理新格局

第一，大力挖掘社会资源的潜力。《吉林省培育发展社区社会组织专项行动实施方案（2021—2023年）》中提到"推进社区、社会工作者、社区志愿者、社区社会组织、社区公益慈善资源联动"，即"五社联动"，是对原有"三社联动"机制的创新和发展，当前应着力改善社区治理服务项目过多依赖政府投入资金资源、社工机构或个别社会组织唱独角戏的现状，大力挖掘社会资源的潜力。

第二，制定"五社联动"机制具体行动策略。定期召开"五社联动"服务资源对接会，政府搭台，邀请社会组织与街道社区了解各自的服务供给、服务需求、服务资源；引导社区与具有公开募捐资格的慈善组织合作，筹集社区慈善资金，设计社区公益慈善项目，资助社工机构、社区社会组织实施项目，通过"微项目"实现"微治理"；大力鼓励当地企业在社区设立"种子"基金，同时要求每个社区基金每年撬动一定的社会慈善资金；大力孵化"内生型"社区社会组织，如基于地缘、事缘、业缘、趣缘、学缘的自助互助社区自组织和志愿组织等，以社区为平台，依托开展帮扶服务及执行实施公益项目，引导"自利型"组织转换为能够实现利益协调和社区发展的"利他型"组织；充分利用社区党群服务中心、新时代文明实践所（站、点）、社区服务中心（站、点）、社会工作站（点）以及商业性网点等场所举办慈善超市或者建立爱心驿站，实现社区慈善款物接收、慈善义卖、困难群众救助、志愿服务和慈善文化传播等功能。

（八）创新生态环境保护机制促进生态强省建设

第一，以"五化"闭环工作法推动生态强省建设。以"五化"闭环工作法推动生态强省建设各项举措落地见效，全面实行"五化"闭环工作法，细化分解生态环境保护各项重点任务，建立清单台账，确保环境保护各项工作取得实效，并将工作落实情况纳入省级生态环境保护督察。

第二，树立"执法+服务"的执法理念。建立生态环境监督执法正面清单，减少现场检查，将模范守法、信用良好的企业纳入正面清单管理，实施差异化监管。采取"非现场"监测、"非接触"执法、"信息化"远程监管等非现场监管方法，对守法企业"无事不扰"，精准投放执法资源，在减少现场执法的同时提高违法问题发现率，发挥正面激励作用。制定落实轻微违法行为免予处罚事项清单，引导企业改正轻微违法行为。①

第三，推进社会公众全过程参与和全方位监督生态环境保护。增强社会公众生态文明意识，加强绿色低碳循环发展的知识教育和普及工作，倡导公众在工作生活场域从自身做起，尊崇简约舒适、绿色低碳的生活方式，促进生态吉林建设转化为全体社会公众的自觉行动。把社会公众投诉举报作为精准发现生态环境问题的一个有效途径，利用来信、来访、网络、电话、微信等多种方式进一步畅通投诉渠道。完善公众有奖举报机制，落实法律法规中奖励先进的条款，确保相关政策达到激励先进、鼓励参与的目的。

参考文献

景俊海：《发挥全面从严治党引领保障作用 加快实现新时代吉林全面振兴》，《党建研究》2021年第5期。

唐一军：《学深悟透做实习近平法治思想 奋力开辟全面依法治国新境界》，《中国司法》2022年第1期。

马怀德：《以法治发展规划引领法治建设》，《人民日报》2022年8月29日。

江必新：《法治建设的中国智慧与中国经验》，《求索》2023年第1期。

张长东、冯维、惠波：《比较视角下中国的法治建设与国家治理：基于文献的讨论》，《北大政治学评论》2022年第2期。

张鸣起：《再论一体建设法治社会——习近平法治思想关于"一体建设"重要论述原创性贡献之研究》，《浙江工商大学学报》2022年第5期。

---

① 《关于深入优化生态环境保护执法方式助力稳住经济大盘有关情况的通报》，中国政府网，2022年7月19日，http://www.gov.cn/zhengce/zhengceku/2022-07-27/content_5703020.htm。

法治政府

B.2

吉林省加强行政规范性文件管理的对策研究

中共吉林省委党校课题组*

摘　要： 吉林省委、省政府高度重视行政规范性文件管理工作，将其作为法治政府建设的一项重要内容来加以部署和落实，并取得明显成绩。但是，由于行政规范性文件制定主体众多、相关工作人员法治意识淡漠、监督追责力度不足等原因，行政规范性文件的管理仍然存在一些薄弱环节。因此，应增强依法行政意识、完善制定机关内部的程序制度、加大备案审查监督力度、完善动态清理机制、加强人才队伍建设，从而不断提高行政规范性文件的管理水平。

---

* 中共吉林省委党校课题组：组长：魏芙蓉，中共吉林省委党校教授，主要研究方向为法治政府建设、政府治理现代化。成员：郑海兵，中共吉林省委党校教授、主任；武文莉，中共吉林省委党校教授、主任；关郢杉，长春科技大市场创新创业服务有限公司人力资源管理负责人；高娜，中共吉林省委党校副研究员；丛书勤，中共吉林省委党校副研究员；潘星，中共吉林省委党校讲师。执笔人：魏芙蓉。

关键词： 行政规范性文件　法治政府　依法行政

行政机关制定行政规范性文件，是保障法律、法规和规章正确实施，落实党和国家各项方针政策，依法履行职能的重要方式。为了加强行政规范性文件的管理，推进法治政府建设，本报告在对吉林省的行政规范性文件的管理现状进行调查研究的基础上，提出加强行政规范性文件管理的对策建议。

一　吉林省行政规范性文件管理工作成绩明显

吉林省委、省政府高度重视行政规范性文件管理工作，将其作为法治政府建设的一项重要内容加以推进。2016 年 11 月下发的《中共吉林省委、吉林省人民政府关于贯彻〈法治政府建设实施纲要（2015—2020 年）〉的实施意见》中就加强规范性文件监督管理做出具体部署，对行政规范性文件制定程序、合法性审核、备案审查及能力建设等提出明确要求。吉林省各级政府及其所属部门认真落实省委、省政府的部署，行政规范性文件管理工作取得明显成绩。

（一）制度建设日趋完善

吉林省委、省政府十分重视行政规范性文件管理的制度建设。一是吉林省政府先后出台了《吉林省人民政府关于规章和其他规范性文件确认和公布的若干规定》（2003 年）、《吉林省规章规范性文件监督办法》（2005 年）、《吉林省规章规范性文件清理办法》（2009 年）、《吉林省规范性文件制定办法》（2013 年）等四部规章，系统规范了行政规范性文件认定标准、制定程序、备案监督和清理等事项。2019 年，吉林省人民政府办公厅出台《关于全面推行行政规范性文件合法性审核机制的实施意见》，要求"全面推行程序完备、权责一致、相互衔接、运行高效的合法性审核机制，落实审核工作要求，确保所有规范性文件均经过合法性审核，保证规范性文件合法有效"。二是2019年吉林省司法厅印发了《关于公布省政府部门（机构）行政规范性文件制定主体清单的通知》，依法审核确认并公布了吉林省政府办公厅、吉林省发展改革委等42个吉林省政府部门（机构）行政规范性文件制定主体的名单，并向社会公布。三是2022年7月吉林省人民政府办公厅下发了《关于进一步落实行政规范性文件"三统一"制度的通知》，要求行政机关普遍实行规范性文件由制定机关统一登记、统一编号、统一印发的"三统一"制度。四是多数市、县级政府和政府所属部门分别建立了覆盖行政规范性文件制定、审核、审议、公布、备案、清理等方面的管理制度。这些政府规章和文件的出台为加强行政规范性文件的管理提供了制度依据。

（二）法制审核作用明显

2018年，《国务院办公厅关于全面推行行政规范性文件合法性审核机制的指导意见》下发后，行政规范性文件法制审核工作受到普遍重视。根据对省直部门的调查，多数部门均设有法制工作机构或明确了承担审核的机构，并落实专人负责行政规范性文件的合法性审核工作，较好地发挥了前期把关的作用。

为促进规范性文件质量的提高，吉林省政府或吉林省政府办公厅制定的行政规范性文件均由吉林省司法厅负责审核把关。2019年以来共制定行政规范性文件56个，全部按照《吉林省规范性文件制定办法》的规定，履行了合法性审核、集体审议和向社会公开发布等程序，并做到了统一登记、统一编号、统一印发。依照规定报送备案审查之后，均未发生被吉林省人大常委会纠错，或被行政复议机关、人民法院认定为不合法，或被国家各类督查检查要求修改或者废止的情况，盲目制定行政规范性文件的情况得到扭转。吉林省司法厅材料显示，自2018年机构改革以来，行政规范性文件报备数量连年减少，2018年254件、2019年171件、2020年152件、2021年126件。这一组数据既反映出吉林省压缩行政规范性文件数量取得明显效果，同时也说明地方配套的法规、规章日益完善，对行政规范性文件的需求在减少。

（三）备审力度不断加大

为进一步加强吉林省规章行政规范性文件备案审查工作，及时发现和纠正违法、不当的规章行政规范性文件，从源头上遏制行政违法行为的发生，2019年8月，吉林省司法厅发布《吉林省关于进一步加强规章行政规范性文件备案审查工作的指导意见》，吉林省各级政府认真落实行政规范性文件备案审查制度，通过备案审查，及时纠正和处理了个别违法或不当的行政规范性文件，维护了法制统一和政府的公信力。

一是加大督促备案的力度。吉林省政府带头执行行政规范性文件备案制度，2020年全年向吉林省人大常委会报送行政规范性文件12件。经吉林省人大常委会法工委审查，所有报备文件均符合备案规定，报备率和及时率均达100%，全部予以审查通过。吉林省司法厅通过备审工作情况定期通报和公布备案文件目录的方式，督促行政机关及时按要求报送备案。2021年，吉林省司法厅共接收各市（州）政府、长白山管委会、梅河口市政府报送备案的文件46件，接收省直部门报送备案的文件80件，基本做到"有件必备"，报备率、及时率和报送备案的规范化程度明显提高。

二是优化备案审查的工作流程。吉林省司法厅将行政规范性文件的备案分为初审和复审两个阶段。初审阶段是形式审查，主要是审查所报送的文件是否在行政规范性文件的范围内，其题目、章节、条款及语言表述是否规范；复审阶段是对实质内容进行审查，主要是对行政规范性文件的合法性、合理性、协调性进行审查。在复审阶段，负责备案审查的处室全员参与，对被审查的文件分别提出意见，经民主合议后提出处理意见，提升了备案审查工作的质量。

三是加大备案审查的监督力度。备案审查机关坚持"有备必审、有错必纠"的原则，在审查中发现有的文件行政许可事项依据不明确，有的未严格执行行政规范性文件制定程序，有的规定内容与上位法相抵触，有的公布方式不规范，等等，经沟通协调，由制定部门主动修改或废止了问题文件。

四是认真办理公众提出的审查建议。按照积极受理、谨慎办理、依法释理、妥善处理的原则，办理答复公众对行政规范性文件提出的审查建议。2019~2021年，吉林省司法厅共受理公众提出的审查建议23件，通过查阅资料、征求制定文件部门意见等方式认真研究办理，均在规定时限内向审查建议的申请人送达了处理结果。办理后回访时，当事人均未再提出异议。

（四）文件清理实现常态化

为了加强行政规范性文件的管理，解决长期以来存在的行政规范性文件"只生不死"、底数不清、效力不定、相互抵触等方面的问题，2019年以来吉林省开展了多次集中清理，使行政规范性文件的清理工作步入了常态化、规范化的轨道。2020年，吉林省司法厅印发了《关于做好吉林省地方政府规章行政规范性文件集中清理工作的通知》，对1980~2019年制定的各类文件进行了集中清理。吉林省司法厅材料显示，最终确认全省现行有效的行政规范性文件共计5367件，失效1407件，废止790件。在现行有效的行政规范性文件中：省政府及办公厅制定的528件，省直部门制定的1537件，市级政府及其部门制定的1650件，县级政府及其部门制定的1652件。历史上首次摸清了各级政府及其所属部门现行有效的行政规范性文件的基础数据。这次清理为早日完成《法治政府建设实施纲要（2021—2025年）》确定的"2023年年底前各省（自治区、直辖市）实现本地区现行有效地方性法规、规章、行政规范性文件统一公开查询"的工作任务打下了基础。在《民法典》和修订后的《行政处罚法》公布实施之后，吉林省开展了专项清理工作，及时修改或废止了一批与上位法相抵触的规范性文件。

（五）业务能力建设受到重视

为了提升行政规范性文件合法性审核、备案审查人员的政治和业务素质，吉林省司法厅组织开展了相关业务培训。2019年11月，吉林省司法厅举办全省行政规范性文件合法性审核和备案审查工作培训班，培训市（州）

政府和省政府各部门相关工作人员 160 余人，使行政规范性文件合法性审核和备案审查人员政治、业务素质得到提升。

二 吉林省行政规范性文件管理工作
存在的问题及其成因

吉林省的行政规范性文件管理工作虽然取得明显成绩，但由于行政规范性文件制定主体众多、相关工作人员法治意识淡漠、监督追责力度不足等原因，行政规范性文件管理仍然存在一些薄弱环节。

（一）行政规范性文件管理工作存在的主要问题

1. 行政规范性文件范围界定不清晰

对于行政规范性文件，虽然国务院的文件做了界定，但是，由于缺少可操作性规定，在实践中各部门主要是按照自己的理解来掌握，从而导致文件本该被纳入行政规范性文件管理范围却没有纳入的现象时有发生，造成此类文件，特别是涉及行政相对人权利义务的行政规范性文件游离于程序控制之外。

2. 执行行政规范性文件制定程序不严格

一些部门在执行行政规范性文件制定程序时，有的只注重形式意义，对实效性关注不够；有的在征求公众意见时，只选择在关注度不高的媒体公布相关信息，其征求意见的诚意常常受到质疑；有的在邀请专家参与论证时，明确要求其不能提不同意见；有的在行政规范性文件出台后报送备案审查时不够规范；等等。这些程序方面的问题，在一定程度上影响了文件的质量。

3. 合法性审核、备案审查队伍能力与需要不适应

有的部门因为受机构编制的限制，没有设立法制机构，也没有配备法制审核人员；有的备案审查机构由于人力不足，只能接受备案，而无力进行主动审查，这种情况在县级机构尤为突出。现有从事法制审核、备案审查的工作人员业务素质也亟待提升。部分工作人员没有法律专业背景，对法学理

论、立法知识及相关实践知之甚少，进行合法性审核、备案审查力不从心，审核、审查有时流于形式，应有的把关作用没有得到发挥。

（二）行政规范性文件管理存在问题的成因

一是行政规范性文件制定主体众多。从省政府一直到乡级政府，以及县级以上政府所属部门，都可以是制定行政规范性文件的主体。这些制定主体不仅数量庞大，而且依法行政水平参差不齐，尤其是一些乡级政府存在明显差距，从而增加了管理的难度。二是个别工作人员法治意识淡漠，对行政规范性文件的管理不够重视，在文件的起草、调研、审核、公布及清理等环节存在随意性。三是监督追责力度不足，虽然建立了较为完善的行政规范性文件管理制度，但这些制度在法律层级上属于政府规章，有的还是内部文件，法律责任的刚性约束不足，即使发现违法或不当的文件，多数是要求制定机关自行纠正了事，没有追究相关责任者的责任，从而导致对行政规范性文件进行监督的严肃性及警示作用的发挥打了折扣。

三　加强吉林省行政规范性文件管理的对策建议

为进一步全面落实党中央、国务院关于推进依法行政、建设法治政府的总体部署，加强行政规范性文件的管理，提高行政规范性文件的质量，切实保障人民群众的合法权益，维护政府公信力，针对行政规范性文件管理中存在的问题及其成因，本报告提出以下对策建议。

（一）增强依法行政意识，把对行政规范性文件的管理作为法治政府建设的大事来抓

充分认识加强行政规范性文件管理的重要意义。一是坚持依法行政的需要。制定行政规范性文件是对法律、法规和规章的实施性细化，或是对法律规范滞后于社会生活变化的弥补，是依法行政制度体系的组成部分，是保证法律、法规和规章正确实施必不可少的措施。二是维护政府公信力的需要。

行政规范性文件质量是行政管理水平的主要标志，直接影响人民群众对政府的评价和信心。三是保护人民群众合法权益的需要。坚持以人民为中心的思想，维护好、发展好人民群众的根本利益是行政管理的出发点和落脚点，加强行政规范性文件的管理是从源头上防止具体行政行为违法、保护人民群众合法权益的重要举措。

深入贯彻落实《法治政府建设实施纲要（2021—2025 年）》关于"依法制定行政规范性文件，严禁越权发文、严控发文数量、严格制发程序。健全行政规范性文件动态清理工作机制。加强对行政规范性文件制定和管理工作的指导监督，推动管理制度化规范化"的部署要求，把行政规范性文件的管理作为推进国家治理体系和治理能力现代化、加快高水平法治政府建设的重点任务予以重视，将其列入法治政府建设考评指标体系，加大工作力度。

（二）制定完善机关内部的程序制度，保证行政规范性文件的质量

1. 对制定行政规范性文件实行计划管理，避免出台文件的随意性

为了避免制定行政规范性文件的随意性，应对制定文件实行计划管理，凡是计划当年出台的规范性文件都要在年初提出工作计划，由司法行政部门或部门的法制机构进行审核平衡，必要时应进行可行性论证，就该文件出台的必要性、可行性、出台时机、解决问题的思路、执行成本以及出台的预期效果等内容进行评估和论证，从而对该文件是否列入制定计划做出科学判断，从源头上对出台行政规范性文件进行控制。

2. 坚持全过程人民民主，让人民群众有序、有效参与行政规范性文件的管理

进一步有效推动行政规范性文件制定的民主化进程。一是制订行政规范性文件制定计划时要坚持集思广益，广泛听取人民群众的意见，把人民群众普遍关心的事项列入制定计划。二是在行政规范性文件草案审核论证阶段要保证人民群众的知情权和参与权，行政规范性文件草案均要在当地社会关注度较高的媒体上公布，确保人民群众的知情权，听取意见可以采用座谈会、论证会、个别征求意见等方式进行。对于规范内容与人民群众权益密切相

关、不同利益群体分歧较大的文件草案，应当通过听证会的形式听取意见。三是对人民群众的意见应给予反馈，如不采纳多数人提出的意见，应当公开说明理由，防止征求人民群众意见"走过场"的现象发生，使制定的文件得到社会的普遍认同，从而减少施行的阻力。

3. 做实专家论证程序，提高制定行政规范性文件的科学性

更好地发挥专家的咨询论证作用，完善专家咨询论证制度。一是提高专家论证的组织化程度，建立专家咨询论证组织或专家库，实现对专家的规范化管理。二是按照权利与责任一致的原则，对咨询专家的工作实施约束，参与咨询论证的专家须提交由本人签字的书面论证意见，并对自己的意见承担责任。三是为咨询专家开展工作创造条件。通过组织专家参加会议、阅读文件、开展调研、提供相关背景资料等途径，尽最大可能为咨询专家了解情况创造必要的条件，使他们在充分知情的前提下参与论证。四是对咨询专家的论证意见给予尊重，鼓励咨询专家提出与文件草案不同的意见。五是提高专家论证意见及处理情况的透明度，接受社会的监督和评论。

4. 注重合法性审核，确保行政规范性文件合法有效

一是明确合法性审核主体。县级以上司法行政部门是本级政府制定行政规范性文件的合法性审核机构，负责对以本级政府或其办公部门名义制定的文件开展合法性审核；县级以上政府部门制定的行政规范性文件，由本部门法制审核机构进行合法性审核；部门联合制定的行政规范性文件，由牵头部门的法制审核机构进行合法性审核；乡镇人民政府及街道办事处制定的行政规范性文件，可以由本单位的法制审核机构或者指定的审核人员进行审核，也可以统一由县级司法行政部门进行审核。二是明确合法性审核的内容。首先是审核合法性：制定主体应当具有制定行政规范性文件的主体资格，文件规范的内容在制定机关的职权范围内；文件内容不得与宪法、法律、法规、规章及上位政策文件相抵触；制定文件所依据的法律规范和政策文件合法有效；不得越权设立行政许可、行政处罚、行政强制、行政征收、行政收费等管理内容；不得存在无法定或政策依据减损行政相对人权益或增加其义务的内容；不得存在无法定或政策依据增加本部门权力或减少本部门法定职责的内容；不得存在限制公平竞争及实行地方保护的内容；不得违反制定行政规范性文件程序方面的强制性规定。其次是审核合理性：符合平等原则，文件内容赋予行政相对人同样的权利和义务，没有偏见和歧视；符合比例原则，在可以达到相同管理目标时，应选用对行政相对人权益影响最小的管理措施；符合必要原则，文件依据的上位法律规范或政策文件对本文件拟规范的内容没有做出可操作性的规定，需要补充和细化；不得与社会主义核心价值观相悖。最后是审核协调性：文件所规定的各项措施协调一致，不得互相抵触；与现行有效的同位阶规范性文件不得抵触，如有抵触，应做出相应处理。最终由法制审核机构根据不同审核结果出具是否合法或应当予以修改的书面审核意见。起草单位应当根据合法性审核意见对行政规范性文件草案做必要的修改或者补充；在特殊情况下，起草单位未完全采纳合法性审核意见的，应当在提请制定机关审议时详细说明理由和依据。三是明确合法性审核责任。未经合法性审核或者经审核不合法的文件，不得提交集体审议。审核机构未严格履行审核职责导致文件违法，或未经合法性审核直接提交审议，或不采纳合法性审核意见导致文件违法，造成严重后果的，应依纪依法追究有关责任人员的责任。

5. **完善决定程序，制定行政规范性文件应集体审议后决定**

制定行政规范性文件要实行集体研究讨论制度。政府制定行政规范性文件要经本级政府常务会议或者全体会议审议决定，政府部门制定行政规范性文件要经本部门办公会议审议决定。在审议过程中，会议组成人员应发表明确的意见。会议组成人员的意见既是最终决定的重要依据，也会对行使最终决定权的领导形成一定制约，还可以明确每位成员在决定中的责任。具有决定权的领导按照多数人意见做出决定，是集体审议决定的常规状态；如果做出的决定与多数人的意见不一致，应当在会上说明理由。这样既可以保证集体审议意见对最终决策的影响力，同时又不改变行政机关实行首长负责制的实质。

（三）加大备案审查监督力度，及时纠正违法不当的行政规范性文件

党的十九届四中全会通过的《中共中央关于坚持和完善中国特色社会

主义制度　推进国家治理体系和治理能力现代化若干重大问题的决定》指出，要"推进合宪性审查工作，加强备案审查制度和能力建设，依法撤销和纠正违宪违法的规范性文件"。备案审查工作应当不断加强，做到"有件必备、有备必审、有错必纠"。

1. 明确备案文件的范围

通过列举和定性的方式明确行政规范性文件的范围，确定是否属于行政规范性文件要考虑公文种类和文件规范的事项，更重要的是看文件内容是否涉及行政相对人的权利义务，凡是涉及行政相对人权利义务的文件，均要纳入行政规范性文件管理范围上报备案、接受审查。

2. 明确备案与审查的主体

对行政规范性文件进行备案与审查涉及两个方面的责任主体，即报送备案文件的主体和对报送文件进行审查的主体。一是明确报送备案文件的责任主体。报送备案文件的责任主体是行政规范性文件的制定机关；对于两个以上行政机关联合制定的文件，应由牵头制定的行政机关负责报送；对于党政机关合发的文件，应该由制发文件主体中的行政机关向接受备案审查的行政机关报送。二是明确对报送文件进行备案审查的责任主体。根据《国务院办公厅关于加强行政规范性文件制定和监督管理工作的通知》精神，省级以下地方政府制定的行政规范性文件应由上一级政府接受备案、实施审查；地方政府部门制定的行政规范性文件由本级政府接受备案、实施审查；实行垂直管理的部门，下级部门制定的行政规范性文件要由上一级主管部门接受备案、实施审查，制定部门要同时抄送文件制定机关所在地的本级政府。

3. 明确审查内容及纠错的方式

备案审查以合法性作为审查重点。备案审查机关对报送备案的，或行政相对人提请审查的行政规范性文件进行审查，对存在问题的应当分情况处理：对制定主体不具有资格或超越法定权限，或者文件内容违反上位法律规范或政策文件规定的，可以要求制定机关自行纠正，逾期不纠正的，可以决定暂停执行或直接撤销；对文件内容不适当、表述不规范，或在制定过程中违反法定程序的，应要求制定机关在一定期限内自行纠正；对未按规定方式公布的文件或文件超过有效期的，可以直接认定其没有执行效力。在备案审查过程中，备案审查机关认为需要行政规范性文件制定机关说明情况的，制定机关应当在规定期限内予以说明。负责审查的人员应当认真研究制定机关的意见，就有分歧的问题进行讨论，以达成共识。如不能达成共识，可以通过召开专家论证会的方式进行咨询论证，然后由备案审查机关做出处理决定。

4. 明确备案审查各方的责任

把行政规范性文件备案审查工作纳入依法行政考核的内容，对属于行政规范性文件而不予报送备案，或对备案审查机关提出的处理意见不予处理，或接到报送备案的文件不依法审查，对行政相对人提请审查的文件不依法处理，造成严重后果的，应对文件制定或备案审查机关给予考核扣分，对相关责任人员进行约谈、通报批评或给予政务处分，从而强化对制发行政规范性文件机关报送行为和接受备案审查机关审查行为的刚性约束。

（四）完善动态清理机制，保持行政规范性文件与上位法律规范和政策文件协调统一

建立并实施对行政规范性文件动态清理机制，及时修改、废止那些与上位法律规范及政策文件相抵触，或明显落后于当前经济社会发展实际，或没有达到文件出台预期效果的行政规范性文件，保持依法行政制度体系的协调统一。

1. 建立有效期制度

建立有效期制度可以使行政规范性文件有一个动态自我淘汰机制。这种以时间为节点的自我淘汰机制，可以倒逼行政机关加强对行政规范性文件的管理，主动跟踪、调查文件的实施情况，并依据经济社会的发展变化，及时对规范性文件进行评估、修改，对其效力进行确认，还可以为行政执法人员及人民群众辨识文件的效力提供方便。

2. 及时组织文件清理

针对正在适用的行政规范性文件，由于法律、法规、规章的调整变动，或者上级党和政府调整、出台政策文件等原因，需要相应做出修改、废止处

理。集中清理可以分为定期清理和专项清理：定期清理就是在制度规定的期限内对正在适用的文件进行"体检"；专项清理就是在上位法律、法规、规章或政策文件调整出台后，集中对下位的行政规范性文件进行清理。

清理行政规范性文件应当区别情况处理。首先，需要做出废止或失效处理的情形有：文件主要内容与法律、法规、规章和上级政策文件相抵触的，或与当前经济社会发展要求不相适应的，或脱离本地实际，实施效果不明显的，或规范的任务已完成、调整对象已消失的，或被后制定的文件取代的，或文件标注的有效期届满不需要延长的。其次，需要做出修改或重新公布处理的情形有：文件部分内容与法律规范和政策文件不一致的，或文件标注的有效期即将届满需要重新公布实施的。

3. 开展文件实施后评估

评估对象的选择应当突出重点。从行政资源能力方面考量，没有条件将所有的行政规范性文件全部纳入评估范围，只能选择那些直接关系民生，或影响经济社会发展，或在实施过程中反映问题较多的文件作为评估的重点对象。应把行政规范性文件评估纳入文件制定计划，以实现行政规范性文件制定和评估之间的衔接和协调。

（五）加强人才队伍建设，使审核、审查队伍的能力与工作需要相适应

加强行政规范性文件管理，保证文件的质量，合法性审核、备案审查是关键环节，应当有一支与工作需要相适应的高素质、专业化的人才队伍。

1. 加强合法性审核、备案审查工作机构建设

行政规范性文件制定机关合法性审核职责应当由法制机构承担，没有设立法制机构的机关，应当落实审核工作机构，指定人员负责此项工作。司法行政机关承担本级政府所属的下级政府和工作部门报送的行政规范性文件的备案审查职责。省、市、县级司法行政部门均应设立行政规范性文件备案审查工作机构，市、县级工作机构专职工作人员不应少于两人，从机构编制上保证做到"有备必审"。

2. 严把合法性审核、备案审查人员的入口关

对遴选调配合法性审核、备案审查人员应有更高的素质要求。首先，在政治素质方面，应当认真践行习近平法治思想，拥护中国共产党的领导，忠于宪法法律，忠于人民。在业务能力方面，应当具备本科以上学历，掌握法学基础理论及相关领域的知识。新进入这一队伍的人员应具备法律职业资格。通过对人员的严格遴选把关，推动对合法性审核、备案审查人员与一般公务员实行差异化管理，实现队伍的正规化、专业化、职业化。

3. 开展合法性审核、备案审查人员的培训教育

一是组织学习习近平法治思想、党的二十大精神等，让合法性审核、备案审查人员树立以人民为中心的理念，懂得为谁审核、为谁把关，站稳人民立场，保持审核、审查工作的正确方向。二是加强业务能力的培养，组织学习《立法法》和行政组织、行政行为、行政监督及行政法基础理论等方面的知识。应由各级司法行政部门，或委托党校（行政学院）、高等院校、科研院所等组织实施培训。可以采取短训或一定期限的离岗培训、传统讲授式与案例分析研讨式相结合等多种形式，优化培训效果。

4. 发挥"外脑"的作用

通过政府购买服务的方式，吸纳高等院校、科研机构、律师事务所、法学会等社会机构参与行政规范性文件的起草、论证、审核、审查、评估、清理和相关人员培训等活动，为加强行政规范性文件管理提供智力支撑。

行政机关制定行政规范性文件，是保障法律、法规和规章正确实施，落实党和国家各项方针政策，依法履行职能的重要方式。加强对行政规范性文件的管理，对于坚持依法行政、维护政府公信力、保护人民群众的合法权益都具有重要意义。因此，应当通过完善行政规范性文件制定程序、强化备案审查监督、建立常态化清理机制、加强人才队伍建设等途径，不断提升行政规范性文件的管理水平，确保行政机关制定的每一份文件都合法有效，为依法行政提供制度依据。

参考文献

冯硕:《地方行政机关规范性文件存在的问题和机制——以双重逻辑为视角》,《社会科学家》2021 年第 9 期。

陈德琼:《构建行政规范性文件监管制度体系的实践与思考》,《中国司法》2021 年第 4 期。

袁勇:《规范性文件合法性的判断标准》,《政治与法律》2020 年第 10 期。

戴杕:《行政规范性文件"上位法依据"的司法判断》,《重庆理工大学学报》(社会科学)2021 年第 6 期。

黄学贤:《行政规范性文件的体系化治理论纲》,《山东科技大学学报》2020 年第 6 期。

李龙军、石东洋:《行政规范性文件合法性审核的实践困境及对策》,《山东行政学院学报》2020 年第 3 期。

白忠菊:《浅析行政规范性文件的全生命周期管理理念》,《中国司法》2021 年第 8 期。

B.3
吉林省综合行政执法体制改革综述

吉林省司法厅综合行政执法体制改革课题组*

摘　要：　推进综合行政执法是构建现代政府职责体系和组织体系的客观要求，是转变政府职能的重要途径，是完善基层治理体系的关键举措。吉林省把综合行政执法体制改革作为优化综合治理的关键一招，在体制建设、队伍建设、制度建设等方面激发综合行政执法潜能，有效提升了基层治理体系和治理能力现代化水平。但基层执法体制尚未完全理顺、考评体系还不健全等问题依然存在，应持续优化工作布局、深化强基举措、强化创新驱动，不断推进综合行政执法体制改革取得更大成效。

关键词：　综合行政执法体制改革　　制度体系建设　　行政执法监督

　　党的十九大报告对深化机构和行政体制改革做出重大部署，明确提出"赋予省级及以下政府更多自主权。在省市县职能相近的党政机关探索合并设立或合署办公"。党的二十大报告强调要扎实推进依法行政，对深化行政执法体制改革提出明确要求。吉林省综合行政执法体制改革主要从七个领域综合行政执法改革和乡镇（街道）综合行政执法改革两个方面推进，形成了"上下联动+多部门联合"的工作格局。

---

* 吉林省司法厅综合行政执法体制改革课题组：组长：宋钢，吉林省司法厅行政执法协调监督处处长。成员：李天歌，中共吉林省委党校；庞凯，吉林省司法厅行政执法协调监督处副处长；毕海，吉林省司法厅行政执法协调监督处三级调研员；崔铭，吉林省司法厅行政执法协调监督处二级主任科员；迟爽，吉林省司法厅行政执法协调监督处二级主任科员。执笔人：迟爽、崔铭。

一 综合行政执法体制改革历史沿革

20世纪80年代，中国开启了亘古未有的深刻变革，伴随着改革开放，综合行政执法体制改革也拉开了帷幕。

第一阶段（1996~2002年）：城市管理领域相对集中，行政处罚权确立。针对多头执法、重复执法及行政执法不文明、不规范等突出问题，1996年我国颁布实施《行政处罚法》，第一次以法律形式确立了相对集中行政处罚权制度。从1997年开始试点，到2002年8月，国务院先后批准23个省、自治区的79个城市和3个直辖市开展了相对集中行政处罚权工作试点，并取得了显著成效。国务院于2002年8月下发了《关于进一步推进相对集中行政处罚权工作的决定》，授权省、自治区、直辖市人民政府可以决定在本行政区域内开展相对集中行政处罚权工作，并对这项工作提出了具体要求。经国务院批准，吉林省自1999年在吉林市和白城市开展城市管理领域相对集中行政处罚权试点工作。截至2010年末，吉林省已经有长春、吉林、白城、榆树、德惠、九台等32个市（县）、开发区推行了相对集中行政处罚权工作。按照国务院《关于进一步推进相对集中行政处罚权工作的决定》要求，吉林省城市管理相对集中行政处罚权工作的职权范围主要包括市容环境卫生、城市规划、城市绿化、市政管理、环境保护、工商行政管理、公安交通管理等方面。

第二阶段（2002年至今）：由施行相对集中行政处罚权到综合行政执法体制改革全面推进。2002年10月，国务院办公厅转发《中央编办关于清理整顿行政执法队伍实行综合行政执法试点工作的意见》（国办发〔2002〕56号），决定在广东省、重庆市开展试点工作，在其他省、自治区、直辖市各选择1~2个具备条件的市、县（市）进行综合行政执法试点。2013年11月，党的十八届三中全会通过《中共中央关于全面深化改革若干重大问题的决定》，明确提出深化行政执法体制改革。2017年12月，中共吉林省委办公厅、吉林省人民政府办公厅印发《关于加强乡镇政府服务能力建设的实施意见》（吉办发〔2017〕49号），指出推动行政执法重心下移、职权下放、力量下沉。2018年11月，中共吉林省委、吉林省人民政府印发《关于市县机构改革的总体意见》（吉发〔2018〕44号），要求深化综合行政执法改革。2019年11月，中共吉林省委办公厅、吉林省人民政府办公厅印发《关于深化乡镇街道机构改革推进基层整合审批服务执法力量的实施意见》（吉办发〔2019〕43号），明确提出建立综合行政执法平台，推进执法力量下沉。2021年5月，中共吉林省委全面依法治省委员会办公室印发《关于深入推进综合行政执法工作的意见》（吉法办发〔2021〕14号），对进一步推进综合行政执法工作提出明确意见，改革进入加速期。2021年9月，中共吉林省委城乡基层治理工作委员会办公室印发《关于深入推进基层综合行政执法工作的意见》（吉城乡治工委办字〔2021〕1号），提出在乡镇和具备条件的街道实行"一支队伍管执法"，在街道实行"街道吹哨、部门报到"改革，确定了乡镇（街道）综合行政执法改革的基本模式。2021年9月，吉林省司法厅印发《关于开展综合行政执法试点工作的实施方案》（吉司办发〔2021〕107号）。确定在住建、交通、生态、农业、市场、应急、文化7个领域执法部门及65个乡镇（街道）开展综合行政执法试点工作。截至2023年5月底，全省所有试点单位全部完成改革试点任务，吉林省综合行政执法改革取得初步成效。

从相对集中行政处罚权到综合行政执法改革，以人民为中心，严格规范、公正文明的综合行政执法体制逐步确立。

二 吉林省综合行政执法体制改革取得的成效

（一）体制建设不断加强

一是健全领导机构。吉林省65个试点乡镇（街道）、省直7家综合行政执法部门均成立了综合行政执法领导小组，组长由乡镇（街道）、部门主要负责人担任，制定了工作规则，组织推动综合行政执法改革。二是健全协调机制。各县（市、区）人民政府按照权责统一、运转协调、简约高效原则，普遍建立了联席会商机制、执法协助机制和案件移送机制等，为推进基层综合行政执法改革工作提供了机制保障。三是健全"局队合一"。吉林省农业农村厅批复设置省市县三级农业综合行政执法机构52个；延边州应急局制定了符合行业需要的执法流程图和工作制度，扎牢行政权力运行的"制度笼子"；长春市市场监管局构建起"一支队伍管执法，一个机构管案源，一套文书办案件，一套制度管规范"的执法新模式。四是健全"一支队伍"。吉林省607个乡镇全部组建了综合执法队伍，351个街道中具备独立开展综合行政执法条件的201个街道组建了综合执法队伍，全省乡镇（街道）取得行政执法资格的人员已达1万余人。五是健全监督体系。大安市安广镇、镇赉县莫莫格蒙古族乡、蛟河市天岗镇、东丰县大兴镇依托司法所设立行政执法监督站（室），积极履行行政执法监督职能，吉林省四级行政执法监督体系建设取得突破性进展。

（二）权责边界不断清晰

吉林省委、省政府把编制综合行政执法目录清单作为推进综合行政执法体制改革的先导性、基础性、系统性工程，按照新修订的《行政处罚法》要求，吉林省人民政府印发了《关于赋予乡镇人民政府、街道办事处部分行政处罚权的决定》《吉林省赋予乡镇人民政府（街道办事处）县级行政权力事项指导目录》，将符合基层实际的56项行政处罚权下放给乡镇（街道）实施。各地积极推行县级政府"菜单式"服务、乡镇（街道）"自助式"选择的模式，确保基层对下放权力能够"接得住""干得了""管得好"。敦化市结合资源禀赋和执法需求，按照一镇（街）一单的方式，实现行政执法事项清单差异化管理；集安市结合法律法规"立、改、废"和基层治理需要，动态调整行政执法事项清单；辽源市龙山区积极开展《乡镇综合执法清单》后评估；四平市生态环境局制定《四平市生态环境保护工作职责规定（试行）》，厘清与自然资源、农业农村等部门的职责边界，更好地满足了基层行政执法需求。

（三）制度体系不断完善

吉林省司法厅立足省情实际，着眼实战应用，组织编印了全国省级层面的第一套《乡镇（街道）综合行政执法工作指引》和《部门综合行政执法工作指引》，填补了综合行政执法工作制度空白。试点乡镇（街道）统一完善了行政执法"三项制度"、行政执法投诉举报制度、行政执法责任制、包容审慎监管执法和案卷管理等制度。白山市人民政府制定了《白山市乡镇（街道）综合行政执法暂行办法》，是吉林省规范乡镇（街道）综合行政执法工作的第一部市级层面政府规章；永吉县印发了《永吉县县级行政执法队伍管理细则》《永吉县乡镇行政执法队伍管理细则》，对执法人员进行了规范；通化县司法局编制了《通化县乡镇行政处罚事项指导手册》和《行政执法证据收集与运用指引》，着力提升乡镇（街道）行政执法人员专业技能；四平市铁东区石岭镇建立和完善了行政处罚裁量权制度；抚松县和长白县将乡镇（街道）法制审核工作纳入县政府法律顾问服务事项，成立了以政府法律顾问为依托的基层综合行政执法法制审核组；双辽市、梨树县将司法所工作人员明确为法制审核人员，确保法制审核制度落地落实；磐石市烟筒山镇创新制定《烟筒山镇执法调遣制度》，健全执法协作配合机制。

（四）保障机制不断优化

吉林省委组织部、省委编办研究制定了事业编制人员岗位聘用、职级晋升和职称评定方面的倾斜政策，落实乡镇工作补贴和艰苦边远地区津贴政策，强化了综合行政执法考核结果在职务晋升、表彰奖励等方面的作用。吉林省司法厅联合吉林省财政厅印发了《吉林省综合行政执法制式服装和标志管理办法》，进一步加强了综合行政执法制式服装和标志管理。各县（市、区）司法局积极协调乡镇政府加大对综合行政执法工作的投入力度，乾安县一次性投入 200 余万元，为全县 10 个乡镇（街道）综合行政执法队配备了执法车辆、执法记录仪和办公用品，每年列支 4 万元作为乡镇（街道）执法工作经费；靖宇县 8 个乡镇（街道）综合执法队全部设立独立办公场所，落实资金 113 万元为乡镇（街道）配备执法办公装备；东丰县投入经费 100 多万元，为执法队伍配备 17 台执法车辆以及执法记录仪、执法摄像机、无人机和便携式电脑打印机；长岭县新安镇为执法人员配备行政执法车辆 2 台，每月为每位执法人员落实执法补助 300 元；宽城区欣园街道创建"欣园 e 园"基层治理信息化平台，推广"1+3+N"工作模式；敦化市官地镇优化整合智慧城管、水利、综治、应急等信息化监管平台，实现全镇域全天候监控；长春市城市管理局开发"长春城管通"App，形成发现、立案、派遣、处置、核查、反馈工作机制，实现了市、区、街与基层管理人员之间资源共享、互联互通；长春市市场监督管理局朝阳分局强化行政执法信息化建设，建立电子取证实验室平台。目前，所有试点均设置了专门的综合行政执法办公场所，全部配备了执法记录仪，87% 的试点乡镇（街道）配备了执法车辆，68% 的试点乡镇（街道）配备了执法制式服装和标志。

（五）执法水平不断提高

一是执法规范化水平有效提升。试点乡镇（街道）制定了《改革任务台账》，编制了行政执法"四张流程图"，印发了执法案卷模板，建立了综合行政执法操作规程，切实规范执法检查、受立案、调查、法核、决定等程序和行为。吉林省住建厅制定了《吉林省城市管理行政执法评价负面清单》，明确了 45 项执法全链条禁止类事项；吉林省交通运输厅实行"一月一考、两月一讲"的省市县三级统一教育培训机制，强化培训与考核相结合；吉林省文化和旅游厅组织全省岗位练兵技能竞赛活动，不断提升执法人员的法律知识、执法办案、证据固定、文书制作、案卷归档等能力素质。二是执法专业化水平有效提升。吉林省司法厅联合吉林开放大学、长春开放大学，在全国创新开展综合行政执法人员学历提升计划，制作行政执法微电影，组织覆盖式专题培训，打造线上线下相结合的综合行政执法培训模式；通化县通过案卷交流、现场旁听庭审、执法观摩等方式，提高行政执法人员的执法能力水平；蛟河市采取部门对接乡镇（街道）"一对一""点对点"的互动交流办法，开展案例分析、以案释法、文书制作培训；伊通县小孤山镇选派年轻行政执法人员到县级行政执法部门进行挂职锻炼；梅河口市依托线上培训考试平台，组织辖区各乡镇（街道）综合行政执法人员进行法律知识学习、资格考试；吉林省生态环境厅编制生态环境执法能力建设"十四五"规划，开展生态环境执法大练兵，建立省级实训实战基地和教学点，组织实战比武竞赛活动。三是执法精细化水平有效提升。各地各部门积极推行包容审慎监管模式，积极参与安全生产、疫情防控、整治村容镇貌、拆除违建、物业管理等方面执法工作，在执法实践中普遍采取了指导、告知、劝阻、整改等柔性措施，提高了人民群众的认可度和满意度，增强了基层群众的法治意识；桦甸市司法局指导乡镇（街道）在行政执法领域实行"721"工作法，即"70%的问题用服务手段解决、20%的问题用管理手段解决、10%的问题用执法手段解决"，形成"主动服务+规范管理+执法兜底"的行政执法新模式。

三　吉林省综合行政执法体制改革存在的问题

（一）一些"第一责任人"的认识模糊

一些基层党政负责人对综合行政执法体制改革的重要意义认识不清，对改革的目标、改革的思路了解不清，没有把其当作工作的重要组成部分，对机构设置、人员配备和执法保障重视不够。还有的单位负责人认为日常工作很多，搞综合行政执法体制改革不但要抽人员还要花时间、费精力，推行综合行政执法的主观能动性不强。

（二）从根本上解决人员编制问题的条件还不成熟

执法力量不足的矛盾十分突出，吉林省仅有 5 个经济发达镇的综合行政执法队是独立编制的事业单位，其余乡镇（街道）的综合行政执法人员都是兼职开展执法工作，大部分工作人员身兼数职，对综合行政执法工作分身乏术，导致部分改革任务进展缓慢。

（三）深层次矛盾逐渐显现

基层赋权未能实现预期效果，部分事项因专业性强、基层承接能力不够导致实施效果差；基层执法体制尚未完全理顺，某些综合行政执法部门因为机构改革，长期补充不了人员；"镇街吹哨、部门报到"的案件移送、协作机制尚需细化，执法分家、条块分割现象依然存在。

（四）执法保障的历史欠账尚未还清

综合行政执法工作涉及面广、环境艰苦、责任重大，激励、容错、职业保障等配套机制还不成体系，"不愿执法、不会执法"的突出问题仍然存在。部分县（市、区）尚未落实对乡镇（街道）的倾斜政策，乡镇（街道）综合执法绩效的考评体系还不健全。

（五）培训方式和手段无法满足需求

基层普遍缺乏专业师资和财政保障，培训经费不足。部分单位行政执法培训工作流于形式，学习内容单一，培训形式简单，无法满足行政执法多样化的需求。部分单位不了解行政执法培训工作要求，存在资格管理不规范等问题。

四　推进吉林省综合行政执法体制改革的对策建议

（一）持续优化工作布局

改革是一项科学性、复杂性和艰巨性的系统工程，需要前瞻性思考、系统性研究、创新性设计、整体性推进。一是高位统筹。要把党的领导贯穿到改革的全过程各方面，充分发挥党委在推进综合行政执法体制改革中的统领作用，推动改革破困局、谋变局、开新局。要完善各司其职、各负其责、齐抓共管的工作机制，在机构设置、人员编制、干部管理、资金保障等方面加大政策扶持力度，切实解决综合行政执法需求。二是政策协同。改革越深入，整体推进和制度配套的要求就越高，需要把握好时机的选择、路径的规划、程序的设计、步骤的安排、配套措施的跟进等一系列"关键点"。要对改革总体状况进行把脉会诊、对症下药，更加注重政策的系统性、整体性、协同性、连续性，避免政策打架、任务撞车，防止出现"打补丁""开倒车"现象。三是精准施策。在改革越来越多地触及现有利益格局和未来利益预期的情况下，政策的出台要多目标兼顾、多利益平衡、多方案比较，破除藩篱壁垒，补齐基础建设、改革和长远发展的短板弱项，把握立足点、找好切入点、选准突破点，最大限度调动一切积极因素，集中力量打好改革攻坚战。

（二）持续深化强基举措

一是构建基层治理新格局。要深入学习贯彻中央精神，深刻领会司法部、吉林省委省政府部署要求，统筹推进法治领域各项改革任务，加快形成系统完备、科学规范、运行有效的制度体系，积极构建"党委领导、政府推进、部门联动、条块结合"的改革推进格局，着力在深化改革中激发潜能，推动综合行政执法质量变革、效率变革、动力变革。推动人员往基层走、精力往基层使、政策往基层倾斜、各类资源向基层集聚。要深入开展调查研究，围绕建立全过程、高效率、可核实的改革评价机制，坚持实事求是、因地制宜写好综合行政执法改革"下半篇文章"。二是强化行政执法队伍建设。把思想政治建设放在队伍建设的首位，严把执法人员准入关，不符合资格条件的一律不予办理执法证件；强化实战教学，组织开展综合行政执法示范活动，让执法人员学有榜样、做有标杆；科学设计培训方案，深入落实学历提升计划，采取集中办班、分批轮训、网络教学、学院培育、岗位练兵等多种方式，建立健全行政执法人员培训的长效机制。三是加强综合行政执法保障。充分发挥立法对改革的引领、规范、推动和保障作用，推动出台

"吉林省乡镇和街道综合行政执法条例";积极协调相关部门,将执法经费纳入财政预算管理,根据辖区面积、人口数量、执法需求等实际,合理配置执法服装、执法车辆和执法记录仪等装备;强化互联网、大数据、人工智能等技术手段应用,大力提升综合执法数字化水平;健全综合行政执法正向激励机制,建立定量考核与定性评价相衔接的绩效考评和容错免责机制,考评结果与评先评优、表彰奖励、职级晋升、岗位调整、干部任用统筹衡量,积极营造愿执法、能执法、善执法的制度环境。

(三)持续强化创新驱动

推进综合行政执法体制改革,是对行政管理体制的一次结构性变革、系统性再造、整体性重构,要以与时俱进的精神破局开路,以改革创新的勇气攻坚克难。一是强化示范引领。综合行政执法工作的规范性、实践性要求非常高,要注意摆脱传统的"制度惯性"和"路径依赖",鼓励支持先行先试,强化正向激励引导,健全容错纠错机制,提振干事创业的精气神,及时发现、总结、提炼、推广好经验好做法,加强对改革的宣传和舆论引导,谋划"大思路",贡献"大智慧"。二是强化柔性执法。深入开展质量提升三年行动。对全面提升行政执法质量和效能做出重要部署。把严格规范公正文明执法作为行政执法工作的生命线,着力提升行政执法人员能力素质,严格规范行政执法行为,大力构建立体化监督格局,进一步转变执法理念,杜绝运动式执法、"一刀切"执法、简单粗暴执法、野蛮执法、过度执法、机械执法、逐利执法问题,要让综合行政执法既有"力度",又有"温度"。三是强化科技赋能。按照"数字法治、智慧司法"的整体建设部署,探索构建省市县乡四级全覆盖、智能化、信息化的行政执法综合管理监督平台。积极推进综合行政执法工作规范化、标准化、信息化建设,充分运用人工智能、大数据、云计算、区块链等技术手段,将综合行政执法工作嵌入行政执法监督信息系统,为综合行政执法人员提供精准指引,严格规范公正文明执法。

参考文献

张玉良：《多点用力纵深推进综合行政执法体制改革的探索》，《机构与行政》2021年第12期。

罗清华、黄术：《我国综合行政执法体制改革的问题与对策》，《山西省政法管理干部学院学报》2021年第2期。

程琥：《综合行政执法体制改革的价值冲突与整合》，《行政法学研究》2021年第2期。

广州市委编办：《创新推进综合行政执法体制改革》，《中国机构改革与管理》2020年第7期。

马兴鑫：《对地方综合行政执法体制改革中几个问题的思考》，《中国机构改革与管理》2020年第11期。

B.4
吉林省"双随机、一公开"监管工作的实践与创新

吉林省市场监管厅课题组 *

摘　要：　吉林省委、省政府全面贯彻落实党中央、国务院关于"双随机、一公开"监管的决策部署，坚持把"双随机、一公开"监管工作作为深化"放管服"改革、创新监管方式、优化营商环境的有力抓手，完善制度设计、建立工作机制、发挥示范作用、规范实施流程，深入推进"双随机、一公开"监管工作在全省各级行政执法领域全面推行、深入实践，取得了显著成效，形成了以"双随机、一公开"为基本手段，以重点监管为补充，以信用监管为基础的新型监管机制。同时，吉林省"双随机、一公开"监管工作在智慧监管、部门联合、结果运用等方面还存在一定的问题，需要进一步提升平台智能化水平、加强结果分析运用、强化执法队伍建设等。

关键词：　市场监管　"双随机　一公开"　营商环境

　　商事制度改革实施以来，吉林省始终坚持以习近平新时代中国特色社会主义思想为指导，全面贯彻落实党的十八大、十九大精神，按照党中央、国务院关于深入推进"放管服"改革的决策部署，将"双随机、一公开"监管深度融入省委、省政府中心工作，作为加快推进政府职能转变的内在要

---

　* 吉林省市场监管厅课题组：组长：王淑英，吉林省市场监督管理厅一级巡视员。成员：柳云峰，吉林省市场监督管理厅信用监管处处长；孙东峰，吉林省市场监督管理厅信用监管处三级调研员；葛辉，辽源市市场监督管理局行政审批办公室主任。执笔人：孙东峰、葛辉。

求，作为减轻企业负担、优化营商环境的有力举措，作为加快信用体系建设、创新监管方式的重要内容，全面履职尽责，取得了明显的成效。

一 吉林省"双随机、一公开"监管工作主要做法和取得成效

2017年7月，国家市场监督管理总局在吉林省召开全国市场监管系统"双随机、一公开"监管座谈会，推广吉林省经验做法。2017年10月，吉林省在国务院推行"双随机、一公开"监管电视电话会议上介绍经验。李克强总理在刊载吉林省"双随机、一公开"监管工作经验的政务信息上做出批示，要求全国各地学习借鉴。2018年、2021年，长春市"双随机、一公开"监管工作2次受到国务院通报表扬并给予督查奖励。2019年，吉林省市场监管厅在全国市场监管工作座谈会上专题介绍经验。吉林省委深改委把吉林省工作开展情况专刊上报中央改革办。

（一）建立制度体系，确保工作落实从细从实

吉林省先后印发《吉林省全面推行"双随机一公开"监管工作实施方案》（2017年）、《吉林省行政执法随机抽查联合检查暂行办法》（2017年）、《在市场监管领域全面推行部门联合"双随机、一公开"监管工作实施办法》（2019年）等制度性文件，明确"双随机、一公开"检查工作的具体要求、主要任务和保障措施。出台了配套的《"双随机、一公开"监管工作实施细则》《部门联合抽查实施细则》，率先制定《吉林省"双随机、一公开"监管工作规范》，指导各级各部门按照工作规范稳步推进工作。

（二）抓好组织领导，确保制度体系落地落实

2019年，吉林省建立了市场监管领域"双随机、一公开"监管工作联席会议制度，将具备行政执法资格的相关部门全部纳入联席会议，并在全省

推广，共有 2694 个部门参与随机抽查工作，实现参与部门全覆盖。① 吉林省各地区都建立了领导协调机制，其中长春市、白城市、松原市、梅河口市 4 个地区成立了以市领导为组长的"双随机、一公开"工作领导小组，形成了"政府主导、部门牵头、协同联动、统筹推进"的工作格局（见表1）。

表1 吉林省"双随机、一公开"工作联席会议（领导小组）

单位：个

地区	机制	负责人	成员单位数量
吉林省	联席会议	市场监管厅厅长任召集人	42
长春市	领导小组	常务副市长任组长	44
吉林市	联席会议	市场监管局局长任召集人	28
四平市	联席会议	分管副市长任召集人	34
辽源市	联席会议	市场监管局局长任召集人	39
通化市	联席会议	市场监管局局长任召集人	30
白山市	联席会议	分管副市长任召集人	31
白城市	领导小组	分管副市长任召集人	23
松原市	领导小组	分管副市长任组长	28
延边州	联席会议	市场监管局局长任召集人	42
长白山	联席会议	管委会副主任任召集人	23
梅河口市	领导小组	分管副市长任组长	33

（三）严格监管程序，确保行政执法依法依规

1. 规范监管流程

吉林省制发《随机抽查工作操作指南》《部门联合随机抽查工作方案（模版）》《部门内和部门联合执法检查表》，各行政执法部门按照统一的流程开展检查。将制订年度抽查计划、随机抽取检查对象、随机选派检查人员、抽查结果向社会公开等环节全部固化到监管平台中。监管过程实现了全程可视、全程记录、全程监督，责任问题可溯，促进了"双随机、一公开"

---

① 本报告数据均由吉林省"双随机、一公开"联席会议办公室提供。

监管的规范化和标准化。

2. 明确监管权责

吉林省梳理确定全省统一的随机抽查事项清单，各行政执法部门严格按照清单组织实施随机抽查，不得在随机抽查事项清单之外随意增加检查内容。对于随机抽查中发现的涉嫌违法违规行为，由部门按照"谁审批、谁监管，谁主管、谁监管"的原则，明确职责、做好衔接，依法严肃惩处，实施后续监管，防止监管脱节，实现监管范围全覆盖，监管责任无盲区。

3. 突出公开透明

除法律法规明确规定外，使用"双随机、一公开"平台抽查的部门将检查事项清单、抽查计划、抽取结果、抽查检查结果等及时、准确、规范地同步推送至国家企业信用信息公示系统（吉林），统一向社会公开，方便公众查询，接受社会监督，实行"阳光监管"。

（四）加强督查考核

引入多层面督查考核机制，形成纵向考核市县乡（镇）三级、横向考核政府相关部门的全方位督查考核机制。一是自 2017 年起，将"双随机、一公开"监管纳入市州政府和政府部门的年度绩效考核体系。二是协调吉林省委省政府督查室、吉林省营商环境办和吉林省软环境办等部门，以政府督查、营商环境评价、软环境建设检查为抓手，定期通报任务落实情况，发现问题及时督促整改。三是建立"双随机、一公开"工作任务台账，联席会议（领导小组）办公室通过网络监测、抽样复查等方式定期跟踪督导工作推进情况，每半年下发专项通报，对排名靠后、推进相对缓慢的地区和部门催促督办，对存在问题的地区和部门指名道姓地批评，强力推动工作。

（五）抓好智慧监管

运用大数据、云计算等手段，吉林省结合"双随机、一公开"监管、行政处罚、投诉举报等信息，绘制了全省市场监管风险地图，进一步提高发现问题和防范化解区域性、行业性及系统性风险的能力。依托国家企业信用信息公示系统，将"双随机、一公开"抽查结果和日常监管信息自动记于企业名下，形成多维度、多层次的企业全景信用图像，更加全面地展示企业信用状况，对全省市场主体发展态势、市场秩序状况进行定性和定量评估，为加强事中事后监管提供了数据支撑，为吉林省经济发展决策提供了重要参考。

（六）加强业务指导

坚持培训先行，夯实工作基础，吉林省"双随机、一公开"联席会议办公室编印了《吉林省"双随机、一公开"监管工作平台使用手册》，组织梳理制定"双随机、一公开"抽查的业务规范和工作流程，形成涵盖抽查工作步骤、程序、后续处理等方面的业务指引。每年不定期举办1~2次全省业务培训及研讨活动，2021年邀请了国家市场监督管理总局专家和省级平台研发人员到吉林省授课并解答疑难问题，全面解读"双随机、一公开"监管有关政策，全流程演示系统操作流程，切实提高监管人员对"双随机、一公开"监管政策的认识水平和对各类监管事项的操作能力（见表2）。

表2　吉林省"双随机、一公开"抽查情况

年份	任务总数（件）	检查非主体（户）	抽取人员（人次）	发现问题数（户次）	问题发现率（％）
2017	3603	8858	19609	14264	15.29
2018	6834	19956	35530	28315	17.38
2019	6591	17100	29832	26820	20.63
2020	7603	13579	30935	22930	24.94
2021	9475	15863	37925	19012	20.59

二　吉林省"双随机、一公开"监管工作创新做法

（一）建设监管平台，实现数字赋能

2016年11月，吉林省在全国率先搭建了全省统一的"双随机、一公

开"监管平台,平台于 2017 年 4 月正式上线运行,2021 年进行了改版升级,为抽查检查、结果集中统一公示和综合运用提供技术支撑。吉林省"双随机、一公开"监管平台是全国首家上线运行的专用平台,其功能作用始终保持全国先进水平,全国有 17 个省(区、市)先后到吉林省学习。

1. 统一平台

吉林省采用全省统筹建设的方式,省市县三级所有行政执法部门全部使用唯一的平台开展抽查,实现了执法部门、检查事项、检查对象、检查人员四个全覆盖。平台共纳入执法部门 2694 个、检查事项 2.9 万多条,入库检查对象市场主体 320 万户、非市场主体 7.8 万户,入库具有行政检查资格的人员 5 万余人。

2. 统一标准

吉林省将全省检查事项清单和联合监管事项清单进行了标准化规范,由省级部门统一制定,省以下相同职能部门自动认领,每个检查事项都附有检查规范要点,制定了统一的检查计划、检查任务、结果填报内容等填报模板,实现全过程规范统一。

3. 统一流程

吉林省将抽查程序规范为制订检查任务计划、随机抽取检查对象、随机抽取检查人员、发布检查公告、公示检查结果 5 个环节,全部固化到平台中,检查流程按规范要点逐条实施,实现规范化管理。

4. 全程留痕

对于检查人员和检查对象的抽取、匹配等流程,全部由监管平台自动随机生成,计划任务变更、检查人员调换等全部在后台记录,做到全程留痕可追溯,使监管执法"随机不随意",让阳光行政、公正监管贯穿每一次抽查过程。

5. 智能判断

平台设置一系列逻辑判断功能,可以自动校验检查任务和人员分组的合理性,并对人员科室分布、人员职位分布、人员所在位置、企业当前状态等进行动态匹配,有效避免选择性执法,真正实现智能化监管。

6. 多维统计

吉林省设计了多种统计分析功能，横向可以统计各市（州）、各县（区）计划制订、任务完成、结果填报、人员管理、对象管理等情况；纵向可以依据领域、职能等，统计全省各监管领域计划任务建立和完成情况、结果填报情况、监管人员、监管对象、问题发现数量等，为行业领域进行经营状况分析及政府决策提供数据支持。

（二）规范"一单两库"，夯实工作基础

随机抽查事项清单、检查对象名录库、执法检查人员名录库（"一单两库"）是实施"双随机、一公开"监管的基础，吉林省针对机构改革职责调整、人员变动的情况，对"一单两库"进行全面梳理，在全国率先实现了随机抽查事项清单、检查对象和检查人员"三个全覆盖"。

1. 统筹编制随机抽查事项清单

吉林省组织省级各有关部门参照国务院"互联网+监管"检查实施清单、各级政府行政检查类事项权责清单和各部门日常监管事项清单，通过系统梳理和有机整合，编制了全省统一的随机抽查事项清单，与吉林省"互联网+监管"平台的事项清单关联，随机抽查事项清单根据法律、法规、规章立改废释和工作实际情况等进行动态调整。各地人民政府参照省级清单，统筹编制本辖区统一的随机抽查事项清单。全省共梳理出 112 个领域 29029 项法定的检查事项，做到"清单之外无检查"，实现"双随机、一公开"在市场监管领域检查事项"全覆盖"。

2. 规范建立检查对象名录库

吉林省依托国家企业信用信息公示系统，建立包含全部市场主体的检查对象名录库；针对非市场主体，建立了包含组织机构、自然人、特定产品、项目工程、地域、场所等监管对象的非市场主体检查对象名录库，做到"全方位监管无死角"，从源头上避免了监管真空。

3. 建立执法检查人员名录库

吉林省以在司法部门考试合格持有《吉林省行政执法证》的人员为基

础，建立执法检查人员名录库，纳入全省具有执法资格的 5 万余人，并根据业务特长进行分类标注，同时建立了专业机构辅助检查的专业人员名录库，做到"应入尽入无例外"。

（三）实施差异化监管，提升监管精准度

针对吉林省市场监管领域检查对象主体数量大、行业分类多、监管登记不统一的特点，综合运用智能分析、信用分类等手段，着力解决检查事项不清出现监管空白、检查对象不全形成监管真空、检查精度不高导致执法资源浪费等突出问题，吉林省实施差异化监管，实现了以问题为导向的靶向监管，提高了抽查检查的精准度。

1. 精准确定检查对象

吉林省在"双随机、一公开"监管平台上开发了智能添加检查对象功能，可以实现对检查对象按行业、关键词、经营范围、营业执照登记区域、登记时间、企业类型、企业状态等数据进行综合检索，同时运用大数据和智能分析确定检查对象，实现靶向监管。通过智能分析和条件检索确定年报数据异常企业，通过投诉举报信息确定高风险行业，由系统自动抽取对应的年报数据异常企业和高风险行业企业对象库，开展定向抽查。

2. 实施信用风险分类监管

吉林省建设了企业信用风险分类管理系统，对企业公示信息、行政部门涉企信息、投诉举报信息、失信执行人信息等多维度数据进行综合权重，生成企业信用评分和信用级别，把企业划分为 ABCD 四个信用风险等级，并与"双随机、一公开"监管深度融合，实施抽查时可针对企业按照不同信用等级确定抽查比例和抽查频次，对信用等级高的企业实行网上检查和书面检查等非现场检查，减少对企业的干扰，对信用风险高的企业进行重点检查，严防系统性风险。

3. 率先推行包容审慎监管

吉林省制定了对"三新经济"包容审慎监管的实施意见，建立全省"三新经济"市场主体名录库，推行包容审慎监管执法"四张清单"。吉林省建立

"三新经济"名录库为省级首创，2020年10月在国务院办公厅创新实施包容审慎监管推动新产业新业态新模式发展工作座谈会上介绍典型经验做法。

4. 创新制定特色检查模式

吉林省针对产品、项目、行为等特定检查对象，分别研究制定了特色检查模式，解决了监管难题。例如，针对无证无照经营行为的检查，制定了分片检查的监管模式，把街道、社区及业户集中的写字楼等列为检查对象实施检查；对行进车辆等难以实施双随机抽查的监管对象，实施以重要街路为检查对象的双随机模式，从而实现了对特定地域建筑垃圾运输等作业车辆的双随机监管。

（四）推行联合检查，提升监管效能

吉林省把联合抽查作为各级部门间日常协同监管的主要监管方式，最大限度地减少对市场主体正常生产经营活动的干扰，使其能真切享受到"放管服"改革和优化营商环境所释放的政策红利。

1. 发挥联席会议牵头作用，完善联合抽查工作机制

吉林省联席会议办公室制定了《吉林省部门联合"双随机、一公开"抽查工作细则》（2019年）、《吉林省"双随机、一公开"监管工作规范》（地方标准）（2020年），细化规范联合抽查的组织实施。各级联席会议（领导小组）办公室充分发挥牵头协调作用，每年组织更新本地联合抽查事项清单，并依据清单统筹制订年度联合抽查计划，随时监测和定期通报联合抽查计划完成情况。

2. 动态更新联合抽查事项清单，不断丰富联合抽查内容

吉林省以制定和完善部门联合抽查事项清单为抓手，按照"能联尽联、应联必联"原则，参考国务院16部委联合抽查清单，结合全省实际，制定《吉林省部门联合抽查事项清单》并每年更新。2019年的第一版事项清单涵盖21个相关部门31个事项类别63个监管事项，2021年的第三版已扩展到39个相关部门98个事项类别1546个监管事项，部门联合抽查的覆盖面逐年扩大、所占比例逐年提高（见表3）。

表3　吉林省联合抽查事项清单建立情况

单位：个

版本（年份）	事项类别	监管事项	相关部门
第一版（2019）	31	63	21
第二版（2020）	60	222	31
第三版（2021）	98	1546	39

3. 科学设定联合抽查方式，切实提高联合监管效能

吉林省设置了部门内联合、部门联合、上下级联合、跨层级跨部门联合等多种联合抽查方式，要求部门内多业务条线、部门外多监管队伍、上下级之间遵循"能联合尽联合"的原则进行全方位联合，实行"条块结合、省市县三级同步一体化"监管。特别是针对部分中省直、市直部门没有县级分支机构的情况，破除下级部门不能抽取上级部门检查人员的惯例，允许县级部门与中省直、市直部门之间相互抽取检查人员组成联合检查队伍，实现了"横向联合、纵向联动"。

吉林省部门联合抽查由2017年的362次增加到2021年的2720次，联合抽查占比由2017年的10.05%跃升到28.71%。部门联合抽查基本形成常态化工作机制，实现了监管效能最大化、监管成本最优化、对市场主体干扰最小化，初步实现了"进一次门、查多项事"的目标。

表4　吉林省部门联合抽查任务完成情况

年份	任务总数（件）	部门内抽查（次）	联合抽查（次）	联合抽查占比（%）
2017	3603	3241	362	10.05
2018	6834	5812	1022	14.95
2019	6591	5636	955	14.49
2020	7603	5951	1652	21.73
2021	9475	6755	2720	28.71

（五）实行检查备案，规范监管行为

吉林省在全省开展行政检查执法备案智能管理试点工作，实行"执法报备，手机亮证，扫码迎检，事后评价"改革模式，从源头上杜绝不按计划检查、不经批准检查等问题，进一步规范检查行为，提升监管效能、降低行政成本，切实提高企业和社会满意度、获得感，促进营商环境不断优化。

1. 建设平台，明确监管职责

建设行政检查执法备案智能综合管理系统，同步开发手机端"我要执法" App 和"吉林省执法备案"微信小程序。在对接"互联网+监管""双随机、一公开"抽查事项清单基础上，除不确定检查对象的执法检查外，将其他行政检查全部纳入行政检查执法备案智能管理，确保权责明确，杜绝监管盲区。

2. 录全信息，事前填报备案

各级行政检查执法单位将本单位审查合格的行政检查执法人员信息、行政检查事项、市场主体信息录入行政检查执法备案智能综合管理系统。在开展行政检查执法前，行政检查执法人员按照规定程序将检查事项、检查人员等信息填报到行政检查执法备案智能综合管理系统（"我要执法"App）进行备案。

3. 手机亮证，扫码迎检评价

到达检查现场后，检查人员开始检查前实行"电子亮证""电子亮单"。被检查对象通过扫码确认检查事项和检查人员信息。检查结束后，被检查对象通过"吉事办"对检查过程、处理结果等进行评价。

4. 电子存证、全程留痕备查

"我要执法"App 具有影像及音频资料、文字记录等留痕功能。在检查过程中，检查人员可利用手机对检查情况录像或拍照，将检查内容留存在"我要执法"App 上，进行电子留痕，以备事后复查、复核；检查结果自动推送至国家企业信用信息公示系统，归集至企业名下，从而形成行政检查执法全过程、全链条电子存证备查。

三 吉林省"双随机、一公开"监管工作存在的问题及面临的挑战

虽然吉林省在"双随机、一公开"监管工作方面做了大量实践探索，取得了明显成效，但与制度化、规范化、标准化还存在一定差距。

（一）部门联合抽查意识有待增强

吉林省各地的部门联合抽查主要由联席会议（领导小组）办公室在组织制订年度抽查计划时发起任务，行业部门相对缺乏自主发起联合抽查的意识和愿望，自主发起联合抽查任务较少。

（二）抽查结果分析运用不规范

在实际工作中，部分监管部门未能充分重视对随机抽查结果的分析与运用，没有对抽查结果进行分析研判，为政府和行业部门决策提供参考；没有与信用监管相结合，对抽查中发现问题的企业实施联合惩戒，没有充分发挥新型监管机制的作用与优势。

（三）检查平台尚未实现互联互通

"双随机、一公开"机制设计的一个重要思路就是将检查信息统一归集至企业名下，向社会公开、接受社会监督，但有的部门仍然沿用业务条线自建系统，客观上造成了"信息孤岛"。吉林省共有11个中直部门使用国家部委专用平台开展"双随机、一公开"抽查，检查信息无法与省级平台共享，属地监管信息归集不全面，也为地方政府统筹组织部门联合抽查带来困难。

（四）监管平台智能化水平还不够

"双随机、一公开"监管模式的本质要求提升随机抽查的智能化水平，以确保随机抽查的公平性和有效性。[1]吉林省"双随机、一公开"监管平台受技术和资金限制，区块链技术、空间地理技术等先进技术没能得到应用，还需要进一步补充完善，以实现智慧监管的目标。

---

[1] 刘耀东、杜雅君：《"双随机、一公开"监管模式的治理逻辑与优化路径》，《学术研究》2022年第5期。

（五）基层执法人员专业执法能力有待提升

基层普遍存在执法队伍老化、专业人才短缺、人才结构不合理等问题。在实践中，一些基层和一线执法人员检查能力不强、发现问题能力较弱、对市场监管法律法规了解不够等问题仍然存在，导致随机抽查精准性不足、检查质量难以保证。

（六）缺少配套保障措施

在执行"双随机、一公开"检查时，有时需要委托专业机构开展审计、验资、评估、鉴证等工作，在具体实践中，相关工作遇到不知是否应通过招投标确定专业机构、不知向谁申请经费等一系列问题，国务院和省政府关于"双随机、一公开"监管的规范性文件虽有原则性规定，但是缺乏明确具体的配套制度规定，亟须完善。

四　做好吉林省"双随机、一公开"监管工作的对策建议

（一）增强部门联合抽查责任感紧迫感

加快推进建设以"双随机、一公开"监管为基本手段、以重点监管为补充、以信用监管为基础的新型监管机制。完善督查考核机制，定期通报工作进展，以考核评价进一步增强部门联合"双随机、一公开"监管的责任感和紧迫感；加强宣传引领，定期公布工作动态，注重总结发现实际工作中的典型事例，并进行宣传推广，逐步提高部门对联合抽查的重视程度。

（二）建立双随机抽查结果分析运用机制

一是规范对随机抽查结果的分析，建立规范的分析框架，定期汇总各级各部门的抽查结果，形成统一规范的分析报告，及时为政府预测风险、产业

调整、政策调整提供参考。二是注重随机抽查结果的运用，随机抽查结果要与信用体系对接，建立企业全景式信用档案，对抽查中发现问题的企业，依法列入经营异常名录、严重违法企业名单、重大税收违法案件当事人名单、失信被执行人名单等，由各部门实施联合惩戒，做到"一处违法、处处受限"，从而实现"双随机、一公开"监管效能最大化。

（三）搭建信息对接平台

推动国家部委平台与省级平台实现有效对接，便于地方政府统筹汇总本地抽查工作情况，为实现联合抽查全覆盖、常态化打好基础。同时，从省政府层面做好调研、摸底、排查，建立条线系统平台台账，进一步做好监管衔接，搭建对接平台，实现监管信息互通互联互认。

（四）加快智能化监管平台建设

推进计算机网络、大数据、云平台等技术在"双随机、一公开"监管平台上的应用，实现运用区块链技术进行实时存证、运用空间地理技术精准定位检查对象、运用大数据分析和云计算提升风险预警水平等，提升平台的信息化、数字化、智能化水平。

（五）强化执法队伍建设

注重强化执法队伍建设，加强对一线基层执法干部的培训，提升基层执法人员的综合检查能力，以应对新型监管模式下的不确定性。强化专业人才队伍建设，选取各专业人员组成专业人才库并提升其专业素质，做到术业有专攻，以满足监管程序中的不同业务条线需求。[1]

（六）加强经费保障

完善"双随机、一公开"抽查工作保障措施，将工作经费纳入财政保

---

[1] 李德惠：《优化营商环境视角下"双随机、一公开"智慧监管模式问题研究》，《延边党校学报》2021年第2期。

障，设置"双随机、一公开"抽查专项资金，对经费申请主体、申请事由、抽样基数、申请流程等具体事项予以明确，按一定比例划拨各级部门执法经费，以解决经费保障不明确的问题。对房地产、投资担保类等重点、难点行业抽查项目引入政府购买服务，委托会计师事务所等第三方机构进行重点审计、验资。

参考文献

刘耀东、杜雅君：《"双随机、一公开"监管模式的治理逻辑与优化路径》，《学术研究》2022年第5期。

李德惠：《优化营商环境视角下"双随机、一公开"智慧监管模式问题研究》，《延边党校学报》2021年第2期。

B.5
吉林省市场监管领域基层法治建设新路径探索

中共吉林省委党校课题组*

摘　要： 习近平总书记在党的十九大报告中提到我国已经迈入改革发展的新时代。党的二十大报告指出，中国共产党的中心任务就是团结带领全国各族人民全面建成社会主义现代化强国、实现第二个百年奋斗目标，以中国式现代化全面推进中华民族伟大复兴。吉林省市场监管基层法治建设经过改革的不断探索，取得了丰硕的成果。但改革发展中仍然面临一些挑战，需明确改革思路，继续推进市场监管基层法治建设向纵深发展，为科学配置政府职能、不断优化营商环境提供可能的路径。

关键词： 市场监管　依法行政　营商环境

　　党的二十大报告明确指出，扎实推进依法行政，深化行政执法体制改革，全面推进严格规范公正文明执法，加大关系群众切身利益的重点领域执法力度，完善行政执法程序，健全行政裁量基准。吉林省市场监管领域基层法治建设始终紧密围绕省委、省政府中心工作部署要求，秉持问题导向，敢于创新、善于探索，坚持依法依规监管，有效促进了吉林省市场监管领域法治建设。

* 中共吉林省委党校课题组：主持人：韩啸，吉林省委党校副教授，研究方向为刑法学、行政法学。成员：傅大鹏，吉林省委党校教授；刘淑艳，蛟河市委党校讲师；郑海霞，延吉市委党校教授；卢瀚冰，白山市委党校助教；郑艳红，吉林市船营区委党校讲师；王洋，梨树县委党校副教授。执笔人：韩啸。

一 吉林省市场监管领域基层法治建设成效显著

近年来，吉林省市场监管领域基层法治建设取得显著成绩，在此基础上，市场监管部门持续探索适合吉林省经济、社会发展的法治建设新路径，有效净化、优化吉林省营商环境。

（一）行政执法规范日益完善

1. 制定、清理行政执法规范性文件

根据吉林省经济社会发展的实际情况，吉林省市场监督管理厅不断制定并完善一系列重要的规范性文件；为落实合法性审查制度，吉林省市场监督管理厅对近年制定、实施的规范性文件进行全面清理，对上级局和各级政府清理公布的规范性文件逐一进行清理；定期开展规范性文件清理工作，现行有效的规范性文件29件；积极探索实行法律顾问制度，吉林省市场监督管理厅现有公职律师9人，现有专门负责法制审核的工作人员达到24人，占本单位执法人员总数的7.5%。①

2. 落实行政执法"三项制度"配套制度

结合全省具体工作实际，吉林省形成了"1+3+N"一系列有针对性的落实措施，建立起系统、集成、完备的"三项制度"规则体系。"1"是制定一个方案，吉林省市场监管厅于2019年11月9日印发了《吉林省市场监督管理厅关于全面推行行政执法公示制度执法全过程记录制度重大执法决定法制审核制度实施方案》（吉市监法字〔2019〕209号），作为全面推行行政执法"三项制度"的基础性文件。"3"是配套的三个制度，即《吉林省市场监督管理厅重大执法决定法制审核办法》、《吉林省市场监管系统行政执法全过程记录制度（试行）》以及《吉林省市场监督管理厅行政执法事后公示制度》。"N"是以三个制度为基础，结合吉林省市场监管系统工作实

---

① 数据由吉林省市场监督管理厅法规处提供。

际制定了《公职律师管理办法》、《法制审核员管理办法》、《行政处罚案件审理规定》、《行政执法音像记录管理制度（试行）》、《行政执法全过程音像记录事项清单（试行）》、《行政执法记录信息调阅监督制度（试行）》、《执法规范用语（试行）》、行政执法"四张流程图"等一系列制度措施。

3. 健全依法决策制度

严格按照征求意见、合法性审查、集体讨论等决策规程，有效落实重大行政执法决定法制审核办法及执法规范等规章制度，不断细化市场监管领域行政执法重大决策、重大执法事项等内容，建章立制，确定分工，全面提升市场监管系统执法人员法治化工作水平。吉林省各地市场监管部门结合本地实际情况，针对《民法典》《广告法》等各类法律法规的具体适用召开研讨会、经验交流会。吉林省市场监管部门执法人员依法行政的规范意识得到显著提升。

（二）行政执法能力不断提升

1. 统筹推进行政执法规范化建设

一是根据日常执法工作实际，及时准确完成行政行为数据填报工作，定期通过国家市场监督管理总局统计调查信息系统向总局报送行政行为数据统计报表，详细上传吉林省市场监管领域行政复议案件、行政诉讼案件的各项基本情况。二是扎实推行行政执法全过程记录制度。在文字记录、音像记录以及执法全过程可回溯管理等方面相继制定了《行政执法记录信息调阅监督制度》和《行政执法音像记录管理制度》等重要文件，对执法过程各环节及时跟踪，在监督检查和各项执法环节中，结合不同案件的特殊情况，全面、准确收集、固定案件证据线索，切实加强并细化了吉林省市场监管领域执法全过程可回溯管理规程，正在逐步构建起吉林省市场监管领域案件管理规范化和标准化制度体系。

2. 持续加强基层市场监管综合执法工作建设

2021年至2022年8月，延吉市市场监管部门集中监督抽查产品质量不合格处理问题案件，其中涉及销售领域案件4件，立案处罚4件。另外，延吉市市场监管局在广告类行政处罚案件中，适用《广告法》等法律规范办理相关行政处罚案件共9件，罚没款金额达8万元。延吉市市场监管局集中开展了一系列专项执法检查、专项整治：一退两抗药品流通环节专项检查，进口冷链食品专项检查，金银铂粉专项检查，元旦、春节期间药品流通环节专项整治，酒类市场专线检查，端午节食品安全检查，中秋节食品安全检查等各类全面专项执法活动。截至2022年8月，延吉市市场监管局共收到上级抽检不合格及问题食品案件100件；对不合格及问题食品开展相应的核查处置工作，其中立案处罚54件，另有48件仍在积极、稳步办理当中。①

蛟河市市场监管局在食品领域主要开展了食品安全"守查保"专项行动、铁拳行动、雷霆行动、食品安全清网行动、三节两会期间食品安全专项整治、校园食品安全守护行动、建筑工地食堂食品安全专项、群体性聚餐食品安全专项整治、旅游景区餐饮服务食品安全专项、网红餐厅食品安全专项、网络订餐规范与整治专项、学生餐微腐败等问题专项、食品安全"守底线、查隐患、保安全"专项行动、熟食加工小作坊专项整治、养老欺诈专项治理、保健食品原料提取物风险排查、农村假冒伪劣食品整治，以及企业主体责任行动年活动。同时，蛟河市市场监管局在药品市场监管领域按照吉林市市场监管局药品流通监管工作要求，结合蛟河实际组织开展了"含兴奋剂药品经营专项检查""药品流通环节专项检查""集中带量采购中选药品质量监管工作""药品网络销售违法违规行为专项整治""零售药店执业药师在岗履职和处方药销售管理专项检查""含麻黄碱复方制剂复方曲马多等国家有特殊管理要求药品经营管理专项整治""雷霆2020中药饮片专项整治"等七个专项整治。②

3.持续推进行政执法法治化建设

一是始终秉持包容审慎的监管宗旨，对轻微违法经营行为免予行政处罚。2020年12月3日，吉林省市场监督管理厅印发《吉林省市场监督管理

---

① 数据由延吉市市场监督管理局提供。
② 数据由蛟河市市场监督管理局提供。

行政处罚"四张清单"适用规则》，结合吉林省经济社会发展客观实际，编制不予处罚事项清单、从轻处罚事项清单、减轻处罚事项清单和免予行政强制事项清单，指导全省市场监管系统扎实推进包容审慎监管执法。2022 年以来，吉林省市场监督管理厅先后印发《关于在全省市场监管系统推行五段式行政执法模式的指导意见（试行）》和《吉林省市场监管系统轻微违法行为不予处罚清单（第二批）》，进一步探索柔性执法，打好优化营商环境"组合拳"，在保护和激发市场活力方面综合施治，对特定轻微违法经营行为免予行政处罚。将正确引导市场主体守法经营作为工作目标，以促进市场经济平稳有序发展为价值导向，主动曝光轻微违法行为不予处罚指导案例两批次共计 13 个，让人民群众感受到市场监管执法既有力度更有温度。

二是不断探索、完善动态监管新模式。长春市市场监督管理局南关分局积极打造放心消费动态监管新模式。其一，建立动态巡察监督机制。对放心消费示范单位和参创单位进行动态巡察和长效监督。其二，建立动态制度管理机制。采取"普查+抽查""明察+暗访"等形式，重点关注放心消费示范单位和参创单位无理由退换货承诺、首问负责等制度执行情况。其三，建立动态名单退出机制。结合日常监管、投诉举报、消费体验等情况，对后期跟踪发现达不到示范单位申报条件的，及时从名单内剔除，切实提升了吉林省示范单位产品质量和服务水平。① 2022 年 8 月 5 日，四平市梨树县市场监管局向梨树镇海阔海鲜调料商店颁发了四平市首张"吉林省小食杂店登记证"，标志着梨树县深入落实"四小"条例取得新进展，为市场经营者开辟了网络经营的政策渠道。②

4. 与刑事司法衔接工作取得突破性进展

在打击食品、药品安全领域违法犯罪专项整治工作中，辽源市市场监管部门在行政执法与刑事司法衔接工作方面取得优异成绩。辽源市市场监管局高度重视行刑衔接工作，探索出一套全新的基层市场监管执法办案工作方

---

① 资料来自吉林省市场监督管理厅（吉林省知识产权局）官方网站。
② 同上。

法。一是2020年6月，辽源市率先制定《市场监管领域行政执法与刑事司法衔接工作机制》，并在该文件中明确案件移送对接部门和具体工作方法。与此同时，辽源市市场监管局制发《"三书一函"及"一案一整治"工作规定》，进一步强化与公检法机关及其他行业监管部门的沟通机制，推进行刑衔接工作向纵深发展。二是辽源市市场监管部门与辽源市公安局成立了"联合执法办公室"，整合综合执法精锐力量，就案件线索收集、案件定性、证据固定及侦查方向，做到及时研判、精准剖析。将行刑衔接工作有序前移，提升查处案件质效，确保案件处置合法依规。三是截至2022年8月，在食品、药品质量安全领域，辽源市市场监管局向公安机关移交案件线索46条，立案33件，公安部挂牌督办案件3件，国家市场监管总局挂牌督办3件。其中，一案被国务院食品安全办、公安部、国家市场监管总局评为整治保健食品欺诈和虚假宣传重大案件；一案被国家市场监管总局评为典型案例。吉林省市场监管厅将辽源市市场监管局查处案件中的16件列为典型案例，其一被评为全省"铁拳攻坚双百战役"典型案例，作为全省系统执法稽查人才培训班授课内容。①

（三）行政执法监督工作落实到位

1. 基层市场监管部门全面推进政务信息公开工作

在《政府信息公开条例》的统一要求下，吉林省基层市场监管部门持续深化决策、执行、管理等重点工作信息，保障本辖区人民群众的知情权、监督权。例如，延吉市市场监管局主动公开相关工作信息84件；蛟河市市场监管局主动公开相关工作信息52件，承办依申请公开事项2件，办结2件，办结率达到100%。基层市场监管部门积极开展政务信息公开工作，获得人民群众的一致好评和广泛认可。

2. 市场监管系统持续完善行政执法全流程监管

2021年至2022年8月，吉林省市场监管厅根据《市场监督管理投诉举报

① 数据由辽源市市场监督管理局提供。

处理暂行办法》共受理投诉 135754 起。其中，蛟河市市场监管局共受理投诉案件 820 件，另受理信访案件 2 件。吉林省市场监管部门主动回应问题，积极研究解决途径，多渠道化解矛盾纠纷，有效落实吉林省市场监管领域行政执法的事中监督与事后监督。打通监督和执法关键环节，结合执法全过程信息记录，精准研判相应证据线索，持续加强行政执法办案全流程监管。

3. 市场监管系统全面落实行政执法责任制

一方面，截至 2022 年 8 月，吉林省市场监管厅被提起行政复议的案件共计 4 件，被纠错 0 件，行政诉讼类案件共计 12 件。工作成效得益于市场监管部门通力合作，将依法行政作为主要负责人定期督导的关键环节和重点内容；也得益于市场监管部门严格依据法律法规提交复议答复材料、诉讼相关文件，积极落实行政机关负责人出庭应诉等制度规定。另一方面，在开展执法监督工作方面取得实效。2021 年至 2022 年 8 月，吉林省市场监管厅已完成行政执法案卷评查工作 2 次。截至 2022 年 8 月，蛟河市市场监管局开展行政执法案卷评查工作共计 4 次。通过执法案卷评查，会同相关执法部门跟踪案卷细节，查缺补漏，有效落实整改，切实提升了吉林省市场监管系统综合执法办案能力。

（四）切实加强市场监管领域法治培训教育

1. 重视执法培训工作

定期开展执法人员有关新修订法规的集中学习、轮训。2021 年，吉林省举办全省系统法治能力提升培训班，重点围绕学习贯彻习近平法治思想，科学设置了民法典、行政处罚法、食品安全法、反垄断法等专题，开展了 5 期培训，共培训行政执法人员 508 人。其中，立足市（州）和县（市、区）市场监管局班子成员、市场监管所负责人和省厅副处级以上领导干部这一"关键少数"，系统提升、巩固法治意识和法学素养，开展 2 期法治能力提升高端培训班，培训 195 人，营造领导干部带头尊法学法用法的良好环境。立足市（州）和县（市、区）市场监管局、市场监管所专门从事法制审核的执法人员和一线执法人员，以及省厅副处级以下干部这一"重点骨干"，引领全面提高行政执法能力，组织 3 期法治能力提升骨干培训班，培训 313 人，发挥"以点带面"的辐射带动作用。2021 年，吉林省组织开展了全省市场监管系统法律知识竞赛，营造出全省市场监管系统励精图治、发愤图强、勇于争先、向上向善的学习氛围。2022 年，搭建起全省系统经常性学习交流平台，定期举办全省市场监管系统"市场监管大讲堂"，面向省、市、县、所四级市场监管部门讲授新法规、新政策、新业务，提高广大干部业务能力水平。

2. 全面落实"谁执法谁普法"普法责任制

做好第八个五年法治宣传教育工作，明确年度重点普法工作和普法职责，进一步加大市场监管普法力度，制定了年度普法责任清单并结合年度工作重点进行相应动态调整，明确普法重点、方式渠道、责任处室，组织各部门按"单"落实普法责任。吉林省市场监督管理厅于 2021 年印发了《吉林省市场监督管理系统"八五"普法工作实施意见（2021—2025 年）》（以下简称《意见》），明确了"八五"普法主要目标、重点内容和基本方式，要求全省各级市场监管部门用习近平法治思想武装头脑、指导实践，推动普法工作守正创新、提质增效、全面发展。其一，在普法内容上，《意见》强调在突出宣传《宪法》、《民法典》和党内法规的同时，把深入宣传市场监管法律法规作为基本任务，广泛宣传与高质量发展和治理现代化密切相关的法律法规规章，提高市场监管法治化水平。其二，在普法对象上，《意见》强调从市场监管干部、市场主体和消费者三个维度加强普法工作。严格落实国家工作人员学法用法制度，加强市场监管干部法治能力培养；采取"法律进企业""法律进网络"等方式，加强市场主体守法经营教育；利用"3·15"国际消费者权益日、"4·26"世界知识产权日等重要时间节点，加强消费者依法维权教育。其三，在普法方式上，《意见》强调通过将普法融入立法过程、执法过程和日常监管过程的"三融入"方式，提高市场监管普法针对性和可操作性。有效推动利用人工智能、大数据等网络平台载体丰富普法方式，不断提高市场监管普法实效性。2022 年 7 月 15 日～24 日，吉林省市场监管厅与国家市场监管总局缺陷产品管理中心（吉林分中心），依托第十九届中国（长春）国际汽车博览会，组织开展了以"依法召回、消除缺陷、预防伤害、守护安全——保护消费者健康行"为主题的系列宣传教育活动，侧重宣传《缺陷汽车产品召回管理条例》《家用汽车产品修理更换退货责任规定》等法律规范。

（五）注重青年人才培育

党的二十大报告指出，青年强，则国家强。当代中国青年生逢其时，施展才干的舞台无比广阔，实现梦想的前景无比光明。全党要把青年工作作为战略性工作来抓，用党的科学理论武装青年，用党的初心使命感召青年，做青年朋友的知心人、青年工作的热心人、青年群众的引路人。蛟河市市场监管局在青年市场监管人培育工作方面取得可喜进展，该局集中开展师徒结对"以老带新""以案促学"活动，在具体执法活动中，快速提升青年一辈市场监管人的执法办案能力，持续打造基层市场监管生力军。

二　吉林省市场监管领域基层法治建设面临的挑战

结合调研情况可以看到，吉林省市场监管领域基层法治建设已经取得阶段性成效和突破性进展。但是，在行政执法规范化程度、行政执法办案能力以及行政执法监督机制等方面尚存有待完善之处，仍需结合全省经济、社会发展实际，持续推进基层法治化建设。

（一）行政执法规范化程度有待提升

一是基层市场监管法制审核工作有待加强。一方面，基层市场监管部门法制审核人员较少。例如，延吉市市场监管局反映，目前专业人员数量较少，基层执法人员的执法专业知识储备明显不足。蛟河市市场监管局目前法制审核人员有 2 人，占本单位执法人员总数的 2%，现有公职律师 1人。另一方面，基层市场监管部门法制审核工作未能做到行政处罚全流程跟踪监管。基层市场监管部门以行政处罚案件审核为主要法制审核内容，不能满足行政执法全流程监管的现实需要。二是重大决策风险评估工作有待完善。基层市场监管部门在做出具体行政执法决定、行政命令之前，对风险评估不足，分析潜在困难不够，在一定程度上降低了基层市场监管执法活动对行政决策的执行力。

（二）行政执法办案能力有待提升

一是行政处罚自由裁量权面临两难困境。基层市场监管部门在权衡经济政策与执法幅度时，仍面临两难选择。基层市场监管部门做出行政处罚决定时，既要兼顾案件相关行政相对人的主观违法要素与客观处罚类型，也要考虑特定类型指导案例确定的动态处罚裁量标准，自由裁量权适用面临新旧叠加的复杂困境与现实挑战。二是部门之间执法管辖权内容仍有重叠。在执法办案中，有的案件同时涉及几个工作部门，部分案件存在管辖权不明问题，基层市场监管部门既担心行政越权，也担心行政不作为。三是结合吉林省市场监管系统的工作实际，基层市场监管执法工作的"新生力量"和"后备团队"有待进一步加强系统化培育，弥补基层青年执法工作人员之不足。

（三）行政执法监督机制有待完善

一是行政决策风险评估机制亟待完善。涉企案件合规评估机制有待完善，涉案企业正常生产经营可能受到限制，基层市场监管部门的执法活动未能实现切实降低对企业正常生产经营可能带来的不利影响，如冻结企业账号、查封企业账册均可能产生消极影响。二是政务信息公开程度有待提升。面对人民群众日益增强的法律维权意识，信息公开的深度和广度仍有待持续拓展。

三　加强吉林省市场监管领域基层法治建设的建议

党的十九届五中全会提出，坚持和完善社会主义基本经济制度，充分发挥市场在资源配置中的决定性作用，更好发挥政府作用，推动有效市场和有为政府更好结合。加快转变政府职能，政府要有所为有所不为。市场监管部门作为政府监督、管理市场经济秩序的有力职能组成，随着数字经济时代的到来，面临市场结构性转型，政府依法行政具体内容也正在迎接全新挑战。

加快建设全国统一大市场，市场监管部门在规范市场运行、优化生产要素配置、提升营商环境质量等方面均起到重要推进作用，市场监管体制必将向更为科学、系统、集成的法治化监管体系迈进。由此，基于上述对吉林省市场监管领域基层法治建设的综合研判，提出如下建议与展望。

（一）进一步坚持和加强党的全面领导

党的二十大报告指出，必须坚持胸怀天下。中国共产党是为中国人民谋幸福、为中华民族谋复兴的党，也是为人类谋进步、为世界谋大同的党。党的全面领导是正确处理政府与市场关系的关键，坚持和加强党的领导有助于提升政府与市场的运行效率。一是确保政治引领，才能有的放矢发挥政府作用。二是确保重大决策正确。民主集中制能保障决策科学，兼顾效率与公平。三是以人民群众为中心把握政府与市场的关系，依法行政、秉公用权，严格依据民商事法律规范、刑事法律规范以及行政法律规范，在市场准入、日常监督、职能约束、案件办理等方面展开有效监管，实现人民群众对美好生活的向往。

（二）进一步提升行政执法规范化程度

政府要依法行政，维护市场秩序要求政府放权于市场，实现资源有效配置，促进生产要素之间有序流动。应进一步提升吉林省市场监管部门行政执法规范化程度，营造良好的市场监管环境，以良法促善治，实现依法行政人性化、科学化与体系化。其一，为激发市场主体活力，市场监管部门应系统完善事前监督、事中监督、事后监督制度，侧重市场监管领域行政执法第三方评估和动态风险预警。其二，市场监管部门要为市场主体提供明确、可操作的规则指引，既标注"红灯"，也提示"绿灯"。明确政府职能边界，有所为有所不为。巩固政府监管职能，落实市场监管责任。明确市场监管部门内部机构之间职责范围，列明权力清单，明确标注市场监管部门"红灯"事项。同时也要适度给予市场主体自主经营空间，秉持"法无禁止即自由"，根据吉林省营商环境现实需要，对市场轻微免罚事项等负面清单做出动态调整以适应吉林省市场发展情形，并及时在吉林省市场监管部门官方网站公布市场主体"绿灯"事项。

（三）进一步提升行政执法办案综合能力

一是建立市场监管典型案例数据库，全面提升市场监管部门综合办案能力。结合吉林省市场监管综合执法办案平台，运用大数据整合典型案例数据信息，便于基层市场监管部门进行类案检索，统一执法办案行政处罚自由裁量标准，提升市场监管办案质效。另外，向人民群众普法，不定期公布典型案例，如针对投诉、举报受理的热点难点问题拍摄"典型案例"系列微视频，在抖音、微信公众号等网络平台播出，通过执法典型案例情景再现、实例讲解，实现以群众喜闻乐见的形式宣传市场监管法治理念。

二是从"人才"和"事权"两方面，不断夯实重大行政执法决定法制审核工作。建立法制审核人才库，在市场监管系统之外，从相关业务部门、学术机构遴选业务骨干、教师等专业人士担任法制审核顾问，以弥补法制审核人才不足。鼓励各基层市场监管部门不断扩大法制审核范围，主动参与本部门行政处罚类案件全流程监管，从行政处罚立案、调查取证、执行等关键环节入手，提升法制审核参与度。

三是进一步加强行政执法与民事司法、刑事司法衔接工作。建立多部门、多层级协同监管制度，有效固定违法证据线索，商请检察院、公安部门提前介入，监管标准、结果相互确认。一是在行政执法与民事司法衔接工作中，基层市场监管部门可进一步规范企业贷款纠纷和合同担保案件衔接工作，准确把握贷款判断标准，缓解中小微企业"融资难"问题。与此同时，与司法机关加强日常工作联系，规范企业破产前置环节，促进企业进退留转，持续释放市场活力。二是在行政执法与刑事司法衔接工作中，参照《最高人民检察院关于推进行政执法与刑事司法衔接工作的规定》，加强基层市场监管部门与检察院、公安机关等部门的工作衔接，完善行政执法与刑事司法衔接信息共享平台建设。建立健全吉林省市场监管领域在案件定性等执法办案环节中的工作衔接机制。基层市场监管部门在查办特定领域重大、复杂、疑难案件时，提前邀请检察机关跟踪介入，就线索研判、案件定性等问题进行协商。在案件侦查过程中针对公安机关控押的物证、书证，及时组成办案组深入分析研判。在案件开庭时，邀请人大代表、政协委员、执法部门、相关市场主体参与庭审观摩，实现社会效果与法律效果有机统一。针对市场监管领域问题的复杂性、艰巨性，应加强市场监管部门同发改委、商务部门、法院、检察院、公安部门的业务交流，定期组织集体培训；邀请上述有关部门的相关业务人员、负责人到市场监管部门开展工作交流。促进业务交流，提高执法人员综合办案能力。

（四）进一步加强行政执法监督工作

一是巩固深化市场监管领域政务信息公开，实时更新工作信息公开目录，提高门户网站政务公开问题反馈效率。细化吉林省基层市场监管部门电子政务工作内容，积极实行并联审批，促进部门间数据信息深度融合，打破部门间的业务壁垒，实现政务服务与各级部门数据广泛整合。从群众普遍关注、反映的热点问题入手，以大数据整合多个审批部门、审批手续，同步提交、审批，逐条制定优化执法办案工作流程，实现行政执法办案系统与监管系统的有效衔接，完成数据信息的互联互通。二是以扫黑除恶常态化工作为重要抓手，加强对市场监管部门执法工作人员的廉洁教育，实现行政执法全流程有效监管与源头治理。

参考文献

《习近平谈治国理政》，外文出版社，2014。

厉以宁：《中国经济双重转型之路》，中国人民大学出版社，2013。

马怀德主编《全面推进依法行政的法律问题研究》，中国法制出版社，2014。

刘红亮：《市场监管法治建设 40 年回顾与展望》，《中国市场监管研究》2018 年第 12 期。

贾润梅：《〈市场监管总局 2021 年法治政府建设年度报告〉近日发布》，《中国质量报》2022 年 4 月 21 日。

司 法 建 设

B.6
党的十八大以来吉林法院审判管理工作路径创新及成效分析

常非凡*

摘 要： 党的十八大以来，吉林法院切实找准审判管理工作的切入点和落脚点，在管理理念、管理方式、工作机制、工作路径上不断创新，努力破解人民群众反映强烈的突出问题，充分发挥"规范、保障、促进、服务"审判工作的职能作用，取得了明显成效。同时，在新时代社会主要矛盾变化条件下，审判管理理念尚不能完全满足新发展阶段的要求；审判管理工作"规范化、精细化、信息化"能力水平仍有提升空间；审判、审判管理、信息化依然存在数据"孤岛"、融合"壁垒"，司法大数据深度挖掘、研究、应用不足；审判管理的监督管理与服务保障双向功能作用发挥不协调，审判管理工作综合效能仍需进一步提升。下一步审判管理工作要统筹处理好审判与管理的关系，树牢"全流程审判管理"工作理念；遵循审判工作规律，聚焦审判工作全过程、各方面；发挥信息技术优势，进一步提高司法大数据

---

* 常非凡，吉林省高级人民法院审判管理办公室二级主任科员。

主动推荐服务和深度挖掘应用能力，夯实配套保障，培养"复合型"人才队伍，促进审判管理理论、制度、机制创新，注重吉林省各地法院审判管理经验做法的积累推广；坚持齐抓共管，进一步调动发挥各类审判管理主体的主观能动性、工作积极性，理顺各类审判管理主体的关系，完善深化"大审判管理"格局。

关键词： 审判质效　"大审判管理"格局　阳光司法

　　党的十八大以来，吉林省高级人民法院党组始终将审判管理工作与审判工作同研究、同部署、同落实，尤其是 2019 年以来，坚持把提升审判质效作为推动实现吉林法院高质量发展的首要任务，鲜明提出"推动实现吉林法院高质量发展"工作主题和"力争用两到三年实现吉林法院各项工作跻身全国法院前列"工作目标，主动将审判管理工作放在全国法院大局、全省发展大局下审视和谋划，自觉同最高人民法院部署要求对标，全面向全国先进法院找差，针对近年来全省法院办案效率较低、结案均衡度较差的被动局面，不断创新和加强审判管理各项工作，抓紧抓实执法办案第一要务，推动审判质效 2019 年实现"跨越式"提升，2020 年步入高质量发展轨道，2021 年实现由"效率型"向"效益型"转型、由成"形"向积"势"转变，结案率、结收比等审判质效主要数据指标持续稳居全国前列。①

一　党的十八大以来吉林法院审判管理工作主要举措

（一）全面压紧压实司法责任

　　司法改革以来，吉林省作为中央确定的全国首批司法体制改革试点省

---

① 王洁瑜：《审判执行质效实现跨越式提升　吉林高院工作报告获高票通过》，中国法院网，2020 年 1 月 18 日，https://www.chinacourt.org/article/detail/2020/01/id/4776998.shtml。

份，在全面完成法官员额制改革试点任务的基础上，严格落实"让审理者裁判、由裁判者负责"，依法独立公正行使审判权，坚持放权与控权并重，除审判委员会讨论决定的案件以外，院长、副院长、庭长对其未直接参加审理案件的裁判文书不再进行审核签发，强化了法官、合议庭的审判主体地位，全省法院由独任法官、合议庭直接签发裁判文书的案件占比达到99%以上。[①] 加强司法责任制配套制度建设，先后研究制定涵盖审判人员及相关司法人员职责权限、合议庭运行、专业法官会议、审判委员会、院庭长办案、案件质量评查、审判责任制等方面的50余项配套制度体系，加强合议庭、专业法官会议、审判委员会等主要环节制约监督作用，严格落实专业法官会议过滤案件前置机制，深化审判委员会改革，由侧重个案把关向审判业务指导、统一法律适用、重大案件把关等职能转变，强化类案检索，建立健全法律适用分歧解决机制，有序形成覆盖全省法院的审判权力制约监督体系。2020年2月11日，吉林法院院庭长监督管理平台在全省法院正式推广应用，实现了院庭长审判监督管理与重大案件请示报告同步线上操作、全程留痕，及时做好重大敏感案件的发现、处置和化解工作，有效防范风险，并率先在全国法院实行月度统计数据、季度分析通报、年度整体评价的院庭长监督管理履职评价长效机制，强化履职指引和工作落实，院庭长监督管理创新经验被最高人民法院《司法改革动态》刊发，向全国法院推广。

（二）全面加强目标考核指引

近年来，吉林省高级人民法院对省高院机关、各中院进行审判绩效考核，研究制定年度《省高院机关审判绩效考核办法》《省高院对各中院审判绩效考核办法》，重点从审判效率、审判质量、审判效果、审判流程管理、司法公开等方面进行考核，采取平时考核与年终考核、正向指标与负向指标

[①] 《四看四查　织密"责任网"——吉林法院司法责任制改革"回头看"工作综述》，新浪网，2020年9月7日，http://finance.sina.com.cn/roll/2020-09-07/doc-iivhuipp2925139.shtml。

相结合的方式，将结案率、一审案件服判息诉率、生效案件服判息诉率等主要质效指标作为年度核心考核指标，不断加大重点指标考核力度，根据最高人民法院《关于加强和完善法官考核工作的指导意见》，组建法官业绩考评委员会，强化法官在绩效考核中的主体作用。从近年来审判绩效考核运行情况看，审判绩效考核指标切实发挥了"指挥棒"作用，对审判工作起到了明显的导向作用，全省法院紧紧围绕审判绩效考核指标开展工作，以考核促落实，以绩效促实效，激励引领全省法院形成"多办案、快办案、办好案"的浓厚氛围。

（三）全面加强审判流程管理

常态化加强法院办案系统和数据集中管理平台信息及数据的质量监测和管理，保证各审判流程节点的信息录入质量和效率，确保数据及信息传输的准确性、一致性。从案件审限管理入手，加强立案、庭审、评议、结案等全流程审判节点的管控，制定印发审限管理规定，强化审限提醒、节点管控等举措，严格执行延长审限、扣除审限、中止审理审批，督促法官进一步提高审限意识，加快案件审理进度，推动月度、季度、年度持续保持均衡结案的良好态势。加强案件归档管理，按月统计全省法院结案后超一个月未归档案件，督促结案归档工作。坚持消化案件存量，持续组织开展全省法院旧存未结案件清理专项行动，建立全省法院旧存未结案件台账，全面落实清理责任，明确清理任务，重点对诉讼、执行、司法技术等存案进行常态化清理，尤其是加大对长期未结案件、久押不决案件清理力度，努力实现"应结尽结"，促进收结案良性循环。

（四）全面建立均衡结案长效机制

严格落实立案登记制规定，不断加强"一站式"建设，切实提升诉讼服务现代化能力水平，坚持诉前源头化解和诉中高效办理相结合，对进入程序的新收案件坚持快立、快分、快审、快执的工作机制，强化案件繁简分流，用足用好司法确认、小额诉讼、简易、速裁等程序，形成简易案件更加注重效率、疑难案件更加注重精准、敏感案件更加注重效果的诉讼新格局。组织开展全省法院规范立案行为专项行动，切实做到有案必立、有诉必理，有效整治部分法院为追求年末"高结案率"而存在的变相限制立案、拖延立案以及春节前后以"年俗"为借口不开庭审理案件等积弊陋习，从根本上改变了以往审判工作存在的"年初松、年末突击"、数据畸高畸低等不规范现象。密切关注审判数据收、结、存动态变化，规范数据统计路径，统一指引应用，在全省法院自上而下推动建立"大审判管理"格局，切实发挥院长主责管理、分管院庭长层级管理、法官自我管理、审判管理部门专门管理等各类审判管理主体的职能作用。2019年7月以来，吉林省高级人民法院每月组织召开视频会议，对全省法院审判质效进行通报，位居前列的法院介绍经验，位居末位的法院表态发言，层层传导压力，激发动力，倒逼潜能，并不断优化综合通报与专项通报相结合的机制效能，形成了全省法院"比、学、赶、超"的积极氛围，有效改变了以往抓执法办案"运动式""一阵风"模式，推动实现全省法院结案均衡度明显提高。

（五）全面强化审判质量效果管理

从一审案件质量效果入手，加强一审案件服判息诉率、生效案件服判息诉率等主要审判质量效果指标的分析研究，调度督导，努力提升一审、生效案件质量效果。持续组织开展全省法院优秀文书、优秀庭审评选活动，组织编著优秀裁判文书汇编，引导广大法官树立精品意识、弘扬工匠精神，注重加强审判业务建设和司法能力建设。探索创设"全口径案件诉—程比"指标，加强发回重审、改判、指令再审案件管理，坚持当改则改、当判则判，严格规范发回重审和指令再审，有效防止程序空转和裁判"翻烧饼"现象，推动"结案了事"向"案结事了"转变。依托裁判文书质量筛查系统，组织开展全省法院裁判文书质量专项筛查，按年度形成裁判文书质量筛查报告，有效预防减少裁判文书低级错误。在常态化开展案件常规评查、文书庭审专项评查、发改案件重点评查、上下级双向评查的基础上，2020 年 4 月以来，全省法院创新开展"季度百起案件质量评查"活动，每季度随机抽取 100 件案件，对典型案件分析原因、点评警示、全省通报，合计覆盖全省 93 家法院，实现了从立案到执行环节各类型案件全覆盖，全部评查案件采取在线评查的方式，每件评查案件均由省高院评查小组提级评查，不合格案件经省高院审判委员会集体研究决定，加强评查整改落实与责任追究有效衔接，努力写好案件质量评查的"后半篇"文章，切实从源头上减少问题案件发生，助力全省法院一审案件服判息诉率、生效案件服判息诉率等主要质量效果指标持续提升，实现了审判质量效果与效率同步向好的局面。

（六）全面深化司法公开

吉林省高级人民法院坚持统筹推动，着力构建"开放、动态、透明、便民"的阳光司法机制，打造没有"围墙"的法院。依托信息技术研发建立吉林法院司法公开网，统筹覆盖审务信息公开、审判流程信息公开、庭审活动公开、裁判文书公开、执行信息公开等审判工作主要内容，实现全省法院司法信息"从选择性公开到依法全面公开、从分散式公开到集合式公开"的转变。加强审判流程信息公开指引，根据最高人民法院审判流程公开标准，厘定审判流程公开节点，确保诉讼当事人能及时收到审判流程信息，切实保障当事人的知情权；推动庭审活动公开实现全省法院、全部案件类型、全体员额法官"三覆盖"，在庭审活动公开过程中加强对当事人和其他诉讼参与人的个人信息保护，不断提高案件庭审直播的数量和质量。强化裁判文书公开"一核双擎"工作机制，即坚持以公开为原则、不公开为例外，以制度为核心，依托裁判文书上网率管控与"双百"核查检验，切实做到符合公开条件的裁判文书"100%"在互联网公开、不符合公开条件的裁判文书案件名称及不公开理由"100%"在互联网公示，不断加强日常调度督导，切实抓好裁判文书公开质效。研究制定吉林法院阳光司法透明度评估指数，量化具体评估项和考核指标，不断围绕指标对标找差，推动司法公开各项工作落实见效，自 2015 年以来，吉林法院在中国社会科学院法学所司法透明度指数第三方评估中连续七年位居全国前列，被外界形象地评价为司法公开的"吉林现象"①，多次在司法公开全国性会议上做经验介绍，不宜公开的裁判文书监管举措被最高人民法院吸收转化为司法解释。

（七）全面融合审判管理信息化

吉林省法院始终坚持"抓应用、填空白、补短板、深融合"的工作方针，不断加强智慧法院建设应用，坚持向信息化要质量、要效率、要效果，研发推动智能立案、电子卷宗随案同步生成、智能送达、智能庭审、智能合议、智能法官会议、智能审判委员会等主要流程节点的功能应用，实现信息化在审判、审判管理工作中的广泛、深度应用，引入区块链技术，创新探索区块链在院庭长监督管理、存证验证等13个业务场景中建设应用，"区块链+审判"入选国家区块链创新应用特色领域试点，"易执行—线索智能分析平台"入选2021年全国政法智能化建设十大创新案例。加强信息技术与审判工作的深度融合，全面推行全流程无纸化办案，逐步建立起以电子卷宗、电子档案深度应用为基础，以区块链技术应用为保障的智慧审判新模式，从诉讼起点的立案环节开始，阅卷、接待、听证、开庭、合议、法官会议、审判委员会，直至结案归档均不再使用传统的纸质卷宗材料，从根本上改变办案过程中法官对纸质卷宗材料的依赖，同时不断优化全流程无纸化办案背景下人力资源再配置，最大限度将电子卷宗扫描、送达、庭审记录等审判辅助事务工作集约，推行书记员集约化管理，探索庭审记录方式改革，为审判工作减负增效，让法官集中精力专司审与判。

（八）全面坚持审判管理理论研究

在做好日常审判管理各项工作的同时，吉林省高级人民法院注重加强审判管理理论研究，加强与吉林大学等高校的合作，形成法院与高校理论研

---

① 莫纪宏、田禾主编《中国法治发展报告 No. 20（2022）》，社会科学文献出版社，2022。

究、实证研究相互支持、资源共享、协同创新的良好局面，助力推动全省法院审判管理理论创新、制度创新和机制创新，先后有 4 个课题中标全国法院审判管理理论研究、司法统计分析研究课题并获奖。

二 党的十八大以来吉林法院审判管理工作取得的明显成效

（一）收结案态势呈现良性循环

司法改革后，吉林省法院年均受理案件总量基本保持在 40 万件以上，受案量约占全国法院受案总量的 1.8%，与吉林省的土地面积、人口数量、年 GDP 在全国占比基本保持一致。2021 年，吉林省法院新收案件 708021 件，同比 2020 年提高 55.27%，比 2019 年提高 48.62%；全省法院结案 679873 件，同比 2020 年提高 45.5%，比 2019 年提高 30.69%。

（二）审判质效进一步稳固向好

截至 2021 年末，从审判效率上看，吉林省法院结案率、结收比从 2018 年末全国"双垫底"逆转实现全国"双第一"，实现了"跨越式"提升。其中，结案率连续 28 个月居全国前五位；案件平均审理天数从 2018 年的 46.7 天减少至 32.8 天，减少了 13.9 天，居全国法院第 2 位；简易程序适用率从 2018 年的 77.77% 提高至 90.24%，提高了 12.47 个百分点，居全国法院第 2 位。从审判质量效果上看，一审案件服判息诉率从 2018 年的 88.72% 提高至 91.12%，提高了 2.4 个百分点；生效案件服判息诉率从 2018 年的 96.91% 提高至 97.31%，提高了 0.4 个百分点；调撤率从 2018 年的 36.37% 提高至 46.8%，提高了 10.43 个百分点，继续保持审判质量效果与审判效率齐步向好的良好态势。①

---

① 《2021 年吉林法院整体结案率位居全国第 1 位》，中国新闻网，2022 年 1 月 13 日，https：//www.chinanews.com/sh/2022/01-13/9651180.shtml。

（三）"大审判管理"格局进一步凸显

2019 年以来，吉林省高级人民法院组织开展为期三年的全省法院"加强管理年"活动，通过一年打基础、两年再深化、三年促提升，着力提升审判管理、队伍管理和政务管理"规范化、精细化、信息化"能力水平，在此过程中全省各级法院党组进一步重视审判管理工作，"大审判管理"理念进一步深化，全省各级法院党组研判审判运行态势、推动执法办案工作已成为"新常态"，切实调动发挥院庭长、审判管理部门、法官等各类审判管理主体的能动作用，通过强化组织领导，一级抓一级，层层抓落实，形成全院、全员一体化管理推动审判工作的"一盘棋"效应。

（四）阳光司法效应持续深化

随着吉林法院司法公开的深入开展，"开放、动态、透明、便民"的阳光司法机制日益完善，从内部、外部对审判工作产生了"双重效应"。一是全省法院工作依法、主动、及时公开，自觉接受当事人及社会公众对法院工作的监督，让审判权力在阳光下运行，充分保障人民群众对法院工作的知情权、参与权、表达权和监督权，诉讼当事人的满意度明显提高，司法获得感明显增强，司法权威和司法公信力明显增强。二是司法公开为法院审判管理丰富了途径和手段，倒逼办案法官审慎用权，压缩徇私舞弊的空间，消除审判工作过程中导致司法腐败的主客观因素，实现公正廉洁司法，以"看得见"的方式实现公平正义。

（五）审判体系和审判能力现代化水平进一步提升

随着吉林智慧法院建设应用的深入开展，智慧法院不断发挥"需求侧"与"供给侧"的双向互动作用，实现建设、应用与管理一体化推进，全省法院审判、审判管理工作的信息化程度明显提高，不断提供一体化、协同化、泛在化的智能服务，为审判工作持续增势赋能，切实满足了特殊时期人民群众的司法需求。全省各地法院立足实际、先行先试，持续探索创新，珲春市法院通过推行"i—法院"人工智能服务、全流程无纸化办案、书记员集约化管理、区块链+智能合约、电子档案"单套制"等办案模式、管理模式，构建全要素、一体化审判工作全新格局，让办案法官专司审与判，助力审判质效提升，取得了显著成效并发挥了积极的示范效应，以点带面、点面结合，有效带动全省法院不断完善智慧法院配套软硬件建设应用和探索建立智能审判工作模式、工作机制，助力全省法院审判体系和审判能力现代化水平不断提升。

（六）审判管理队伍建设不断加强

司法改革后，吉林省法院审判管理业务条线人员架构变化较大，许多具有审判资格的人员都选择进入员额法官序列，针对新的组成人员绝大多数没有审判和审判管理经历经验的客观实际，吉林省高级人民法院明确要求全省各级法院应当在内设机构改革过程中重视审判管理部门及人员配置，有效保留审判管理队伍中的员额法官和有审判经历的人员。在日常工作中，吉林法院充分调动发挥审判管理条线的主动性、积极性，加强日常沟通交流，重大工作事项广泛征求意见建议，先后组建了多个审判管理工作微信交流群，各项工作责任人自发担负起"群主"的职责，切实发挥审判管理业务条线上下联动、综合协调的"枢纽"作用。

虽然党的十八大以来吉林法院审判管理工作取得了明显成效，但应清醒地认识到新时代社会主要矛盾变化条件下人民群众的司法需求日益多元，审判管理理念尚不能完全满足新发展阶段的要求；人民法院审判工作形势任务不断发展变化，审判管理工作"规范化、精细化、信息化"能力水平仍有提升空间；审判、审判管理、信息化依然存在数据"孤岛"、融合"壁垒"，司法大数据深度挖掘、研究、应用不足；审判管理的监督管理与服务保障双向功能作用发挥不协调，审判管理工作综合效能仍需进一步提升；等等。

三 进一步加强和改进审判管理工作的对策和建议

党的二十大报告将全面依法治国上升到党执政兴国、国家长治久安的新高度，建设"中国式现代化法院"是积极回应"全面建设社会主义现代化国家"的题中应有之义，人民法院审判管理工作要始终保持与时俱进，坚持用先进理论武装头脑、指导实践、推动工作，既要善于从政治上观大局、谋大势，也要善于用系统观念、法治思维和强基导向解难题、办实事，确保司法为民、公正司法落到实处。

（一）审判管理工作必须顺应司法体制改革需要

坚持改革导向，随着司法体制综合配套改革的持续深入，审判管理工作的内涵和外延不断发生变化，必须紧跟形势任务变化发展步伐，转变审判管理工作理念，既不能缺位，也不能越位，必须统筹处理好审判与管理的关系，既要确保独任法官、合议庭在严格依法规范司法的基础上正确行使实体裁量权和程序控制权，又要明确权责清单，全面落实院庭长宏观审判监督管理、程序性事项审批、促进裁判尺度统一等职责，实现"四类案件"重点监管、非"四类案件"有效监管，确保重大复杂敏感案件依法妥善处理，切实实现"让审理者裁判、由裁判者负责"。要树牢"全流程审判管理"工作理念，以审判流程节点为主线，以审判管理为关键，以结案管理为扎口，将所有案件立案、审理、结案等各环节信息全部纳入审判管理范畴，实现全程留痕，推动审判管理不断转型升级，从盯人盯案、层层审批向全员、全面、全程监督管理转变，更好地发挥审判管理"规范、保障、促进、服务"工作的职能作用。

（二）审判管理工作必须遵循审判工作规律

审判管理工作要聚焦审判工作全过程、各方面，服务保障法院中心工作、大局工作，锚定目标任务，动态跟踪研判，更好地发挥好"晴雨表"

作用，助力决策参考。要寓服务于管理，以服务审判、服务法官为中心，最大限度挖掘内部潜能，实现自主管理、自主完善、自主提高，让审判管理回归"角色本位"，进一步注重发挥法官的主观能动性，不断提升司法能力水平，促进审判质效稳步提升。要坚持问题导向，在司法实践中，法官由于知识背景、社会阅历、逻辑思维能力等不同会产生不同的理解与尺度判断，应通过引导、教育、规范等综合措施，达到平衡统一法律适用的尺度与纠错机制和容错机制，切实发挥好一审实质化解纠纷、二审精准定纷止争的审级功能作用，实现审判质量效果与效率的有机统一、法律效果与社会效果的有机统一，努力做到让当事人胜败皆服。

（三）审判管理工作必须发挥信息技术优势

没有信息化就没有现代化。审判管理与信息化深度融合不仅仅是简单的"技术升级"，更是工作手段的完善、工作模式的转变，工作理念的更新，有利于破除传统的"人盯案"的微观管理方式，转向全院、全员、全过程的宏观、立体化的审判管理"闭环"模式，实现"化繁为简"，只有把审判管理工作建立在信息化基础之上，才能开展更加精细而又便捷的审判管理工作，才能有效地避免管理方式僵化而影响管理效果。要进一步提高司法大数据主动推荐服务和深度挖掘应用能力，加强司法大数据深度挖掘分析，加强司法大数据在横向纵向比对、审判态势综合分析、业务条线具体分析等方面的广泛应用，为领导决策和审判工作提供全方位的数据支持和指引，不断向信息化要质量、要效率、要效果，努力创造更高水平的"数字正义"。

（四）审判管理工作必须夯实配套保障

审判管理工作涉及面广、综合性较强，必须培养一支懂审判、通技术、会统计、善文字、精管理的"复合型"人才队伍，要积极创造更多业务培训、学习考察、以工代训的机会，有针对性地促进吉林省法院审判管理条线工作人员能力素养提升，通过多种形式、多种载体努力发现一批、培养一批审判管理领军人才。借助省内高校资源优势，紧扣审判管理工作重点热点难点，力争多出成果、多出精品，注重理论与实践相结合，加强研究成果转化应用，不断促进审判管理理论、制度、机制创新。要注重吉林省各地法院审判管理经验做法的积累推广，培树示范样本，必要时在全省法院层面对制度、机制成果加以固化，让经验做法更有生命力，更能发挥示范作用和普及效果。

（五）审判管理工作必须坚持齐抓共管

审判管理是人民法院的一项基础性、系统性、全局性工作。要进一步提高审判管理工作站位，充分认识到审判管理是对法院审判工作的全面管理，并非审管办一家之事，必须进一步调动发挥各类审判管理主体的主观能动性、工作积极性，审判委员会是审判管理的最高层级，院庭长是审判管理的重要主体，法官自我管理是审判管理的重要组成部分。要进一步理顺各类审判管理主体的关系，不断完善深化"大审判管理"格局，从横向看，各级法院内部从审判委员会、院长、庭长、审判长、审判人员到审管办都是管理主体；从纵向看，上下级法院之间要实现统一管理、统一协调、统一监督、统一指挥，做到上下联动、信息畅通、管理有序，通过常态化、系统化运用组织、领导、指导、评价、监督等方式对审判工作进行严格规范，有效统筹审判与管理、管理与服务、管案与管人、局部与整体的关系，发挥"组团"聚合效应，形成审判管理工作合力。

吉林法院司法责任体系建设研究报告

高　远*

摘　要：　2021 年 7 月，中央政法委组织召开政法领域全面深化改革推进会，将"加快推进执法司法责任体系改革和建设"作为当前和今后全面深化政法改革的主攻方向。作为全国首批司法改革试点省份，吉林在全国率先开展以落实司法责任制为核心的改革工作，为全国各地法院有力有序推进司法改革，尤其是开展司法责任制改革贡献了吉林智慧、提供了吉林方案。但与党的新要求和人民新期待相比，吉林省法院在推进改革过程中，尤其是在构建司法责任体系上暴露出一些短板弱项。为此，吉林法院应当正确认识和把握推进司法责任体系建设的新形势、新任务、新要求，以科学明责定责、认真考责督责、从严问责追责为重要抓手，不断健全覆盖人民法院工作各领域、审判各环节、管理各方面的司法权力制约监督制度框架，尽快构建起系统完备、运行高效、权责一致的司法责任体系。

关键词：　审判权力　司法责任制　院庭长监管

2021 年 7 月，中央政法委召开的政法领域全面深化改革推进会，认真贯彻习近平法治思想，对全面深化政法领域改革纵深发展、加快构建执法司法责任体系进行部署。随后，最高人民法院和吉林省高级人民法院先后召开重要会议做出更加具体明确的工作安排。2018 年下半年以来，新一届吉林省高级人民法院党组深入贯彻新时代政法领域改革总体战略，不断健全权责

---

* 高远，吉林省高级人民法院研究室三级主任科员。

统一、追责严格、运行高效的司法责任体系。总体上，经过多年的守正创新、砥砺奋进，吉林法院司法责任体系建设实现了从制度碎片化到体系化的系统集成，司法责任制改革效能充分释放并不断深化，司法责任体系建设成果持续为吉林法院高质量发展提供强劲动力。

一 吉林法院司法责任体系建设取得的成效

（一）政治站位提升，司法责任根基不断夯实

吉林省法院坚持"放权"与"控权"统一，"权力"与"责任"并重，推动司法责任体系建设在正确方向上阔步前行。

1. 坚持以习近平法治思想领航定向

吉林省法院贯彻落实覆盖全省法院每名干警的政治轮训制度，2021年共举办习近平法治思想、党史学习教育、"七一"重要讲话等专题培训27期，累计培训干警22.9万余人次。① 以党组会、党组理论中心组学习会、司改领导小组会议等为载体，深入学习贯彻习近平法治思想，准确把握司法责任体系改革和建设的总体战略、形势任务、方法策略，不断凝聚开拓创新、深化改革、推动发展的强大思想动力。

2. 坚持以加强党的绝对领导筑基垒台

吉林省法院严格落实《中国共产党政法工作条例》，认真对照吉林省贯彻落实条例46项任务清单和28项配套制度，组织开展覆盖全省法院的贯彻落实情况专项督查，编制事项清单，从严考核评价，定期通报约谈。深入落实改革事项请示报告制度，重大改革项目及时提请吉林省委深改委、吉林省司改领导小组会议审议，定期报告全省法院改革进展，推动党对司法责任体系建设的绝对领导更加坚定有力。

3. 坚持以完善改革推进机制统筹全局

吉林省高级人民法院党组坚持"抓落实、抓督导、抓研究、抓宣传"

---

① 《吉林省高级人民法院工作报告》。

的总体思路，不断完善系统衔接、运转协调的工作推进机制，确保司法责任体系建设落实落细、立威发声。定期组织召开吉林省高级人民法院司法改革领导小组会议，传达学习贯彻中央政法委、最高人民法院和吉林省委部署，逐年出台改革工作要点并制定任务台账，逐项明确责任，以"五化"闭环工作法推动各项改革创新举措有效落实。组织开展覆盖全省的司法改革"回头看"专项行动，认真梳理、客观分析党的十八大以来全省法院落实司法责任制及其他重点改革项目情况。对照中央政法委关于政法领域改革情况专项督察反馈情况，部署开展司法改革专项督察评估活动，纵深推进司法责任制改革再取新成效、再上新台阶。强化改革成果提炼，完善典型案例、动态信息撰写报送机制，围绕贯彻落实司法责任制、加强审判权力制约监督等重点改革项目组织开展优秀司法改革案例评选，编发《司法改革动态》。

4. 坚持以推动落实全面从严管党治警主体责任筑牢防线

吉林省法院认真落实从严管党治警主体责任，坚持以政治责任统领司法责任，以政治监督统领业务监督，加快构建覆盖人民法院审判各环节、工作各领域、干警每个人的"5+N"内部责任体系。两批队伍教育整顿扎实推进，进一步推动政治忠诚不断提升、害群之马有力清除、顽瘴痼疾有效整治、英模精神大力弘扬、建章立制持续推进、司法责任不断夯实。

（二）明确办案责任，审判权责定位日臻完善

吉林省法院不断规范完善各类审判主体的职责权限、履责方式、尽责要求，全面加强权责履职指引，持续巩固公正司法根基。

1. 推进审判权责透明化

明确司法责任前提基础，吉林省高级人民法院分别于 2016 年和 2020 年研究出台了《审判主体及相关司法人员职责和权限清单》《审判人员及相关司法人员权责负面清单》，梳理出 41 种履职禁止性情形，进一步明确司法责任制改革背景下审判主体的权责边界，细化行使审判权的履职标准，推动在日常评价和考核工作中引入覆盖全省法院每名干警的职责权限清单，不断推动人民法院内部权力制约监督标准化、透明化、规范化。

2.确保院庭长办案常态化

坚持"领导带头、入额办案"原则，吉林省高级人民法院于2016年和2017年陆续研究出台了《院庭长办案工作规则》和《关于院庭长办理案件的暂行规定》，把院庭长主要办理重审再审、疑难复杂、新型重大等案件明确到制度文件里、落实到审判工作中，同时加强对入额院领导办案情况的公开公示和办案成效的绩效考核，切实推动院庭长办案规范化、制度化、高效化、常态化。2021年，全省法院入额院庭长承办各类案件293352件，占全省法院审结案件数量的43.2%，① 示范引领作用持续充分发挥，为全省法院营造了积极向上的良好工作氛围。

3.推进审判主体权能发挥系统化

吉林省高级人民法院于2020年研究出台了《关于全面落实合议制的若干规定》，有效缓解了合议庭成员"出工不出力"等问题。不断规范审判委员会和专业法官会议的运行规则，确保审判委员会和专业法官会议统一案件裁判尺度、提高案件审判质效的重要作用发挥充分、职能落实到位。针对过去人为分案制度可能引发的各庭室部门之间"苦乐不均"乃至徇私枉法等问题，于2020年研究出台规范案件分配工作制度，进一步优化审判资源配置，在促进案件分配公平、公正、公开的同时，有效推动各类审判主体依法依规履职尽责。

（三）有效监督管理，制度刚性约束释放活力

吉林省法院始终把加强审判监督管理作为构建司法责任体系的重中之重，通过建章立制强化刚性约束，确保监管有力、有为、有效，推动全省法院审判执行质效实现跨越式发展，2021年，全省法院整体结案率、案件结收比居全国首位，主要审判执行质效指标持续稳居全国前列。②

1.制度体系全面完善

吉林省法院陆续出台了关于审判监督管理、案件质量把控、法官业绩考

---

① 《吉林省高级人民法院工作报告》。
② 《吉林省高级人民法院工作报告》。

核、审判责任追究等制度机制。吉林省高级人民法院于 2020 年研究出台了《关于建立健全法律适用分歧解决机制的规定》和典型案例发布制度，有效规范了办案指导文件和参考性案例的编发程序，切实推进法律适用统一。吉林省高级人民法院于 2021 年研究出台了《关于完善审判权力制约监督体系的实施意见》，对规范司法权力运行体系进行宏观规范；同年又研究出台了《关于规范法官自由裁量权行使的意见（试行）》，确保法官自由裁量权合法、规范、有序、统一行使。2019~2021 年，吉林省法院开展了为期三年的"加强管理年活动"，全面梳理、废修立改已出台的关于审判权力制约监督的制度文件，同时组织对包括审判执行在内的重点领域和关键岗位司法责任风险点进行系统排查，全面构建清晰度高、规范性强、落实力深的司法风险防控体系。

2. 监管责任全面落实

为进一步抓紧盯实"四类案件"，吉林省高级人民法院于 2019 年 4 月在全国法院率先研究出台了《关于规范院庭长审判监督管理职责的办法（试行）》，构建起科学的识别机制、高效的启动方法、完备的程序监管、严格的问责方式。吉林省高级人民法院加强信息科技研发应用、交流合作，研发的院庭长监督管理平台在全省三级法院深度应用并发挥实效。2020 年，吉林省高级人民法院出台了《院庭长审判监督管理履职评价暂行规定》，建立了定期评价考核机制，确保院庭长审判监督管理履职落地落细。2021 年，吉林省法院院庭长监督管理平台实际监管率达到了 95.27%，高于年度绩效考核目标值。①

3. 考评体系全面优化

吉林省高级人民法院研究制定覆盖全省法院各项重点工作的绩效考评体系，创新打造"吉林高院绩效管理平台"，坚持精简考核项目、减少加分项目、提高扣分比重、注重日常考核、拉开评价档次，绩效考评体系更加科学合理。建立重点工作月通报制度，对全省法院审判质效、执行质效、诉源治

---

① 《吉林省高级人民法院工作报告》。

理、法治化营商环境建设、业务工作"精品工程"、队伍素质"提升工程"、防止干预司法"三个规定"、涉诉信访、新闻宣传九项重点工作定期排名通报。通过科学考评考责、层层传导压力，不断营造干警忠诚履职、敢于担当、勇于创新的良好氛围，推动全省法院各项工作稳中有进，不断取得新的成效。

4. 案件质量全面提升

结合审判运行态势，从 2020 年起每年制定《全省法院"季度百起案件质量评查"工作方案》，持续推进以常态评查为载体、专项评查为重点、相互评查为特色的案件质量评查工作机制，实现对各审判执行领域案件评查全覆盖。不断提升审判工作信息化水平，推动覆盖执法办案工作全流程的规范要求和时间节点均体现在吉林智慧法院工作平台。加强均衡结案管理，集中组织开展办案纪律专项审务督察。吉林省法院全面深化推进审判业务工作"精品工程"，落实"领军人才"计划，开展优秀审判案例、优秀改革案例、优秀裁判文书、优秀庭审、优秀司法建议和全省法院"审判业务专家""青年审判业务专家"评选活动。推进实施审判质效"稳固工程"，全省法院审判执行工作质效不断跃升，各项指标稳中有进、进中提质。

（四）深化司法公开，司法透明指数稳居全国法院前列

吉林省法院坚持把司法公开作为践行司法为民的重要抓手，2015 年，吉林省高级人民法院研究制定涵盖 170 余项工作标准的"阳光司法指数评估体系"，制定裁判文书公开管理暂行规定，确保司法公开工作走深走细、走出成效。2021 年，吉林省法院在中国审判流程信息公开网公开案件 382721 件，有效公开率达 98.71%；文书笔录信息公开 206042 篇，公开率达 53.15%；电子送达 306172 次。将庭审直播率纳入年度审判绩效考核指标，2021 年，吉林省法院共开展庭审直播 132677 场，庭审直播率达 30.75%。吉林法院司法透明度指数评估连续七年稳居全国前列，吉林省高级人民法院居全国法院第三位。①

---

① 《全省法院 2021 年度司法公开情况分析报告》，吉林省高级人民法院司法公开网，2022 年 1 月 21 日，http://www.jlsfy.gov.cn/cpwsgkbg/448665.jhtml。

（五）严格问责追责，倒逼司法责任全面落位

吉林省法院坚决守住从严治党、依法治权这条"红线"，对发现的违法违纪问题，坚决规范责任认定、落实责任追究、依法予以惩戒、彰显司法威严。严格执行防止干预司法"三个规定"等纪律规定，2020年以来，吉林省高级人民法院研究出台了《关于防止内部人员过问案件的若干规定》、《关于在办案环节严格执行"三个规定"的实施办法》、《关于严格执行"三个规定"的考核办法》以及《关于落实〈领导干部干预司法活动、插手具体案件处理的记录、通报和责任追究规定〉的实施细则》，确保让"三个规定"落地生威、收到实效，并于2021年研究出台了《吉林省法官惩戒办法（试行）》以及具体操作规程，法官惩戒委员会实现实质性运行，截至2023年底，已对5名法官提出具体惩戒意见，司法责任制的"最后一公里"被切实打通。进一步健全岗位职权利益回避制度，联合吉林省司法厅建立健全法官与律师良性互动机制，于2020年集中出台了法官与律师交往"八条禁令"、在职人员任职回避、离职人员从业限制等制度规范，确保审判权力在制度的"篱笆"里规范运行。

（六）推进队伍建设，履职保障体系科学规范

吉林省法院坚持"以上率下、一步到位"，在全国率先实行法官员额制，并持续推进法院组织人事管理制度改革，努力为法官干警提供更优的职业规划、更大的晋升空间、更实的保障政策，为健全司法责任体系打下了坚实基础。

1. 强化员额管理

坚持"随缺随补、定期增补"原则，2015～2021年，吉林省法院常态化开展8批次员额法官选任工作，累计选任法官4095名。完善法官等级择优选升机制，择优选升一级、二级高级法官85名。坚持"以案定额、动态调整"，按照最高人民法院于2020年出台的《省级以下人民法院法官员额动态调整指导意见（试行）》，动态调整部分法院124名员额法官。

2.深化人才培养

平稳推进审判辅助人员职务转任、套改工作，推动司法辅助人员按期晋升工作。建立"全省法院优秀年轻干部人才库"，不断推动全省法院干部队伍年轻化、专业化、规范化。提升法治人才培养的力度和广度，2022年，吉林省高级人民法院联合吉林大学签署了《法律人才培养合作框架协议》。开展文职人员招聘工作，加强司法辅助人员配置。针对优秀年轻干部培养和"招人难""留人难"等问题组织开展专题调研，情况报告得到最高人民法院和吉林省委政法委主要领导批示肯定。

3.实化职业保障

推动员额法官职业待遇政策落实，妥善解决吉林省法院公务员登记、养老保险缴费等历史遗留问题。吉林省高级人民法院于2017年研究出台《全省法院干警人身安全保障管理办法（试行）》，在全省法院建立案件风险评估预防机制。全省各级法院均成立法官权益保障委员会，并不断加强与司法机关、行政部门、行业机构的联动对接工作。

4.优化内设机构

按照最高人民法院部署安排，吉林省法院按时保质完成了全省80家基层法院的内设机构改革工作，2019年改革后全省基层法院共精简内设机构456个，42.3%的内设机构被撤并。吉林省高级人民法院机关将17个审判业务部门撤并到14个，通过持续优化机构设置，有效促进专业办案。[①]

二　吉林法院司法责任体系建设面临的挑战

（一）司法体制改革新形势对司法责任体系建设提出新挑战

当前，司法体制改革进入系统集成、协同高效的新阶段，对加快推进司法责任体系建设明确新任务、提出新挑战。

---

① 《吉林省高级人民法院工作报告》。

1. 司法责任体系建设深度亟须拓展

2022 年是全面推进政法领域改革和推进实施人民法院"五五改革纲要"承上启下的重要一年，也是加快构建司法责任体系的突破一年。当前，与落实司法责任制相关的基础性改革任务基本上已经完成，剩下的都是急难险重的改革任务。同时，新的改革举措陆续推出，改革攻坚任务更加繁重艰巨，对完善权责适配、权责明确、权责一致的司法责任体系要求更高，承前启后、持续深化、提档升级的阶段性特征更加明显，对全省法院以创新思维方式和工作方法推动改革政策落地见效的本领考验更为严格。

2. 司法责任体系建设精度亟待提升

伴随司法责任体系建设不断推进，简单粗放的工作方式已难收实效，甚至可能产生负面影响，尤其是面对重点领域和关键环节审判权力制约监督制度不配套、协同不到位、推进不平衡等长期困扰人民法院改革工作的老问题，想要突破瓶颈，就必须做到精准聚焦、精准施策，出硬招实招破难题、解新题、补短板、强弱项。

3. 司法责任体系建设广度亟须拓展

司法责任体系建设系统性整体性协同性的任务要求更加突出，对加快完善涵盖加强党的领导、服务保障大局、优化组织机构、监督权力运行、推进队伍建设、参与社会治理、依法执纪监督等各项重点工作的制度机制提出新要求，推进司法责任体系建设不再局限于某一领域或某一特定范围，已经涉及人民法院工作的各方各面、各个环节，有的需要相关改革举措的系统集成，有的需要不同职能部门的协力攻坚。

（二）主体责任意识还不够强

1. 思想重视不够

一些法官干警对司法责任体系建设在破解难题、提升效能、推动发展等方面的重要价值认识不足，对强化审判制约监督、夯实司法责任根基等深层次问题关注不够，在推进落实工作任务时有敷衍应付现象，以文件代替行动，靠材料展示成果；一些法官干警更加关注职务职级、待遇保障等方面的改革举措,对加强司法责任体系建设缺少关心和参与,执法办案工作和司法责任体系建设"两张皮"的现象依然不同程度存在。

2.统筹协调不力

有的法院看问题、做决策、干工作满足于一般性、常态性、从众性,习惯于老观念、老套路、老办法,以改革思维、务实举措破解司法责任体系建设难题的力度不够、思路不活、办法不多。各级法院司法改革职能部门对相关政策集成领悟不深不透,在统筹谋划、沟通协调、督察评估、成果转化、经验挖掘、典型培育、宣传解读等方面主体责任落实不到位,导致工作共识凝聚不够,整体推进合力不强。

3.改革基础不牢

目前,吉林省法院还存在着主体责任层层递减的问题,一些基层单位推动司法改革的责任意识和意愿还不够强烈,导致一些制度机制和相关改革任务自上而下落实的效果不好。

(三)院庭长监管职能作用有待进一步发挥

一些院庭长监督意识仍需提升,还存在强调"放权"而忽视"监管"的现象,导致对审判权运行的监管没有及时跟上,审判监督管理权责不明晰,有些院庭长在履行监督管理职责时还存在不会、不敢、不愿的情绪,进而使一些务实管用的制度机制落实执行的效果欠佳。个别法院院领导办案示范效应发挥不充分,通报的监督效应没有发挥充分。

(四)配套保障机制还需要跟进完善

1.法官绩效考评制度有待优化

法官绩效考核体系要持续完善,比如,对法官政治素质能力考核要进一步细化加强;考核一审办案法官的上诉率,要对当事人滥诉、缠诉以及因故意拖延诉讼或执行而选择上诉的情形进行研究;考核结果运用还需与法官等级晋升、员额退出机制紧密衔接。

2. 法官履职保障机制有待完善

各地法院还不同程度存在对加强权力制约监督较为重视，而对法官职业保障考虑得不充分的现象。例如，虽然吉林省三级法院已经普遍建立了法官权益保障委员会，但实质化运行程度不高，各级法院主动与检察、公安、司法等机关对接合作的力度不大，联防联治机制尚未全面搭建，导致保护法官合法权益的联动效果不佳。

三　完善吉林法院司法责任体系的建议

完善运行高效的司法责任体系，是吉林法院履行服务大局、司法为民、公正司法重要职责的有效抓手，是推动吉林法院高质量发展的重要载体，是全面加强党对人民法院绝对领导的关键举措。吉林省法院要准确认识、充分把握党中央关于加快推进执法司法责任体系改革和建设的战略考量，以明确责任、严肃问责为切入点，不断推进司法责任体系建设，为推动实现吉林法院全面高质量发展提供动力，为新时代吉林振兴发展提供有力司法服务。

（一）牢记职责使命，筑牢司法政治责任

正确认识政治责任在司法责任体系中的核心地位，把讲政治保大局贯彻落实到司法责任体系建设的各个环节，不断夯实执法办案工作的政治根基。

1. 确保党对人民法院的绝对领导机制发挥效能

深入落实政治轮训制度，应当结合吉林省法院干警的行政级别、法律职务、年龄结构等特点，因地制宜制定学习培训计划和授课内容，坚持线上线下开展学习相结合，领导班子成员带头参与授课。尤其是针对新入职的年轻干警和从其他单位调入法院工作的干警，应及时组织开展习近平法治思想专题培训班，突出政治理论、法治信仰、职业素养教育。细化贯彻《中国共产党政法工作条例》的具体工作措施，应当健全人民法院政治督察制度和督察落实情况报告制度，实行清单销号机制，建议下级法院每年至少向上级法院报送一次政治责任履行情况报告，上级法院每年至少到下级法院针对履

行政治责任情况进行一次督察。严格落实意识形态责任制，及时掌握干警思想动态情况，建议每半年至少开展一次干警思想动态定期收集分析工作，并形成总结报告、明确存在问题、提出解决方案。吉林省法院应结合"基层建设年""标准化建设年""为群众办实事示范法院创建活动"等有效载体，着力推进人民法院基层党组织标准化建设，可研究制定"党支部会议工作规范""发展党员工作操作程序""党支部工作记录"等规章制度，同时应建立党支部组织生活情况定期抽查制度，建议各级法院统筹调配各业务庭室党员组建跨庭室部门的党支部，以确保党建工作与责任建设有机统一、相互促进。

2. 全面履行政治责任

应在严格执行各级法院党组向同级党委请示报告制度的同时，建立党组成员监督分管领域工作责任机制，对于分管工作领域出现违法违纪等问题，分管领导未充分履行监管责任的，依规追究相应责任，推动各级法院党组依法依规监督司法工作。应建立人民法院重大风险和重要决策评估把关工作机制，针对有可能引发重大风险的案件，有关法院及办案法官应当主动履行请示报告责任，推动法官干警特别是领导干部辩证统筹好政治与法治的关系，坚持严格政治标准和法律规定相统一。

3. 把全面从严治党主体责任落严落细

各级法院应当完善集法官教育管理、问题隐患预警预防、违法违纪监督惩处于一体的制度体系，确保队伍教育整顿成果巩固牢、延伸好。建议将防止干预司法"三个规定"等纪律规定的执行情况与对各地法院年度绩效考核挂钩，设置一定考核权重，同时制定落实"零报告"和无效报告的定期约谈工作机制，由各级法院纪检组和督察部门约谈相关部门负责人，确保严肃追究司法责任、从严惩处司法腐败。

4. 在选用干部上坚持政治导向

应探索建立法官干警政治素质档案，健全干警政治表现定期收集分析评价机制，将每年由干警提供政治表现报告和各级法院人事部门评价相结合，将相关材料存入干警个人档案，作为日常了解干部的重要依据、干部选任的必经程序。应注重考核法官干警在承办疑难案件、开展复杂工作、克服困难挑战等方面的具体表现，对于政治不过关的坚决不予提拔重用。

（二）科学明责定责，细化司法办案责任

始终坚持"有权就有责、有责必明确"，以科学明确审判权责清单，确保员额法官的主体地位不动摇、执法办案受监督。

1.明确审判主体办案权责

应当厘清法官、合议庭、院庭长、审判委员会关系，结合不同案件的流程节点、不同岗位的职责要求、不同程序的法律规定，科学划分各类审判主体职责要求，制定各类司法人员的权限清单，同时充分利用智慧法院建设成果，将各类人员的权责清单有效接入在线办案平台，不仅可以实现权责清单明确清楚、责任落实有理有据，还能够根据案件审理进度及时提醒履职行为。应当着力破解"合而不议、陪而不议"的问题，确保合议庭和办案团队每名成员依法公平地参与到每个案件并在关键环节留痕，通过院庭长监管、案件质量评查等方式，充分发挥合议制度弘扬司法民主、加强内部监督、维护司法公正的重要作用。

2.落实院庭长办案责任

应当统筹结合不同层级法院的案件类型、工作任务、职责权限等方面，科学调整入额院庭长的办案数量多少和案件难易，进一步优化案件分配制度，坚持让院庭长办理重大疑难复杂和新类型案件成为常态，充分发挥示范效应。探索建立院庭长办案的分析研判和定期通报制度，实行庭长办案情况"月调度、季通报、年评价"工作机制，同时要将院庭长办案情况作为职级晋升、提拔任用的重要参考标准，进一步激发院庭长履职尽责动力。针对长期以来院庭长办案由院党组考核导致"自己考核自己"的弊端，一是建立由各审判领域或各庭室选派普通法官组成的业绩考评委员会，考核包括院庭长在内的所有员额法官；二是探索推动将院庭长办案考核权提到上级法院，并将考核结果报同级党委政法委备案，作为对干部识别任用的重要标准。

3.明确司法辅助人员权责

建议进一步规范司法辅助人员的职责权限，明确法官助理可以协助法官从事调解、审查案件材料、组织证据交换、起草法律文书等工作；规定书记员根据法官的安排，通常情况下应当主要承担审判辅助事务性工作，比如庭前准备、案件记录、整卷归档、文书送达等，在特殊情况下可由法官授权从事法官助理部分职责。在明确司法辅助人员权责的同时，还应始终坚持谁使用、谁管理、谁负责的工作原则，在坚持院庭长和员额法官对审判辅助人员双重监管的同时，突出员额法官的考核评价权，建议对司法辅助人员的年度考核分为三部分，其中员额法官占30%、院庭长占20%、日常考核占50%。

（三）加强制约监督，严明司法监管责任

坚持赋权不减监管、滥权必受追究，不断推动司法制约监督体系与司法责任体系有机统一、协同推进、同向发力，确保司法责任体系建设取得实效。

1.激发院庭长监管效能

研究制定更加具体明确的院庭长监管标准，尤其是细化对特殊案件的每个办案环节的监管标准，充分利用智慧法院建设成果，将"四类案件"的适用情形和管控措施嵌入办案平台，自动提醒院庭长监督管理。应坚持客观公正、高效管用的考核评价导向，建议将院庭长履行监督管理职责与所在法院整体办案质效科学结合、综合评价，对院庭长的考核评价指标不能仅仅体现在办案情况上，还应充分展现院庭长履行领导责任，推动分管部门执法办案和开展其他重点工作的情况，进而做到客观公正全面考核评价。

2.发挥内部监督职能作用

充分发挥审判委员会和专业法官会议在统一法律适用、解决疑难问题、推进审判工作、提升专业能力、维护公平正义等方面的关键作用，探索建立审判委员会委员进退程序，即针对院领导以外的其他审判委员会委员，结合参与讨论案件情况进行年度考核评价，对参与讨论案件积极性不高、履职态

度较差的审判委员会委员及时调换。目前，吉林省各级法院的专业法官会议均由庭室或同一审判领域组建，建议探索建立跨审判领域的综合性专业法官会议，由院领导作为召集人，共同讨论重大疑难复杂案件和民行、民刑交叉案件，形成会议纪要，探索相关决议和意见的督促办理机制。应进一步明确承担督察、审计、案件管理、信访等职能的部门的职责范围，同时积极联系派驻纪检监察机构，全面加强案件质量和审理过程的全面监督管控，构建起落实到每名干警、明确到一事一域的责任体系。

3. 确保上级法院监督到位

完善案件移送管辖工作制度，在法律规定允许的范围内，探索制定案件提级审理制度，确保由较高层级法院审理重大疑难复杂、群体性和新类型重大案件。应进一步完善指令再审、发回重审、检察监督等案件及时跟踪和定期督办工作机制，建议将此类案件在系统中按照难易程度分3星标记，1星属一般类型案件，由审判管理部门跟踪监管；2星属较复杂案件，由分管院领导定期调度；3星属重大案件，由院长监管。

4. 发挥外部监督功能

针对一些人民陪审员存在的"陪而不议"问题，应建立人民陪审员年度考核评价工作机制，可由案件主审法官、涉诉当事人、人民陪审员管理部门共同对其履职情况予以评价，评分较低的要及时退出队伍。应进一步落实政法公共服务监管责任，加强与公安、检察院以及司法行政部门的工作联动，建立律师、法官履职行为双向评价机制，并及时反馈到人民法院和司法行政部门，加大对有不正当接触交往行为的律师与司法人员的联合惩处力度。

5. 突出司法惩戒权威

进一步完善法官惩戒委员会人员构成，建议除提高人大代表、政协委员、法学专家配比以外，探索将纪检监察部门干部、优秀律师、人民陪审员纳入考核委员会。不断扩大惩戒线索发现来源，除通过案件评查、纪检监察发现以外，还要畅通网络举报投诉渠道，并与涉诉信访部门有效对接，及时发现并核查问题线索。应推动司法惩戒与绩效考核、员额退出、纪检监察等工作程序协同发力，司法惩戒意见要及时转相关部门同步开展问责追责工作。

（四）推进配套改革，压实司法保障责任

坚持配套推动、协调发力的工作导向，协同推进与司法责任体系建设相协调、相促进的改革创新举措。

1. 推进审级职能定位改革

认真贯彻落实吉林省法院试点的实施方案和工作细则，进一步完善提级管辖案件的具体标准、发现机制和识别方式，打破以往提级管辖由上级法院依法做出的模式，探索推动当事人申请提级管辖的具体标准。应改革再审申请程序，由于再审案件均为较疑难复杂案件，且当事人法律素养和知识水平不一，可探索由律师代为办理再审申请事项工作机制，以确保再审案件办理程序规范及时。应同步建立数据分析、调研指导、督察问效等试点实施工作机制，确保改革试点任务有效落地。

2. 规范员额法官管理

应加大人员编制和法官员额省级统筹力度，依据不同地区的经济发展水平、年均案件数量科学测算用编需求，推动审判资源向人案矛盾突出、基层办案一线倾斜。为持续打造专业法官队伍，在开展常态化增补法官的同时，可探索推进跨地域、跨行业遴选法官机制，从高校教师、律师、公证员等法律从业群体中遴选法官，结合从业年限、履职经历、学术水平等条件，可依据遴选法院级别适当高配法官等级，并直接任命为正副庭长乃至审判委员会委员等院领导职务。为确保《法官员额退出实施办法》有效落实，可探索建立上级法院对下级法院未及时启动退出程序的指导督促机制，下级法院不执行指导督促意见的，应当在依法追究相关人员责任的同时，责令下级法院行使员额退出权限。

3. 加强辅助人员配备

应改革司法辅助人员招录机制，结合吉林省各地实际合理确定招录司法辅助人员的专业、法律资格、工作经历等条件，招录法官助理的可不要求具

有法律资格证书，招录书记员的可不限定为法学本科，边远地区法院可放宽到大专以上学历不限专业。针对一些法院存在的聘用制文职人员管理松散问题，应建立聘用制文职人员履职考评机制，从开展学习、日常考勤、履职尽责三大方面，以"干警测评+领导评价"相结合的方式加强聘用制文职人员考核管理。应推动不同层级法院间干警有序交流互动，以"上挂下派"方式促进人员多岗位培养和锻炼，真正实现资源向执法办案一线全面覆盖。

4. 完善考核评价机制

突出对司法重点环节、办案能力、办案安全等方面的考评，综合考虑案件难易程度、工作繁重因素设置考评指标，分层分级、因地制宜制定级差合理、有效激励、科学方便的绩效考评体系。针对一些法官干警存在的"重业务、轻党建""重执法办案、轻理论学习"的问题，应提升对法官政治能力考核权重，从参与政治理论集体学习和自学情况、参与支部组织生活情况、履行党员义务情况、办理重大案件政治表现情况等方面，确定占比不低于总成绩20%的考核分值。应发挥法官业绩考评委员会职能作用，并确保考评委员会委员中普通法官占大多数，明确考核结果直接适用于法官年度考核，不受其他考核程序影响，防止干预考核结果的情况发生，真正实现法官自我管理约束的客观公正、科学高效。

5. 强化履职保护机制

健全法官干警依法履职免予问责机制，准确把握司法行为性质，避免不实投诉、报复陷害等因素影响对办案人员司法责任的准确认定。应建立诬告陷害和不实举报快速澄清工作制度，对于不实报复投诉等行为对法官产生不良影响的，及时在司法信息公开网、官方网站、微信公众号上予以澄清，造成更加严重影响的还应责令不实举报人在省级以上媒体澄清并赔礼道歉。为推动法官权益保障委员会实质化运行，应探索由政法委牵头，联合法院、检察、公安、司法行政以及人力资源等部门建立联动保护工作机制。

6. 加强智慧保障机制

进一步深化吉林智慧法院建设应用，探索在办案系统中嵌入风险提示与管控、瑕疵甄别与预警、违规数据对比与筛查等线上监管功能。应加强对全省法院司法大数据的全面管理和研发应用，建立集研判分析、深度应用、发布解读于一体的司法大数据工作机制。探索由政法委牵头研发应用政法大数据系统，加强政法部门之间的数据交换共享，切实推进跨部门办案协同。

参考文献

高司平：《加快推进司法责任体系改革和建设　推动新时代人民法院工作高质量发展》，《人民司法》2021 年第 28 期。

高童非：《数字时代司法责任伦理之守正》，《法制与社会发展》2022 年第 1 期。

孙辙、杨春福：《论我国法官司法责任制度的逻辑与范式》，《南京社会科学》2021 年第 8 期。

吉林省涉案中小微企业合规问题研究

刘志惠*

摘　要： 吉林省检察机关涉案企业合规改革重点关注涉案中小微企业，因应吉林省中小微企业体量小、韧性强、成长性好等特点，延伸发挥检察职能作用，帮助并督促众多涉案中小微企业进行合规整改，建立合规体系。吉林省检察机关在司法办案实践基础上，探索涉案中小微企业简式定向合规的模式，为涉案中小微企业提供基本的合规指引，从涉案中小微企业内部和外部两个视角，构建适合吉林省涉案中小微企业合规整改的路径与模式，增强吉林省中小微企业抵御风险的韧性和能力，实现检察机关能动履职，推动企业犯罪治理模式变革，深化诉源治理，有效拓展刑法促进社会治理的空间。

关键词： 涉案中小微企业　简式定向合规　合规体系

目前，吉林省数量众多的中小微企业，因发展活力充足、用工条件宽松，能够满足低学历务工者的劳动需求，创设了更多工作岗位，吸纳了城镇众多就业人口，承担着为实体经济造血的基础功能。在风险社会的大背景下，大多数中小微企业对于经营风险和政策风险的关注度较高，如融资政策、贸易业态规定、知识产权法律保护等，但对刑事风险预防相对不足。从司法实践情况看，刑事风险对中小微企业的实际影响更大，中小微企业一旦涉刑事案件，会波及整个企业生产经营，甚至影响上下游产业链上的第三方利益。在传统企业犯罪治理模式下，法网日益严密化，但刑罚严厉化并未产

　＊ 刘志惠，吉林省人民检察院第四检察部四级高级检察官，研究方向为中国刑法和刑事诉讼法、企业合规等。

生良好的企业犯罪治理效果，相反企业犯罪的态势越发严重。自 2020 年 3 月最高人民检察院推动涉案①企业合规试点以来，吉林省检察机关对企业合规改革的制度创设、程序正当性都进行了深入的实践和理论探索。因此，本报告从吉林省中小微企业的视角，分析涉案中小微企业的现状与特点、合规改革的治理效能，系统地对中小微企业的合规模式、路径及效力进行深入探讨，寻找适合吉林省涉案中小微企业的合规之路。

一　吉林省涉案中小微企业的现状和特点

（一）涉案企业行业分布集中

吉林省作为传统的农业大省，产业分布较为集中，中小微企业也具有很强的行业依附性，市场需求旺盛、行业发展潜力较大的行业也多为中小微企业发案的主要领域。截至 2022 年 9 月底，吉林省检察机关共办理了 83 件涉企合规案件，涉及企业 92 家，全部为中小微企业。从吉林省涉案中小微企业行业分布看，主要集中分布在安全生产、服务贸易、工程建设等领域，其中，安全生产领域合规案件 24 件，服务贸易领域合规案件 25 件，工程建设领域合规案件 12 件（见图 1），这三类领域共计 61 件，占 83 件合规案件的 73.5%。② 这些涉案中小微企业在经营方式上灵活多样，虽然体量小，但成长空间很大，发展前景较为广阔。

（二）涉案罪名以串通投标、虚开发票为主

从吉林省涉企犯罪的整体分布来看，与各地区经济发展程度呈正相关，主要集中在中部、东部经济较为活跃地区，涉罪主体以中小微企业为主。自 2021 年 6 月全省检察机关开展涉案企业合规改革试点以来，企业合规案件

①　本报告所讨论的"涉案"仅指涉刑事案件，不包括吉林省中小微企业所涉及的民事案件、行政案件等。
②　数据来自吉林省人民检察院。

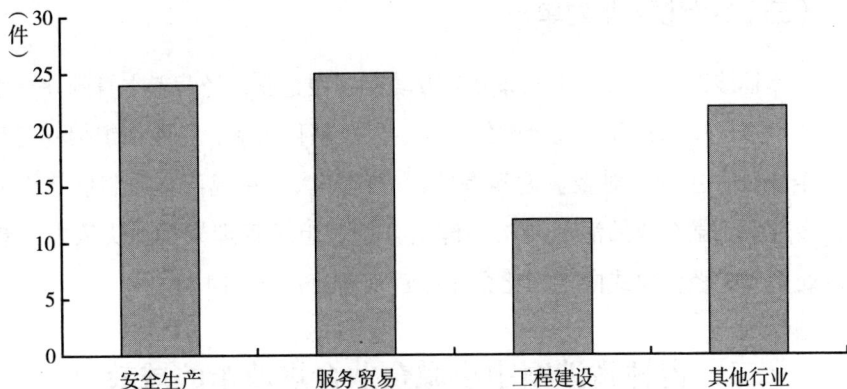

图1　涉案中小微企业行业分布情况

涉嫌罪名以串通投标、虚开发票这两类犯罪为主，其中，涉及串通投标罪17件73人，占比20.48%；虚开发票罪15件21人，占比18.07%；其他罪名案件51件77人，占比61.45%（见图2）。①

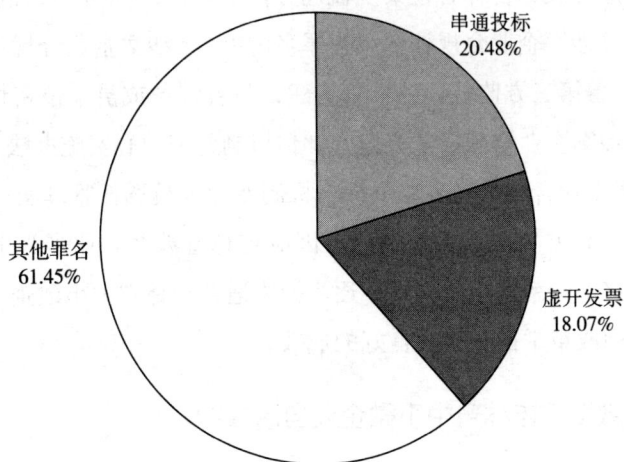

图2　涉案罪名分布情况

---

① 数据来自吉林省人民检察院。

（三）经营模式相对单一

吉林省涉案中小微企业大部分为劳动密集型企业，经营者本身的知识水平较低，多依赖勤奋和质优价廉的产品、服务赢得市场，企业组织架构偏重于"企业家"主导，对企业创建者的依赖性较大。在现代企业制度建设方面，多数中小微企业的治理结构不健全，企业组织管理架构、决策方式粗放，处于传统经营模式向现代化企业经营管理模式过渡时期。

二　吉林省涉案中小微企业合规改革的成效

吉林省前期虽然没有被纳入最高检两批改革试点省份，但根据最高检关于涉案企业合规改革试点工作的精神，参照试点做法不断跟进，参照试点的文件和方案陆续办理了一批涉企案件，取得了较好的法律效果和社会效果。2021年12月，吉林省正式成为涉案企业合规改革试点省份，为推动"合规"改革有序开展，吉林省检察院梳理分析了全省2018年以来的涉企案件，创新制定了《涉案企业合规评估审查罪名清单》《涉案企业合规评估重点清单》，系统完善第三方监督评估机制构建，与省级各成员单位密切配合，制定了《吉林涉案企业合规第三方监督评估机制管理中心实施办法（试行）》《吉林省涉案企业合规第三方监督评估机制专业人员选任管理实施细则（试行）》两个文件并完成会签。同时，因应吉林省涉案企业多为中小微企业的特点，制定了一系列规范文件，逐步探索适合吉林省中小微企业的合规模式。这一系列改革举措取得了良好的成效。

（一）激发了吉林省中小微企业自治效能

中小微企业一旦涉罪，极易被标签化，在舆论压力下的涉案企业很难继续维持正常生产经营，因此，为了避免"死亡"风险，中小微企业需要寻求一种契机将依法守规精神真正根植于企业内核之中。[①] 吉林省检察机关开

---

① 李本灿：《刑事合规的基础理论》，北京大学出版社，2022。

展的涉案企业合规改革，立足于司法权的诉源治理，将合规改革与企业需求紧密结合，以专项合规计划为主、全面合规为目标，给涉案中小微企业注入内部的合规动力，督促中小微企业逐渐改变粗放式发展格局，改善人员管理架构、经营方式等，全面优化吉林省涉案中小微企业的经营管理模式，提升吉林省涉案中小微企业风险管理能力，实现企业自治能力的跃升。

1. 优化涉案中小微企业经营管理模式

吉林省检察机关在涉案企业合规改革中，发挥检察一体化优势，综合运用检察建议和第三方监督评估机制等方式，以认罪认罚为切入点，督促涉案中小微企业从内部主动制定合规计划和员工合规手册，进行除罪化改造和治理结构调整，帮助涉案的中小微企业构建企业经营合规的内控机制和合规文化，起到了加速涉案中小微企业治理结构、治理模式转变的催化剂作用。截至2022年12月，全省已有50%以上的涉案中小微企业构建起较为成熟的内部组织体系，实现经营治理模式的初步转变，全省涉案中小微企业自身的竞争力进一步提升，企业业绩大幅增长，为企业稳步成长和发展壮大提供了有力保障。

2. 提升涉案中小微企业风险管理能力

从既往吉林省中小微企业涉案情况看，多数中小微企业风险管理制度不够健全，尤其是一些依赖企业家自身人格、信誉建立的家族式中小微企业，抵御风险能力与企业实际控制人存在人身附着属性。一旦涉案，企业面临的不仅是高额的罚金，还有信誉受损，丧失市场交易机会等企业生存的重要条件。因此，吉林省涉案企业合规改革将涉案企业合规风险防控作为重点目标，契合吉林省当前中小微企业的风险管理需求，与涉案中小微企业的长远利益具有一致性。在合规案件办理中，检察机关监督涉案中小微企业合规计划重点围绕风险防控的目标制订，检察机关着力构建合规体系，对紧迫现实的合规风险和潜在的风险进行系统识别、梳理、汇总和分类处理，如德惠市检察院办理的赵某、张某涉嫌重大责任事故一案，由相关领域专家等人员组成第三方监督评估小组，依法对二人经营的某环卫公司合规整改情况进行监督、检查，促进企业堵漏洞、建立风险防控机制，实现了企业对自身经营发展风险、涉法涉诉等风险的"可视化"管理，增强了企业的风险抵御能力。

（二）提升检察机关参与社会治理的效能

对于涉企犯罪而言，刑事治理方案有两种基本样态：一是重刑主义模式，主张动用严刑峻法遏制犯罪行为；二是协商合作模式，主张通过对话合作规制犯罪行为。刑事合规是后一种模式。[1] 吉林省检察机关正是在探索如何能动履职、有效参与社会治理的大背景下，逐渐从以检察建议规范涉罪主体行为过渡到推行涉案企业合规改革加强涉罪企业合规协商改造的模式，从而激发了吉林省检察机关参与社会治理的效能。

1.充分发挥检察机关职能作用

对于吉林省涉案中小微企业，既往处理模式大多是司法机关单项行使职能，涉案中小微企业协商式治理的空间很小。但从社会效果来看，起诉和惩罚企业严重损害了公司投资者、雇员、客户等无辜第三人的利益，形成所谓"水波效应"，[2] 波及其他市场主体，造成多方权益受损。因此，吉林省检察机关在涉案企业合规改革中，针对吉林省涉案中小微企业合规案件的特点，深入激发检察干警能动履职，实现检察办案职能和社会治理职能的协同发力，帮助和监督涉案中小微企业进行合规整改，秉持治罪与治理并重的理念，既抓末端、治已病，更抓前端、治未病，以推动源头治理为着力点，督促推动涉案中小微企业完善治理制度机制，进一步激发了全省涉案中小微企业的社会责任意识，促进涉案的中小微企业堵漏洞、建机制，积极合规整改，防范刑事违法犯罪风险，主动承担起保障当地就业、税收、上下游产业融合发展的社会责任，实现了企业利益和社会价值双赢。

2.实现吉林省涉案中小微企业犯罪治理模式深层变革

从近年来吉林省中小微企业涉嫌犯罪刑事处罚情况来看，惯行的刑罚处置方式以传统犯罪治理模式为主，但严刑峻法并没有起到遏制企业犯罪高发的效果。而现代刑法和刑罚文明化的趋势表明，宽和的法律能够使一个民族

---

[1]　逄晓枫：《企业刑事合规的经济学分析》，《行政与法》2022年第3期，第116页。

[2]　陈卫东：《从实体到程序：刑事合规与企业"非罪化"治理》，《中国刑事法杂志》2021年第2期，第115页。

的生活方式更具人性，传达理性、宽和精神。① 因此，围绕涉案中小微企业犯罪行为轻重和刑事法律宽缓适用统筹办案和保护的平衡，成为当下司法机关的职能转向目标。吉林省检察机关开展涉案企业合规改革，不再单纯从刑事法律职能角度探索如何对涉案中小微企业宽缓处理或者轻微犯罪免责免罚，而是从有效督促涉案中小微企业改变治理模式、参与社会治理的全新角度，建立起涉案中小微企业自治变革换取刑事激励的犯罪治理模式。截至2022年12月，吉林省检察机关对合规整改后完成除罪化改造、构建合规治理体系的14家企业、57名个人依法做出不起诉处理决定。此举不仅优化了涉案中小微企业治理结构，同时，也拓展了司法职能参与社会治理的深度和广度，实现了吉林省司法机关处置中小微企业犯罪社会治理模式的深层变革，形成了合规的司法实践与刑事理论双向反馈机制。

三 吉林省涉案中小微企业合规改革中存在的问题

（一）合规改革需要立法呼应

对于涉案中小微企业而言，根据相关规定，审查起诉案件办理期限最长为一年（取保候审案件）。在吉林省检察机关涉案企业合规改革期间，各地设置的合规考察期限不尽相同，有的地方设定为3至6个月，有的地方设定的考察期达到一年，加上前期走访调查和后期听证、做出决定的时间，办理期限较为紧张。虽然这一矛盾可以通过缩短考察期限来解决，但对于某些涉案的中小微企业，合规整改需要的周期较长，短期监督考察难以实现合规整改的实践效果。因此，需要在刑法、刑事诉讼法律层面进一步给予回应，为涉案企业合规改革提供法律制度的有力支撑。

---

① 陈卫东：《从实体到程序：刑事合规与企业"非罪化"治理》，《中国刑事法杂志》2021年第2期，第116页。

（二）合规监管模式需要规范化

2022年以来，吉林省检察院与吉林省工商联等各成员单位密切配合、协同发力，通过召开省级层面第三方机制联席会议的方式，制发第三方监督评估组织有关规定等系列文件，指导全省各市（州）完成第三方监督评估机制和专业人员库建设，进一步强化了合规监督的法律支撑。但从全省各地涉案企业合规改革来看，对于涉案中小微企业合规治理的机制文件仍需进一步规范化、体系化，明确涉案中小微企业的合规模式和合规路径，以便探索出符合吉林省省情且切实可行的监管架构和监管模式。

四　全面推进吉林省涉案中小微企业合规改革的对策建议

从吉林省涉案中小微企业现有管理模式看，企业人格和经营者人格大多高度混同，或者企业人格高度依赖于经营者人格。经营者一旦被刑事处罚，会对中小微企业造成毁灭性打击。从合规费用方面看，吉林省涉案中小微企业目前很难承担巨大的合规费用支出，在企业因涉案已遭受重创的情况下，再进行耗资巨大的全面合规建设将给其带来不能承受之重，此时强行推行合规会起到相反作用。综上可以看出，对于吉林省涉案中小微企业而言，不适合建立过于宏大的合规体系，追求形式上的"高、大、全"。否则，建设合规体系的目标与企业的合规执行力差距过大，不但无法有针对性地消除、抑制内生性犯罪的诱因，避免刑事风险的再次侵袭，反而会造成企业合规的失败，给涉案企业合规改革带来负面影响。为实现涉案企业合规改革的效能最大化，吉林省涉案企业合规改革顶层设计要坚持以涉案中小微企业治理模式存在的问题为导向——既要直达涉案中小微企业的核心诉求，实现精准化定向，也要力避繁杂、可操作性不足，给涉案中小微企业造成额外负担。因此，根据吉林省涉案中小微企业的特点，可以创设简式定向合规的模式，给予涉案中小微企业相对较优的选择和现实的合规预期，在技术和实践操作上也简便易行。简式定向合规体系主要包括内部定向合规机制和外部第三方独立监管，并且利用适当的考察期监督涉案中小微企业做出相应的合规整改，督促涉案中小微企业完成除罪化改造，最大限度降低涉案中小微企业的合规成本，保障企业经营的延续性和稳定性。

（一）吉林省涉案中小微企业内部定向合规机制构建

涉案中小微企业简式定向合规模式，并非对正常合规体系建设的全盘否定，而是因应吉林省涉案中小微企业的特点，对于合规模式进行优化和调整，以便灵活适应不同中小微企业的合规需求。合规体系建设的关键在于围绕吉林省中小微企业涉案的风险点制订定向合规计划，涵盖合规风险点筛查、合规风险评估、合规整改等主要内容，实现吉林省中小微企业合规改革的体系化。

1. 合规风险点筛查

合规风险点既是涉案中小微企业合规整改的出发点，也是合规制度建立的目的所在。吉林省涉案中小微企业很少有法务部门及类似的机构，但是中小微企业内部的风险并不难筛查和发现。涉案犯罪指向就是涉案中小微企业的风险点，往往涉及中小微企业的主营业务。一般而言，吉林省中小微企业的合规风险点在涉案的情况下已经具体化，所涉及的合规风险可能仅仅是一项或者几项具体问题。合规风险点筛查重点方向就是及时跟进企业的主营业务变化情况，适时做出风险项的收集和汇总，梳理中小微企业生产经营、经营模式、财务管理等业务领域中的潜在风险点，构建形成吉林省中小微企业风险档案，为中小微企业合规整改评估奠定坚实的基础。

2. 合规风险评估

在涉案合规风险档案的基础上，中小微企业可以在涉案企业主要管理人员中设立一名合规安全员，具体负责对企业的合规风险进行系统的梳理、分类和处置。合规安全员可以根据不同风险项按照合规法律划分三类风险等级——重大风险、中等风险、低风险。风险等级的划分主要应以影响中小微企业生产经营发展的核心风险指标为依据。同时，根据中小微企业生产经营等各项活动变化情况，合规安全员可以对风险筛查项目及时调整并跟踪风险项变化情况，适时进行必要的监督、评估，重点判断关涉中小微企业的重大法律风险变化趋势并进行详细的记录，实现精准化识别中小微企业的潜在风险项，为合规整改决策提供依据。

3. 合规整改

合规整改是吉林省涉案中小微企业合规计划的重中之重，实现对企业合规风险的识别、分类，是合规整改的前期基础工作，合规整改效果最终决定中小微企业合规的效果。从犯罪学角度，这也是刑事法治所追求的积极的一般预防与特殊预防共同宗旨所在。合规建设对于中大型企业而言都非易事，合规整改计划的关联因素繁多，合规风险预警的准确性和及时性往往滞后。但是对于涉案中小微企业来说，体量小、主营业务和组织结构单一的特点却可以成为它的优势。只要前期的合规风险点梳理和合规风险评估做实、做细的话，精准识别及合规整改对于涉案中小微企业而言，也是不难做到的。综上，对于吉林省涉案中小微企业合规整改建设，可在企业内部管理人员中设置合规安全员岗位，编制合规整改简易手册，实施合规风险动态跟踪处置管理。编制的合规手册应包括涉案中小微企业的主营业务风险、经营模式风险、员工履职政策风险、财务收支法律风险等重点项。根据中小微企业灵活性强的特点，由合规安全员定期通报合规风险处置情况，将合规风险消灭在萌芽之中或者控制在合理范围内。更为重要的是，合规安全员要在合规风险识别和评估的基础上，对引起中小微企业合规风险的原因和相应后果做出相应的及时预判，从而最大限度地避免合规风险恶化，触犯违法犯罪的红线。

（二）吉林省涉案中小微企业合规的外部机制构建

内部简式定向合规机制对于吉林省中小微企业而言，可操作性更强，便于实施。但中小微企业作为市场主体，业务营利性仍是其主要目标属性，因此，内部建立的合规风险制约规范在实践中发挥作用仍需要外部的监督和推动。目前，在全国检察机关涉案企业合规改革试点中，各试点单位围绕合规监督评估机制探索形成了第三方独立监管人、行政机关监督考察、联合监督考察等不同模式。[①] 例如深圳，在 124 家申请报名的专业机构中选取了 30 家专业机构组成第三方监控人名录库，包括 23 家律师事务所、4 家会计师事务所和税务师事务所、3 家其他机构，作为涉案企业候选独立监管人，专门对涉案企业的合规体系构建、合规整改进行监督。[②] 有些试点地区则成立第三方组织进行监督评估，这种模式为了保证合规整改监督评估的客观性和有效性，专门建立了专业人员库，协调各领域的专家共同对涉案企业建立合规体系、制订合规计划，对合规整改情况进行监督和评估。截至 2022 年 5 月底，第二批涉案企业合规改革试点地区省级管委会共有成员单位 253 家，市级管委会共有成员单位 1163 家。各级管委会结合实际加强监督评估业务指导。各种专业力量融合汇聚推动试点探索，全国已有企业合规第三方监控人 6007 人。[③] 但是吉林省涉案中小微企业的业务相对集中，雇用具有专业资质的机构作为独立监管人，在财力和其他方面都难以有效支撑，若单独组成庞大的第三方组织又容易造成监督评估专业资源的浪费。

针对涉案中小微企业的情况，吉林省应在第三方组织基础上，简化人员组成架构，在已有专业人员库的基础上，随机抽取 2~3 人组成第三方监管小组，负责对涉案中小微企业进行合规监督、评估，更符合当前的司法实际。第三方监管小组可以充分利用自身的专业资源和政策资源优势，从外部和全行业的角度对中小微企业的合规整改有效性做出更为客观的评估和研判，及时进行反馈，对中小微企业的合规计划的可行性提出客观的建议，避免中小微企业因自身合规整改力量的有限而做出错误判断和决策，最后以监督评估报告的形式完整客观地呈现涉案中小微企业合规整改的具体情况和合规整改成效，既节约了司法资源和人力资源，同时也发挥了监督评估的实质性审查职能作用。

---

① 最高人民检察院法律政策研究室：《关于〈建立涉案企业合规第三方监督评估机制指导意见（试行）〉解读》，《刑事检察工作指导》2021 年第 3 辑，第 33 页。
② 《30 家！深圳企业合规第三方监控人首批入库名单审议通过》，"深圳市人民检察院"微信公众号，2021 年 11 月 9 日，https://mp.weixin.qq.com/s/KJCmlX52Nj4Auzg4a893DA。
③ 徐日丹：《〈涉案企业合规第三方监督评估机制建设年度情况报告〉显示 第三方监督评估机制四梁八柱基本确立》，《检察日报》2022 年 6 月 15 日，第 1 版。

（三）涉案中小微企业合规的效力

企业合规的效力问题，是目前争议较大的问题，也是企业合规制度的核心问题。对于合规的效力大致可以概括为两种主要观点，一种是将合规作为违法和责任的阻却事由，另一种是将合规作为刑事起诉和量刑的激励政策。就吉林省涉案的中小微企业而言，刑事不起诉激励更符合企业自身利益和涉案企业合规改革试点的精神，就目前吉林省涉案中小微企业合规试点而言，推行刑事不起诉激励措施更符合当前的司法实际。一是检察机关主动践行的涉案企业合规改革试点，从本质上讲是对协商性司法的深入实践，检察机关的刑事不起诉决定作为涉案中小微企业刑罚的替代性措施符合企业合规直接动因。二是涉案中小微企业有效合规整改后，以检察机关不起诉作为激励，也节约了紧张的司法资源，消除了企业犯罪进入审判阶段所带来的司法对立，调动了吉林省中小微企业合规建设的积极性，进而积极做出合规承诺并有效进行合规整改。三是在中小微企业的合规整改流程中，第三方监管小组进行调查、监督和评估，并形成对涉案中小微企业合规整改效果的监督评估报告，对其合规整改的有效性给出客观的第三方评查结论，为检察机关处理案件提供了重要参考，也为吉林省涉案企业合规刑事不起诉激励提供了充分的依据和保障。

综上，吉林省涉案中小微企业的特点决定了其合规建设路径不能像大型企业、公司一样建设资费甚巨的合规体系，简式定向合规的模式则可以为涉案中小微企业提供基本的合规指引，从涉案中小微企业内部和外部两个视角构建的简式定向合规体系，突出了中小微企业合规重点，兼顾涉案中小微企业的长远利益诉求，为吉林省中小微企业抵御营商风险提供合规的动力和保障。从吉林省涉案中小微企业发展角度来看，简式定向合规的模式也将提高中小微企业在民营经济中的经营活力和在多变的经济环境下的成长能力，推动中小微企业在规范经营模式下发展壮大，走上正规化的经营道路，增强吉林省中小微企业自我风险管理能力和抵御风险的韧性，为构建中国企业本土合规制度提供有价值的参考。

参考文献

李本灿：《刑事合规的基础理论》，北京大学出版社，2022。

逄晓枫：《企业刑事合规的经济学分析》，《行政与法》2022 年第 3 期。

陈卫东：《从实体到程序：刑事合规与企业"非罪化"治理》，《中国刑事法杂志》2021 年第 2 期。

B.9
吉林法院人身安全保护令制度实施情况的调研报告

黄一鸣[*]

摘　要：　《中华人民共和国反家庭暴力法》实施以来，吉林省深入贯彻落实人身安全保护令制度，充分发挥审判职能作用，人身安全保护令签发数量逐年上升，依法保护了家庭暴力受害人的人身安全和人格尊严。为更好发挥人身安全保护令制度作用，应从案件审理情况入手总结经验、分析原因、找准症结、力求突破，通过司法实践为未来立法完善提供参考。

关键词：　人身安全保护令　家庭暴力　弱势群体

家庭作为社会制度中最古老的单元，始终对社会安定起到基础性作用。随着经济社会不断发展进步，人身安全保护令制度成为化解涉家庭暴力问题的保护屏障。近年来，吉林法院在家事案件集中管辖、家事审判改革等领域展开积极探索。本次调研从 2022 年 5 月开始至 8 月止，对吉林法院近三年人身安全保护令制度实施情况进行分析研究。

一　吉林省法院人身安全保护令制度实施总体情况

（一）相关政策引领得到完善

《中华人民共和国反家庭暴力法》实施以来，吉林省已出台《吉林省

---

* 黄一鸣，吉林省高级人民法院民事审判第一庭三级高级法官，吉林大学民商法学博士。

反家庭暴力条例》与之衔接。2022 年 3 月，最高人民法院等七部门共同发布《关于加强人身安全保护令制度贯彻实施的意见》，最高人民法院于 7 月发布《关于办理人身安全保护令案件适用法律若干问题的规定》。吉林法院在"一法一例"指导下，深入贯彻落实《关于加强人身安全保护令制度贯彻实施的意见》及《关于办理人身安全保护令案件适用法律若干问题的规定》，充分发挥审判职能作用，为预防和制止家庭暴力、建设平安家庭提供强有力的司法保障。

（二）吉林法院落实人身安全保护令制度的工作举措

1. 切实维护家暴受害者权利

坚持将为受害者提供法律保障作为第一要务。让受害者感受到法律的保护，敢于运用法律武器捍卫权利。一是落实及时性原则，对家庭暴力受害者向人民法院申请人身安全保护令的，不得拖延立案，立案后及时高效地审理保护令申请案件，对符合条件的及时发布人身安全保护令，并确保人身安全保护令的有效执行。二是对家暴受害方同时提起离婚诉讼的，人民法院应受理离婚诉讼，有家庭暴力情节的经查证属实，应当在离婚诉讼中充分考虑该情节，并在财产分割、子女抚养等方面予以考量。三是进一步发挥诉前调解机制作用，对于家庭暴力案件，在立案之前先行调解，力争在诉讼之前有效处理部分家庭暴力案件。四是成立反家庭暴力法庭、反家庭暴力合议庭，提升审判质效。五是对家暴情节严重的，如可能构成虐待罪、遗弃罪、故意伤害罪等，应对涉案人员追究刑事责任。

2. 加大人身安全保护令执行力度

一是建立人身安全保护令执行情况回访制度，持续关注人身安全保护令做出后的执行效果，避免人身安全保护令流于形式。二是在人身安全保护令下发及执行过程中，收集总结经验，适时出台工作指引，提高人身安全保护令的可操作性和规范性。三是如被申请执行人拒不执行法院下发的人身安全保护令，应将其纳入失信人名单，与其他信用记录共同形成个人社会信用记录综合评定使用，情节严重构成犯罪的，移送公安机关审查。

3. 加大培训和指导力度

一是准确理解法律法规的内容和立法精神，将法律法规的理解与适用作为专题纳入吉林省法官学院年度培训计划，邀请法学专家开展专题培训。二是准确适用法律法规，邀请审判经验丰富的资深法官对家庭暴力案件的审理进行指导，适时举办座谈会，对典型案件及审判过程中的常见疑难问题深入调研、充分讨论。三是准确把握工作标准，吉林省高级人民法院对全省家庭暴力案件情况进行整体把握，发布参考性案例，并对各中、基层法院开展条线指导，推动在全省范围内对家暴类案件审理形成统一裁判规则。如在本次调研中，大量案件情节显示，目前家庭暴力已经逐步突破传统对家庭成员的身体暴力，有申请人向法院提出被申请人对其进行严苛的经济控制、语言威胁、心理或精神统领等非常规性"暴力行为"，该情节可否一并纳入暴力情形考量范围尚存争议。

二 近三年吉林省人身安全保护令制度实施情况数据统计分析

（一）吉林省收结案情况统计及发展态势

2019 年、2020 年、2021 年吉林省人身安全保护令共收案 75 件，均于当年结案，结案率 100%（见表 1）。近三年全省收案数呈逐年上升趋势，2020 年和 2021 年较前一年分别增长 21.05% 和 43.48%，涨幅较为明显。申请人身安全保护令案件数量的逐年上升反映出：一是人身安全保护令相关法律制度已逐步进入民众视野并逐渐被当作维护自身权利的武器；二是近年来人民群众对家事领域的人身安全保护意识增强，且对涉家暴案件寻求民事救济途径的意识在逐年提高。

表1　2019～2021年吉林省人身安全保护令收结案情况

单位：件，%

年份	收案	结案率	签发保护禁令	驳回申请	准予撤回
2019	19	100	13	2	4
2020	23	100	14	4	5
2021	33	100	27	5	1

（二）申请人行政区域分布情况统计分析

从吉林省各地区人身安全保护令收案情况看，2019～2021年收案数从高到低分别为：长春（25件）、吉林（21件）、延边（12件）、松原（5件）、白山（5件）、通化（4件）、四平（3件）（见图1）。全省九个地区中尚有辽源、白城近三年无申请人身安全保护令案件。从上述数据能够看出，吉林省在人身安全保护令申请中尚存在地区不均衡状况。该地区性不均衡不能简单以人口数量做出解释，部分人口数量较少的地区受理人身安全保护令案件数量并不少，如白山地区。部分人口数量较多地区反而无人身安全保护令申请案件，如白城地区。人身安全保护令申请案件较少的地区应进一步加强落实对相关政策的宣传、引导工作。

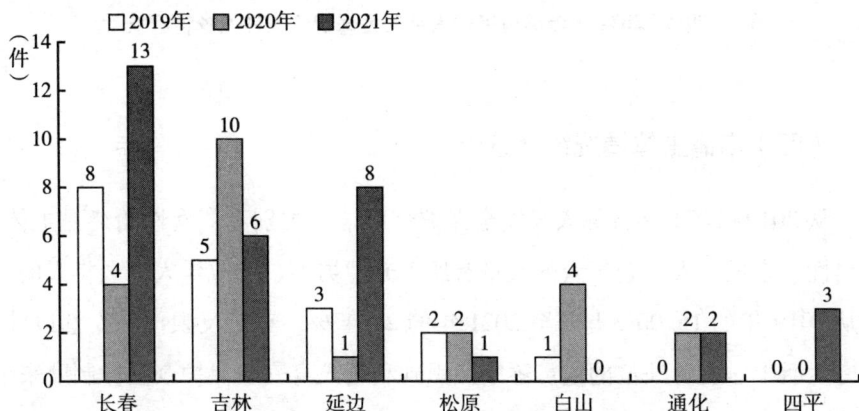

图1　2019～2021年吉林省各地区人身安全保护令收案情况

（三）申请案件城乡分布情况统计分析

从 2019~2021 年吉林省申请人身安全保护令案件的城乡情况看，2019 年，城市案件占 94.74%，乡村案件占 5.26%；2020 年，城市案件占 91.30%，乡村案件占 8.70%；2021 年，城市案件占 81.82%，乡村案件占 18.18%（见图2）。三年来申请人身安全保护令的城市案件所占比例逐年下降，乡村案件所占比例逐年上升。人身安全保护令申请出现城乡差异的主要原因为城乡人员法律法规知识掌握及认知水平存在差异，近年来乡村申请案件比例上升说明乡村弱势群体在家暴事件中的维权意识在逐步提升。

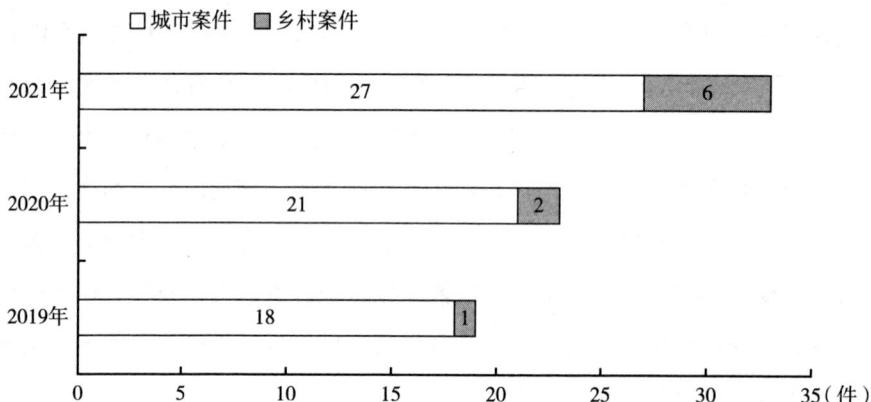

图2　2019~2021 年吉林省申请人身安全保护令案件城乡情况统计

（四）申请主体情况统计分析

从 2019~2021 年吉林人身安全保护令申请人类别看，女性始终是主体，但男性、未成年人、老年人的数量有所上升。男性、未成年人、老年人的占比从 2019 年的 15.00% 上升至 2021 年的 26.47%，充分反映出除女性以外，家庭生活中居弱势地位的成员逐渐意识到利用人身安全保护令法律制度来维护自身权益（见表2、图3）。

表 2　2019~2021 年吉林省人身安全保护令申请人情况

单位：人

年份	女性	男性	未成年人	老年人	备注
2019	17	2	1	0	1 名未成年人与 1 名女性 在同一案件中
2020	23	0	0	0	
2021	25	2	6	1	1 名未成年人与 1 名女性在同一案件中
总计	65	4	7	1	

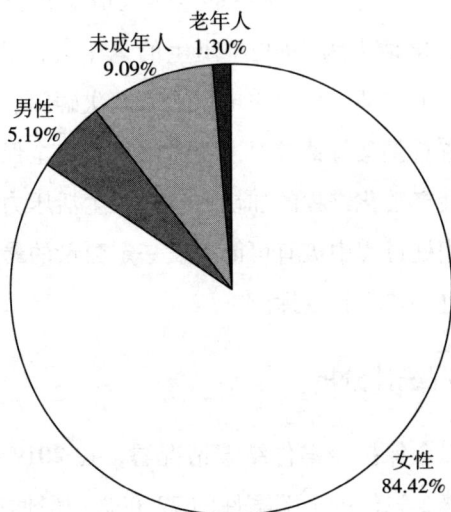

图 3　2019~2021 年吉林省人身安全保护令申请人类别占比

传统上，家庭暴力类案件中的弱势群体以女性为主，但近年来随着经济文化的不断发展，吉林省逐步出现男性作为申请人申请人身安全保护令的案件。例如，2019 年长春市宽城区人民法院做出的第 1 号保护禁令为吉林省首例男性家庭成员对其配偶申请人身安全保护令案件，申请人提供的行政处罚决定书、出警记录、门诊病历等能证明其配偶存在家庭暴力行为。该申请人为老年男性，其与被申请人于 2018 年结婚，申请人曾提出离婚诉讼但后来撤诉，保护禁令既尊重了双方当事人对婚姻的存续意愿，又对当事人的人身合法权益进行了保护。

同时，吉林省近年来出现了社区、街道代替监护人向法院申请人身安全保护令案件，全社会对未成年人的保护意识在逐步提升。2021年，珲春市人民法院做出了两份人身安全保护禁令，均系由社区、街道代替未成年人的监护人以未成年人的父亲为被申请人向人民法院申请人身安全保护令，该保护令彰显了社会基层组织对未成年人家庭权益的保护，应当在全省得到推广。

老年人申请人身安全保护令案件在2021年有了新的突破（这里统计的案件为老年人在家庭中遭受儿女等近亲属暴力案件、非老年人的配偶暴力案件）。四平市铁西区人民法院受理的一起老年人遭受儿子家暴引发的人身安全保护令申请案件，申请人为1949年出生的老年人，被申请人为其儿子，双方未居住在一起，但申请人提出被申请人有数次砸门、殴打、破坏财物等行为，该案为吉林省首例父母请求对子女做出人身安全保护禁令的案件。随着吉林省乃至全社会老龄化进程的加快、年轻人生活压力的增加，老年人与晚辈等家庭成员在相处过程中极有可能引发一定数量的暴力事件，人身安全保护令制度功能应进一步得到发挥。

（五）结案情况统计分析

从吉林省人身安全保护令案件结案情况看，在2019~2021年全部审结案件中，做出保护禁令案件占全部案件的72.00%，驳回申请的占14.67%，准予撤回申请的占13.33%。其中驳回申请案件的驳回理由均为申请人提供的证据不足。准予撤回申请的案件除少量未注明理由外，其余均因另行或已经提起离婚诉讼而撤回保护令申请（见表3）。

表3 2019~2021年吉林省人身安全保护令结案情况

单位：件，%

年份	做出保护禁令	占比	驳回申请	占比	准予撤回申请	占比
2019	13	68.42	2	10.53	4	21.05
2020	14	60.87	4	17.39	5	21.74
2021	27	81.82	5	15.15	1	3.03
总计	54	72.00	11	14.67	10	13.33

吉林省人身安全保护令案件驳回申请的理由均为申请人提供的证据不足：无报警记录，或报警记录中均为自述受到家庭暴力但无出警人员认定；无就医或病案记录；无照片等客观证据，或其提供的照片无法显示与其主张的家庭暴力存在因果联系等。本次调研显示的上述驳回申请理由，提醒了拟申请人身安全保护令的申请人，应当在遭受家庭暴力后注意留存、保有相关证据。

（六）保护令送达情况统计分析

人身安全保护令除应当向被申请人送达外，也应根据具体案件情况向相关基层组织或行政单位送达，借助基层组织等单位开展全社会监督。2019~2021 年，吉林省共有 6 件案件人民法院在做出保护禁令的同时做出了《协助执行通知书》，并送达派出所、社区、居民委员会或村民委员会，但该案件仅占全部做出保护禁令案件的 11.11%。最高人民法院等七部门联合发布的《人身安全保护令意见》（法发〔2022〕10 号）对人民法院在做出保护禁令的同时送达《协助执行通知书》提出了明确意见，吉林省应加以细化规定，如："人身安全保护令裁定应当送达申请人、被申请人或同住成年家属，同时送达当地派出所、居民委员会、村民委员会。代为申请的，人身安全保护令裁定应当送达代为申请的个人或机构。可视情况送达当地妇女联合会、学校、未成年人保护组织、残疾人联合会、依法设立的老年人组织等。如遇紧急情况，也可采取口头或电话方式送达。"全省法院应加强向派出所、居民委员会、村民委员会、妇女联合会、学校送达《协助执行通知书》工作，进一步保障人身安全保护令的执行力度及执行效果。

（七）保护令有效期限统计分析

《中华人民共和国反家庭暴力法》第三十条规定人身安全保护令的有效期不超过六个月。在本次调研中，2019~2021 年吉林省签发保护禁令的案件中仅有 5 件案件将有效期定为六个月以内，该 5 件案件系法官根据具体情节予以判定，当事人对此未申请复议，均予以认可。保护令到期前当事人可申请撤销、变更、延期。全省目前尚未出现保护令到期之前由当事人申请进行撤销、变更或延期的案例。2021年长春市宽城区人民法院做出了有效期为两个月的人身安全保护令，到期后该申请人再次申请人身安全保护令，该院重新做出为期六个月的保护令。故关于保护令期限为六个月或六个月以内的确定问题，应当由承办法官根据案件具体情况进行判定。

三 完善吉林省人身安全保护令制度的对策建议

（一）进一步完善各部门多元化解联动机制

1. 整体统筹部署

严格抓好贯彻落实，结合吉林省家庭暴力案件审判工作及全省反家庭暴力司法工作实际，明确弱点、分析难点、找准关口，以审判执行为导向，制定关于反家庭暴力工作的要点及指引，确保人身安全保护令制度有效实施。

2. 提高联动能力

人身安全保护令制度是维护家庭和谐、维护社会稳定、保护弱势群体的重要举措，需要检察、公安、司法、宣传、教育、民政、共青、妇联、基层群众组织等社会各方面力量共同参与。吉林法院应当结合"法官进网格""无讼社区、无讼村屯"等活动，在社区、村屯广泛开展普法宣传，进行诉讼指导，引导全民树立反家暴意识。

3. 加强信息共享

一是依托正在审理或已经公开的案例，强化综合分析研判，逐步提升司法建议的科学化、专业化水平，有效调度各方资源预防、化解、惩治家庭暴力；二是将家庭暴力案件作为重要信息单独统计，对案件信息进行分析、整理，建立家庭暴力案件（问题）信息清单，并将信息清单抄送有关部门；三是建立健全数据共享机制，构建反家庭暴力信息化体系，实现妇联、公安、法院、检察院等有关部门数据共享。

（二）加大司法公开及法律法规宣传力度

1. 树立正确司法理念，科学引导全民意识

稳定和谐的家庭关系是社会和谐的重要基石，人身安全保护令制度正是顺应时代需求、落实人民法院司法改革、服务广大人民群众的重要制度。一是应全面理解相关法律法规在社会生活中的规范、引领作用。强化依法干预家庭暴力的观念和意识，在审理家庭暴力案件的过程中重视对受害人的保护，筑起保护弱势群体的坚强壁垒。二是在处理家庭暴力案件的过程中树立教育为主、惩戒为辅的司法理念，教育与震慑相济，寻求处理家庭暴力案件的最佳路径，切实提高家庭暴力受害人法律意识。

2. 压实普法宣传责任，扩大普法宣传范围

一是利用多种途径开展宣传工作。按照"谁执法，谁普法"工作原则压实责任，避免"纸面宣传"。通过"普法进社区""普法进校园"等活动举行公益普法讲座，创新普法模式，充分发挥互联网平台优势，通过普法短剧、普法短视频等普通民众喜闻乐见的方式，以案说法，以案明法，借助生动案例进行普法宣传。二是全方位对相关法律法规的立法目的、适用范围、保护力度等内容进行宣传和解读，防止人民群众狭隘、片面理解而影响自身权益保护。除注重保护妇女、儿童、老年人等主要受害者外，不应忽视家庭成员中的男性亦有可能成为受害者。社区、基层组织等亦可代理家庭暴力受害人向人民法院申请人身安全保护令。

3. 加大司法公开力度，强化以案释法效果

一是在保护当事人隐私的前提下，公开审判结果，适时召开新闻发布会，发布典型案例，通过实际案例对人身安全保护令制度进行解读，强化以案释法的社会效果，力争达到"办理一案，教育一片"的效果。二是在汇总、研判全省每年涉家暴案件的基础上制定并发布"吉林省家庭暴力案件白皮书"，公开全省每年家庭暴力案件情况。三是依托中国家事审判网、吉林家事审判网等法院系统网络平台，公开介绍反家暴的法律知识、典型案例及各地先进经验，普及反家暴常识，帮助民众树立反家暴理念、增强反家暴能力。

（三）充分提高法院服务决策的能力

1. 积累审判经验，为完善法律法规提供参考

人身安全保护令制度的实施不可能解决司法实践中的所有问题，社会生活不断变化，需要法官在审判过程中注重调查研究和分析总结，及时发现法律适用突出问题，通过司法实践为立法完善提供参考。

2. 加强案例研判，服务政府决策

利用最高人民法院及吉林法院一体化办公平台，做好人身安全保护令案件的各项数据统计分析，从实际案件中挖掘申请人身安全保护令的涉家暴案件的特点及发展态势，从实证中进行分析研究，力求为吉林司法建设及领导决策提供有力参考。

3. 注重裁判论理，提升文书示范效能

健全以案释法工作制度，注重收集家庭暴力典型案例，适时收集和发布具有指导意义的参考性案例，促进审判权规范统一行使，维护法院判决的权威性和公信力。加强裁判文书释法说理，旗帜鲜明地维护妇女、儿童和老年人等弱势群体的合法权益，注重保护成年男子等易被忽视的家庭暴力受害者群体的合法利益，积极主动引导社会舆论，提升案件警示效果，彰显司法裁判的主流价值取向及社会主义核心价值观。

参考文献

王丹：《人身安全保护令制度若干实践问题探析》，《法律适用》2022 年第 7 期。

薛荣娟：《司法实践中人身安全保护令制度适用研究》，《法制博览》2021 年第 24 期。

司睿：《人身安全保护令制度的实施困境与优化办法》，《法制博览》2022 年第 6 期。

张晨：《提高家庭暴力受害人保护力度和水平》，《法治日报》2022 年 3 月 8 日。

B.10
吉林省社区矫正的历史演进、发展现状及对策建议

赵蒙 江涛*

摘　要：　吉林省社区矫正工作经历了试点试行、全面实施和依法实施的发展历程，全省社区矫正工作取得了良好法律效果和社会效果。但是，随着社区矫正形势不断变化，社区矫正工作也面临着制度层面不够健全、执行层面不够精细、保障层面不够到位等问题，建议全力推进社区矫正委员会设立工作，探索完善省级层面社区矫正相关立法，进一步提升社区矫正管理教育和执法工作水平，探索建立同高校法学院系交流合作机制等。

关键词：　社区矫正　刑罚执行一体化　智慧矫正

吉林省社区矫正于 2006 年自行试点，2009 年在全省试行，2020 年开始全面贯彻落实《社区矫正法》，至今已走过 18 年的发展历程，在省委、省政府的领导下，全省广大社区矫正工作者们经过不懈奋斗和艰辛探索，使吉林省社区矫正从无到有、从小到大、从大到强、从强到优，逐步发展壮大，日趋规范，累计接收社区矫正对象约 15 万人，累计解矫 13.5 万人，在矫约 1.4 万人，[①] 其间未发生重大安全事故、未发生群体性事件、未发生有影响的治安和刑事案件，取得了较好的法律效果和社会效果。

---

*　赵蒙，吉林省司法厅法治调研处一级主任科员。江涛，吉林省司法厅社区矫正管理局副局长。

① 本报告数据来源于司法部社区矫正统计平台及历年社区矫正工作总结。

一 吉林省社区矫正工作的发展历程

吉林省社区矫正于 2006 年自行试点，2009 年在全省试行，2010 年底覆盖全省所有街道（乡镇），2012 年贯彻实施"两院两部"① 《社区矫正实施办法》，2014 年召开全省社区矫正工作会议后全面推进，总体上经历了试点试行、全面实施和依法实施阶段。特别是《社区矫正法》公布实施后，吉林省全面贯彻落实《社区矫正法》，推动全省社区矫正工作再上一个新台阶。

（一）试点试行阶段，扎实起步（2006~2011 年）

2006 年 2 月，吉林省委、省政府召开全省社区矫正试点工作会议。同年 7 月，吉林省委办公厅、省政府办公厅印发《吉林省社区矫正试点工作实施意见》，正式启动全省社区矫正试点工作。此后，吉林省成立了吉林省社区矫正工作领导小组，发文明确市、县两级社区矫正机构设置，印发《吉林省社区矫正工作暂行办法》《吉林省社区矫正工作领导小组例会制度》《吉林省社区服刑人员管理办法（试行）》《吉林省社区服刑人员教育工作规定（试行）》等制度文件。2009 年 7 月，吉林省司法厅联合吉林省人社厅、吉林省财政厅印发《关于为基层司法所配备社区矫正公益性岗位的通知》，为全省 881 个基层司法所配备 2643 名（平均每所 3 名）社区矫正公益性岗位人员，充实和加强了基层司法所工作力量。与此同时，2006 年吉林省财政拨付 100 多万元试点启动经费。2007 年起，吉林省财政将社区矫正工作列入财政预算，每年拨付经费 100 余万元，为推进社区矫正工作健康发展提供了重要保障。几年间，在吉林省委、省政府的统一领导下，吉林省在全国较早实现了社区矫正管理机构专设、编制单列、人员专职，执行网络全省覆盖，形成了党委、政府统一领导，司法行政部门牵头组织，各相关部

---

① "两院两部"指最高人民法院、最高人民检察院、公安部和司法部。

门分工负责、相互支持、协调配合，司法所具体实施，社会力量广泛参与的社区矫正工作领导体制和工作机制，社区矫正试点工作取得明显成效。吉林省试点工作的机构设置、队伍组建、经费保障等做法在全国社区矫正工作会议上得到"两院两部"充分肯定，被誉为"吉林模式"。

（二）全面实施阶段，快速发展（2012~2019年）

2012年以来，吉林省认真贯彻党的十八大和党的十八届三中、四中全会关于"健全社区矫正制度""制定社区矫正法"的决定精神，习近平总书记等党和国家领导人对社区矫正重要指示和重要讲话精神，吉林省在册的社区矫正对象人数最高时接近2万人。从2013年开始，吉林省连续开展"社区矫正规范化建设年""社区矫正规范化建设推进年""社区矫正规范化建设提升年"等活动，在此基础上，以"基层监管平台全覆盖、基础监管水平新提升"为主题开展社区矫正"双基"活动、社区矫正"五化共建"活动等，全面提升全省社区矫正工作规范化水平。

1. 健全社区矫正相关制度

2012年，《社区矫正实施办法》出台，在此基础上，吉林省依据《刑法修正案（八）》、新修改的《中华人民共和国刑事诉讼法》对原有的社区矫正工作规范进行了清理、修订。2014年，吉林省司法厅会同吉林省高级人民法院、吉林省检察院、吉林省公安厅等政法部门联合出台《关于贯彻落实〈社区矫正实施办法〉的实施细则》（已废止）、《社区矫正工作流程》以及《省司法厅关于开展社区矫正工作的若干规定》等规章制度，确保现有工作制度与《社区矫正实施办法》有序衔接和高度统一。

2. 大力推进社区矫正中心建设

2013年9月，吉林省司法厅先后召开全省县级社区矫正中心建设长春二道现场会，印发《县级社区矫正中心建设标准和意见》，推动县级社区矫正中心建设。截至2017年底，已实现全省县级社区矫正中心全覆盖。目前，吉林省县级社区矫正中心平均使用面积达400m²以上，普遍设立了监管矫正、教育矫正和心理矫正三大功能区及报到、宣告、集中教育、心理咨询、指挥中心等功能室，社区矫正综合教育管理执法平台作用进一步发挥。

3. 开展执法检查，着重提升社区矫正执法水平

吉林省司法厅巡查组深入县（市、区）司法局社区矫正中心、基层司法所，通过听取汇报、实地踏查、随机抽查、现场点验等形式，发现并整改了一批执法不规范问题，历时三年实现了对全省各级社区矫正机构执法巡查的全覆盖。通过以查促改、以查促学，层层传导压力，督促监管制度落实，及时堵塞漏洞，促进了社区矫正工作健康规范发展。

（三）依法实施阶段，不断完善（2020年至今）

2019年底《社区矫正法》颁布实施以来，吉林省各级司法行政机关乘势发力，以维护安全稳定为目标，积极推进社区矫正工作创新发展。

1. 在全国率先设立省级社区矫正委员会

2020年6月，吉林省率先在全国正式发文设立了省级社区矫正委员会。同年8月，吉林省社区矫正委员会审议通过了《吉林省社区矫正委员会工作规则》《吉林省社区矫正委员会成员单位工作职责》，明确了委员会的职责任务、工作程序、组成调整、会议制度等事宜，确定了成员单位的具体职责，切实发挥统筹协调和指导全省社区矫正工作的职能作用。目前，吉林省已实现社区矫正委员会省市县三级全覆盖，统筹协调和监督指导社区矫正工作高质量发展。

2. 依法推动社区矫正机构调整升级

依法加强社区矫正机构建设，确保社区矫正执法主体合法。2021年6月，吉林省社区矫正管理局经编制部门批复正式挂牌成立，指导各地积极争取社区矫正机构规格调整。目前，全省90%的市（州）、50%的县（市、区）社区矫正机构挂牌成立。

3. 健全吉林省社区矫正制度体系

依据《社区矫正法》《社区矫正法实施办法》规定，结合实际，吉林省对全省现有的30余件规范性文件进行梳理修订完善，确保符合法律规定，并全面覆盖调查评估、衔接接收、监管审批、分级处遇、考核奖惩等社区矫

正业务流程。2020 年底，吉林省法院、吉林省检察院、吉林省公安厅、吉林省司法厅联合发布《关于贯彻落实〈社区矫正法实施办法〉的实施细则》，进一步健全社区矫正执法标准和程序。2021 年，吉林省司法厅制定出台《吉林省社区矫正对象考核管理规定》《吉林省社区矫正对象分类教育管理工作指引》《吉林省社区矫正执法任务清单》，确保社区矫正管理教育工作有章可循，明确社区矫正机构执法职责，进一步加大执法规范化力度。

二 吉林省社区矫正工作成效

近年来，吉林省社区矫正工作不断创新发展，社区矫正基础管理和执法规范化水平不断提升，取得了较好的法律效果和社会效果，得到了全国人大、司法部、吉林省委、吉林省政府、吉林省委政法委领导的充分肯定。《法治日报》《吉林日报》、新华网、法制网 40 余次报道吉林社区矫正工作。全省社区矫正工作项目获得省直机关建功"十三五"突出业绩一等奖，吉林省社区矫正管理局被吉林省委、省政府荣记集体三等功。

（一）社区矫正持续安全稳定

1. 严格规范做好重点工作

严格规范社区矫正调查评估工作，切实把好社区矫正入口关。严格规范社区矫正对象居住地变更及外出请销假审批，切实做好社区矫正基础管理工作。做好重点时期社区矫正安全稳定工作，在春节、"两会"及国庆节等重点时期，严格落实日常报告、实地查访等监督措施，实行"日报告""零报告"机制，确保社区矫正安全稳定，未发生重大恶性案件和影响社会稳定的重大问题。

2. 着力做好重点对象监管教育工作

加大对重点社区矫正对象的排查、监管力度，密切关注并加强教育矫治和思想引导，发现苗头隐患及时上报有关部门，协调有关部门做好稳控工作，吉林省社区矫正部门注意与省委政法委、公安、民政、居委会等部门单位联防联控。目前吉林省累计警告 5689 人次，治安管理处罚 55 人次，撤销缓刑 988 人，撤销假释 34 人，暂予监外执行收监执行 445 人。2019 年，吉林省司法厅与吉林省边防检查总站协调建立健全社区矫正对象边控机制，细化程序，现已对持有护照、港澳通行证等证件的社区矫正对象逾 5000 人实施边控。

3. 不断健全各项监管机制

建立执法巡查机制，吉林省各市（州）每半年、县（市、区）每季度至少开展一次社区矫正巡查检查，发现问题、立即整改、消除隐患、堵塞漏洞。全省每年组织开展社区矫正执法巡查，实现了县（市、区）全覆盖，检查组走遍全省各市（州）、60 个县（市、区）。健全风险研判机制，吉林省司法厅每月召开监管安全动态分析研判例会，及时分析、掌控社区矫正对象思想及行为动态，提高预警预判能力。建立信息化核查通报机制，在重点时期，吉林省司法厅每月指派专人随机抽查点验社区矫正对象，对发现的未假外出人员督促基层社区矫正机构依法予以警告处罚。

（二）执法规范化水平不断提升

1. 不断完善制度建设

吉林省司法厅转发了"两院两部"《关于进一步加强社区矫正工作衔接配合管理的意见》，规范细化社区矫正执法衔接；转发司法部《监狱暂予监外执行程序规定》，明确了暂予监外执行社区矫正对象相关执法程序。2017 年，吉林省司法厅出台了《关于进一步做好监狱与县级司法行政机关社区矫正机构衔接管理意见》，解决了基层单位具体工作实践中部分难题。2017 年，吉林省司法厅联合吉林省档案局印发《吉林省社区矫正人员档案管理办法》，规范了社区矫正对象档案管理方面的内容、格式、程序等要素。2020 年，吉林省司法厅和吉林省人社厅联合印发《关于做好社区矫正对象职业技能培训工作的通知》，将社区矫正对象纳入人社部门年度职业技能培训计划范围，提升社区矫正对象职业技能水平，促进其顺利融入社会。此外，吉林省司法厅还与有关政法部门联合印发有关加强特殊人群管理等工作的系列文件。

2.积极引入社会力量

2017 年以来，吉林省以政府购买服务方式，借助长春市普法宣传志愿者协会的 1600 余名律师、教师、政法机关干警以及大学生志愿者为全省社区矫正对象开展法治宣传教育、法律咨询、法律援助等服务，实现了全省60 个县（市、区）全覆盖，并在 300 多家司法所建立了社区矫正教育联系点。2018 年至今，持续引入心理咨询专家力量，对全省各地重点社区矫正对象开展个体心理状况测评并建立心理档案，同时为社区矫正工作人员进行心理咨询技能培训，提升其心理矫治工作能力和水平。与吉林正基律师所合作，协调吉林省青少年发展基金会组织青年志愿者对 50 名未成年社区矫正对象开展"一对一"跟踪教育与服务，逐步探索未成年社区矫正对象教育转化新模式。各地积极引入社会力量：长春市开展"五项工程"创建活动，并引入 4 家社工组织，协助司法所对社区矫正对象进行教育帮扶；辽源市建立"青少年阳光心理关爱基地"，对符合条件的社区矫正对象开展心理咨询、心理矫治及心理疏导等；珲春市社区矫正中心设立临时救助站；白城市洮北区成立"瀚海爱心公益协会"，对有困难社区矫正对象予以帮扶救助。目前，全省依托红色教育资源以及爱国主义教育基地和监狱等警示教育基地，建立社区矫正教育基地 186 个、社区服务基地 363 个，截至 2023 年底，共开展各类教育帮扶逾 300 万人次。

（三）深入推进社区矫正改革和创新

1.大力开展《社区矫正法》学习宣传贯彻

一是部署早，2020 年 2 月，吉林省委全面依法治省委员会印发《关于在全省组织开展学习宣传贯彻〈社区矫正法〉工作的通知》，广泛发动社会各界积极参与。二是措施实，吉林省司法厅以"七个一"为载体，通过开展社区矫正知识网上答题活动，举办学习研讨会、业务培训班，编发《社区矫正教育读本》，选树 100 名全省"新时代最美社区矫正工作者"，组织开展"我与社区矫正"主题征文、社区矫正中心"开放日"活动，制作并播放宣传动漫以及在《吉林日报》手机报上开设 12 期社区矫正法知识专栏等形式，举办各类学习宣传活动 300 余场次，近 3 万人次参加了网上答题，发放各类宣传品 7 万余份。三是效果好，组织开展《社区矫正法》集中宣传月活动，相关部门、单位利用电台、电视台、报纸、微信公众号、抖音短视频等媒体以及在公共场所通过 LED 大屏幕播放视频、悬挂条幅、展板展览、发放宣传资料、开展法律咨询、乡村广播等形式向社会公众广泛开展宣传活动，积极营造全社会了解、支持社区矫正工作的良好氛围。

2. 持续推进刑罚执行一体化建设

全面落实司法部刑罚执行一体化建设部署，吉林省司法厅于 2019 年选调 116 名监狱警察和戒毒警察（其中监狱警察 44 名）参与社区矫正工作，初步形成监狱警察与戒毒警察相互补充、驻点与巡回派驻相互结合、周周见警与县级全覆盖兼顾的社区矫正用警工作新格局。制发刑罚执行一体化建设实施方案、工作制度、目标考核意见等，召开全省会议统筹推进。一是实现了重大事项"共商"，各市（州）司法局和监狱建立定期例会机制，研究、调度、通报工作情况；二是实现了装备设施"共享"，为全省社区矫正机构配备一批价值 100 余万元的执法应急装备；三是实现了教育平台"共建"，在全省组织开展社区矫正对象入监体验式警示教育活动，收到良好效果。

在此基础上，吉林省司法厅出台《关于深入推进刑罚执行一体化建设工作意见》，明确建立假释、保外就医社区矫正执法绿色通道，搭建全省各监狱与社区矫正机构沟通联络平台，由双方确定专人负责假释、保外就医、调查评估、接收、监管及解矫安置等执法衔接工作。在全省开展保外就医社区矫正执法联合检查，对在矫的保外就医社区矫正对象进行全面清查和个别教育，对符合收监条件的依法提请收监执行。截至 2023 年底，全省参与社区矫正的监狱警察和戒毒警察有 310 人，2019~2021 年共参与社区矫正各类执法、监管、教育工作 1.2 万余件，涉及 5 万余人次，在防范化解社区矫正安全风险中发挥了积极作用，极大地提升了社区矫正执法威慑力。

3. 积极开辟扫黑除恶"第二战场"

吉林省司法厅进一步细化了线索摸排范围，明确了线索摸排方法，强化对线索摸排工作的督查，深挖涉黑涉恶线索。出台相关文件，进一步明确

20 类人员为重点监管对象，调高矫正风险等级，从严管理，增加监管频次。对全省排查出的重点人员，由各县级司法局分管局长带头对其落实包保责任，防止脱管失控和重新违法犯罪。吉林省司法厅印发《关于进一步加强社区矫正重大事项报告工作的通知》，确定 12 种情形在社区矫正重大事项范围内，明确了报告的程序和内容，提出了相关要求，规范了涉黑涉恶等重大事项报告制度。吉林省司法厅对社区矫正机构参与扫黑除恶专项斗争情况进行专项督导，查阅社区矫正档案卷宗 2008 册，抽查点验社区矫正对象 1502 人，对涉黑涉恶重点人员进行了个别谈话教育。此外，吉林省司法厅对中央督导组交办的白城某专案进行调查，获中央督导组充分肯定。

（四）保障能力建设水平不断提升

1. 持续推进县级社区矫正中心建设

吉林省司法厅督导各地社区矫正中心积极争得当地党委政府支持，拓展建设渠道，在社区矫正中心立项入编、选址建设、资金筹措等方面不断加大工作力度，县级社区矫正中心在实现全覆盖并设立较为完备功能室的基础上，切实发挥了执法监管教育平台作用。吉林省司法厅在全省推行中心目标考核管理，从整体布局、力量配备、功能设置、智能监管、制度建设、作用发挥等六大方面设计 28 项考核指标，对县级社区矫正中心进行全方位目标考核，评选出各方面均较为突出的中心，发挥引领带动作用，实现了社区矫正中心建设水平的整体提升。

2. 持续推进社区矫正信息化建设

一是开发并不断完善社区矫正综合管理平台，实现线上运行与线下管理有机结合，吉林省在矫社区矫正对象数据与司法部数据库对接率达 99% 以上。对重点社区矫正对象实行电子定位管理，全省已定位社区矫正对象数量占全省社区矫正对象总数的 94% 以上。二是快速推进全省远程视频督察系统建设。督导各地克服资金、场所等困难，积极作为，强力推进，目前，吉林省县级社区矫正中心全部实现与司法部指挥中心对接。三是依托吉林省委政法委执法司法办案业务协同系统，吉林省社区矫正部门努力实现与其他政法部门信息共享、业务协同、网上办案，切实提升社区矫正执法平台科技支撑能力。现已与吉林省法院系统实现调查评估、接收入矫、解除矫正等环节的互联互通，截至 2023 年底，各地共接收调查评估 15893 件、入矫 20219件，反馈调查评估 15400 件、入矫 19569 件、解除矫正和矫正终止 11249件。四是推动远程智能监管教育系统全省全面运行。在全省推动社区矫正工作人员、社区矫正对象全面安装使用社区矫正远程智能监管教育系统，以此系统为依托，建立定期分析研判例会机制，每月组织各市（州）社区矫正机构召开工作例会，进行工作部署、业务培训指导等。

（五）社区矫正队伍建设水平不断提升

1. 开展培训提升业务水平

坚持抓培训促提高原则，每年组织社区矫正业务培训，邀请司法部社矫局、省公安、检察、监狱系统的实务专家以及心理学专家学者，分别从制度顶层设计、具体业务实操以及心理学有关技能等方面为社区矫正工作者授课，切实提高了社区矫正工作管理和指导水平。各县（市、区）司法行政机关也结合队伍实际，广泛开展经常性培训教育活动，全省社区矫正队伍培训率达 100%，社区矫正队伍的整体素质得到进一步提升。

2. 组织开展丰富多彩的活动

2016 年，吉林省司法厅组织开展"我与社区矫正"纪念吉林省社区矫正实施十周年主题演讲比赛活动，进一步激发了广大社区矫正工作人员的工作积极性。2018 年，吉林省司法厅组织全省社区矫正业务知识竞赛，既集中展示了吉林省社区矫正工作人员风采，又检验和提高了吉林省社区矫正工作人员的业务能力。2020 年，以学习宣传贯彻《社区矫正法》为契机，开展"新时代最美社区矫正工作者"全省选树活动和"我与社区矫正"主题征文活动，充分调动广大社区矫正工作者工作积极性，激发了社区矫正队伍正能量。

3. 持续加强队伍廉洁执法建设

吉林省司法厅先后制定出台了《关于严肃社区矫正工作纪律的意见》《关于进一步加强社区矫正公正廉洁执法工作的通知》，以严格遵守司法部

"六不准"规定为核心，从严落实"忠诚、为民、担当、公正、廉洁"的队伍建设要求，强化政治引领，加强廉洁执法教育，规范重点执法环节并加强监督问责，努力推动社区矫正工作健康发展。将社区矫正廉洁执法纳入每年社区矫正执法巡查重要内容，鞭策社区矫正队伍保持廉洁执法的高度自觉。2020 年 8 月，吉林省司法厅印发《关于做好社区矫正领域落实"三个规定"贯彻执行工作的通知》，建立了涵盖社区矫正执法环节及具体流程的权力清单，确保"三个规定"贯彻执行工作取得扎实成效。2021 年，以政法队伍教育整顿为契机，加强行业引导，以严格遵守司法部"六不准"规定为核心，促进公正廉洁执法，净化社区矫正队伍。认真开展为人民群众办实事、社区矫正顽瘴痼疾专项整治行动。

三　吉林省社区矫正存在的问题及对策建议

随着近年来社区矫正工作不断推进，社区矫正形势不断变化，社区矫正工作面临的困难也逐渐凸显。

（一）吉林省社区矫正存在的主要难点和问题

一是制度层面不够健全。虽然国家出台了《社区矫正法》《社区矫正法实施办法》，吉林省也出台了新的社区矫正实施细则，对社区矫正基本事项做出了规定，但现有法律法规及相关政策规定，对社区矫正机构编制、经费保障等均语焉不详，对具体执法环节的衔接也并未做出明确规定，还需在工作中进一步完善。二是执行层面不够精细。随着社区矫正不断向前发展，社区矫正工作理念也需不断提升，社区矫正平稳不出事仅仅是最低限度的要求，而在监督管理、教育帮扶的精准性上，吉林省与发达省份还有一定差距，还要多下功夫。在日常管理的规范性、教育帮扶的针对性、执法执纪的严肃性等方面，都需进一步提升。特别是在智慧矫正建设方面亟待加强，释放科技在精准监管上的优势已刻不容缓。三是保障层面不够到位。在经费保障上，吉林省由于地方财政困难等原因，虽然社区矫正工作经费纳入了分类保障范围，但只能是维持在工作层面的经费保障。随着社区矫正对象数量保持高位增长，社区矫正经费保障严重不足的问题已经束缚了社区矫正各项工作的开展。在队伍建设上，首先，在人员数量方面，当前吉林省社区矫正工作力量，特别是基层社区矫正工作力量严重不足。县级局专职人员仅有1~2名，基层司法所中具有中央政法专项编和地方行政编身份的人员平均每所仅1.4人。作为基层司法所社区矫正主要工作力量的社区矫正公益性岗位人员普遍专业性不强、素质不高、收入待遇偏低、流动性大，难以符合司法部提出的队伍正规化、专业化、职业化要求。其次，在专业素质方面，目前全省社区矫正公益性岗位人员中具有大学本科学历的仅占30%，法学、社会学、心理学等相关专业的不足25%，总体专业化程度不高。最后，在收入待遇方面，吉林省社区矫正公益性岗位人员平均工资不足1300元（个别财政困难地区仅为六七百元），缴纳养老保险等费用后大多在1000元左右，低于全省平均工资水平，无法满足社区矫正公益性岗位人员基本生活需求。因此，社区矫正公益性岗位人员流动性大，甚至有的人仅将其作为再发展的"跳板"。据不完全统计，吉林省社区矫正公益性岗位人员较配备之初已流失近30%。同时，目前吉林省社区矫正公益性岗位人员中70%为女性，有些监管工作因工作风险较大不适宜由女性开展。

（二）完善吉林省社区矫正的对策建议

1.深化体制机制改革

全力推进社区矫正委员会设立工作，力争实现省、市、县、乡四级全覆盖。推动吉林省各级社区矫正机构调整升级，不断适应社区矫正执法新形势新要求。

2.进一步健全社区矫正相关制度

在贯彻落实《社区矫正法》《社区矫正法实施办法》及吉林省实施细则基础上，进一步探索省级层面社区矫正相关立法，明确社区矫正机构、社区矫正工作人员的执法权限和责任，对社区矫正各执法环节部门衔接明确程序规定，建立社区矫正执法部门衔接机制，强化配合衔接，形成较完备的社区矫正法律制度体系，为社区矫正工作提供强有力的法律支撑。

3. 进一步提升社区矫正管理教育和执法工作水平

一是做好监督管理工作，确保安全稳定。以重点时期、重点人员、重点场所为抓手，全面做好社区矫正对象监督管控。二是深化刑罚执行一体化建设。围绕假释和暂予监外执行等执法工作，引导监狱和社区矫正机构建立合作项目，实现监禁刑与非监禁刑共治共建目标。推进戒毒警察社会化延伸工作，探索建立戒毒警察深入基层司法所参与社区矫正工作机制。三是贯彻落实《吉林省社区矫正对象考核管理规定》《吉林省社区矫正对象分类教育管理工作指引》等文件规定，实施分类管理、个别化矫正，提升教育矫正工作水平。

4. 大力提升社区矫正队伍建设水平

按照司法部正规化、专业化、职业化要求，大力加强社区矫正队伍建设。探索建立同高校法学院系交流合作机制。一是开展建立法律服务志愿者制试点工作，发挥吉林司法警官职业学院学生专业优势，推荐基础好、素养高的学生赴基层社区矫正机构和司法所，在工作人员的指导下无偿开展社区矫正志愿服务工作，发挥高校教学与实践调研相结合的优势，有效推进全省社区矫正执法人才培养。二是探索建立基层社区矫正长效专业化培训机制，依托吉林司法警官职业学院培训中心，整合全省社区矫正理论与实务师资力量，科学设置课程，每年组织基层社区矫正机构工作人员进行专业化培训，全力提高基层社区矫正执法能力水平。

参考文献

胡聪、徐晓燕：《浙江省社区矫正对象分类管理制度存在的问题及对策》，《犯罪与改造研究》2022年第3期。

安文霞：《社区矫正对象权利规范探析》，《犯罪与改造研究》2022年第6期。

郑军辉、董庆浩、吕陈彬：《社区矫正对象经常性跨市、县活动监督实践与分析》，《中国检察官》2022年第8期。

王希、刘双阳：《社区矫正精准矫治模式的理论基础与实践展开》，《南大法学》2022年第5期。

王红星：《社区矫正法实施后社区矫正工作风险防范问题探讨》，《河南司法警官职业学院学报》2021年第1期。

李川：《修复、矫治与分控：社区矫正机能三重性辩证及其展开》，《中国法学》2015年第5期。

吉林省人民调解工作现状分析
及对策研究

崔佳良*

摘　要： 近年来，吉林省人民调解工作取得显著成效，充分发挥了其维护社会和谐稳定第一道防线的作用，排查化解了大量的矛盾纠纷，为法治吉林、平安吉林建设做出了积极贡献。同时，也存在一些突出的问题，应通过加强人民调解组织建设和队伍建设、人民调解经费保障等途径，不断推进人民调解工作创新发展。

关键词： 人民调解　枫桥经验　一站式人民调解

一　吉林省人民调解工作成效显著

（一）着力打造"枫桥经验"吉林样板和吉林品牌

坚持发展"枫桥经验"，实现矛盾纠纷不上交，2018 年，吉林省委、省政府印发了《吉林省关于进一步加强新时代人民调解工作的意见》，从加强人民调解组织、队伍、制度、业务和保障能力建设等方面提出一系列既能体现中央精神，又符合吉林实际的务实举措，提出了适应社会新需求、体现新时代特征的人民调解模式。

吉林省的"百姓说事点"在总结推广基层群众工作经验、深入开展矛

---

* 崔佳良，吉林省司法厅人民参与和促进法治处一级主任科员。

盾纠纷排查化解工作中应运而生。经过 10 年的探索、实践和发展，"百姓说事点"工作不断完善、规范，成为坚持发展"枫桥经验"、加强基层社会治理的吉林样板。

随着"百姓说事点"在吉林城乡的广泛推广，吉林省各级司法行政部门及时加以规范、引导，不断推出针对性举措，推动全省"百姓说事点"工作健康发展。近年来，全省司法行政系统坚持高站位，从坚持发展"枫桥经验"，扎实践行"三治"融合、"三共"一体要求，深入推进基层社会治理体制机制创新发展，强调要巩固和不断发展"百姓说事点"，持续加大"百姓说事点"创新发展工作力度，先后多次召开全省司法行政系统"百姓说事点"创新发展再部署、再推进工作会议，制定出台《关于深入推进"百姓说事点"创新发展的指导意见》，进一步充实、强化功能，明确和提升标准，着力加强"百姓说事点"规范化、标准化建设，加强基础工作保障，全省"百姓说事点"工作日益活跃。全省多个"百姓说事点"提档升级，扩展兼容个人调解室功能，一些县（市、区）还陆续建成"网络百姓说事点""掌上百姓说事点""流动百姓说事点"平台，及时解答咨询、调解纠纷，收到良好实效。目前，吉林省"百姓说事点"已达 1 万多个，从乡村扩展到城镇（社区），基本实现了全省村、居（社区）全覆盖。自"百姓说事点"创建以来，全省通过这一机制平台收集各类民生信息 50 余万条，调处各类纠纷 40 余万件，"百姓说事点"已发展成为矛盾纠纷化解点、社情民意收集点、公共法律服务点、致富信息传播点、干群关系联系点。①

2018 年 11 月，纪念毛泽东同志批示学习推广"枫桥经验"55 周年暨习近平总书记批示坚持发展"枫桥经验"15 周年大会号召各地学习借鉴吉林"百姓说事点"经验做法。司法部领导和时任吉林省委书记巴音朝鲁、时任吉林省省长景俊海等省领导也多次做出指示批示，要求进一步总结推广"百姓说事点"经验做法。中央改革办《改革情况交流》介绍了吉林省"百

---

① 本报告数据来源于历年吉林省各地上报的人民调解案件情况统计表。

姓说事点"的做法；中央政法委《政法动态》刊发《吉林省探索实施"百姓说事点"化解社会矛盾新模式》专题经验；中宣部将吉林省"百姓说事点"作为全国基层社会治理的典型之一进行宣传；《人民日报》、中央电视台、《法治日报》等国家级媒体多次报道吉林省"百姓说事点"经验做法。2020年8月14日，《人民日报》以整版篇幅，以《村居"百姓说事点" 化解矛盾在基层》为题，对吉林省"百姓说事点"进行了深度报道。"百姓说事点"已经成为坚持发展"枫桥经验"的吉林实践和吉林品牌。

（二）大力加强人民调解组织建设，人民调解组织从有形覆盖向有效覆盖转变

1. 行业性专业性调解组织建设有新进展

吉林省各级司法行政机关积极与有关部门行业协调配合。一是在道路交通、医疗纠纷、劳动争议、消费纠纷、旅游、保险、妇女权益维护等重点行业领域人民调解组织建设的基础上，聚焦社会矛盾新类型，扩大行业性专业性人民调解组织覆盖面，成立了校园、环保、金融、退伍军人事务等人民调解组织，特别是2018年成立的"吉林省校园纠纷人民调解委员会"是全国首个省级校园纠纷人民调解委员会；同年成立的"长春市专业人民调解中心驻空军航空大学基础学院调解工作室"是国内首家在部队院校成立的人民调解工作室。二是在长白山创设"天池和"调解品牌，专事调解旅游纠纷，为建设旅游强省创造和谐环境。积极组织开展"守护白山松水、法律服务在行动"和"走进千家商会、服务万户企业"专项行动，在生态环境保护区设立人民调解委员会，开展环保法治宣传和涉湿地环保类纠纷案件的调解。三是在省内241家商会和1000多家民营企业设立了人民调解委员会，专门调解民商事纠纷。

2. 个人调解工作室建设有新特色

吉林省各级司法行政部门坚持因地制宜、突出特色，鼓励热心调解工作、具有一定社会威望和专业特长的人员以个人名义成立调解工作室，打造各具特色的调解工作品牌，促进和带动全省人民调解工作提档升级。近两年

来，全省各级司法行政机关大力开展了"为民解事"个人调解工作室创建活动。各地充分发挥模范人民调解员、人民调解能手和人大代表、政协委员的引领示范作用，通过突出品牌特色、名人效应，推动建立个人调解工作室，有效化解了大量矛盾纠纷。截至2023年12月底，全省已建立个人调解工作室706家。

3.人民调解中心建设有新突破

为进一步加强吉林省多元矛盾纠纷化解机制建设，全省各级司法行政机关坚持以"强化指导、整合资源、发挥优势"为原则，持续创新开展专业人民调解中心建设工作，探索出了司法行政机关主导、政府购买公共服务、社会力量承接主办的多元矛盾纠纷化解新路径。

一是以社会组织为依托，打造民办非企业性质专业人民调解中心。2017年以来，吉林省司法厅先后指导长春、辽源、松原、延边、吉林、公主岭、长白山管委会、四平、白山、通化等地依托社会组织，在全省建立了10家集协调、管理、指导、调解于一体的专业人民调解中心。专业人民调解中心在民政部门登记，具有民办非企业的性质，推动将政府购买专业人民调解服务工作落到实处。专业人民调解中心通过采取专业性矛盾纠纷统一受理、集中办理，或者向医疗卫生、道路交通、劳动争议、消费权益、妇女权益、法院诉前立案等行业性、专业性调解组织分流等形式，实现人民调解与行政调解、司法调解的衔接。5年来，政府购买专业人民调解服务累计投入资金300多万元，将专业人民调解中心打造成了人民调解"枢纽型"组织，并普遍建立起了"集中受理、分类处置、限时办理、反馈监督"的工作运行机制，完善受理、交办、分流、协办、督办、办结、反馈、回访、归档等一整套工作制度和工作流程。

二是以公共法律服务中心为依托，加强县（市、区）专业中心建设。2019年以来，为进一步整合资源力量，创新推动专业人民调解中心建设工作开展，考虑到县（市、区）民办非企业资质审批的难度，以及在场所、人员、资金等方面的困难实际，吉林省司法厅创新提出在县（市、区）依托公共法律服务中心打造一站式"综合性"人民调解实体平台，有效将人民调解与律师、公证、法援等司法行政业务项融合，能够直面群众，最大限度地发挥人民调解服务群众的功能。2020 年，吉林省司法厅印发《关于加强综合性"一站式"人民调解平台建设的指导意见》，明确了"扎实推进综合性'一站式'人民调解实体平台和在线平台建设"的指导思想。以靖宇县为例，2019 年 6 月，靖宇县司法局在县政法委指导下成立靖宇县专业人民调解中心，是集接待、咨询、受理、调处、宣传、预防于一体的，解决专业性、行业性矛盾纠纷的综合平台，中心在化解矛盾纠纷中提供"一站式"纠纷解决服务，目前中心严格工作程序，实行"统一受理、集中梳理、归口管理、依法处理、限期办理"的工作机制，推进纠纷流程化办理，形成"预防、排查、受理、调处、履行、法律服务"一条龙、一站式服务，做到调处一件、了结一事，真正起到定纷止争的作用，2022 年调解中心共化解纠纷 61 件。自 2017 年以来，全省各专业人民调解中心共受理、分流、调解行业性专业性矛盾纠纷 13000 余件，其中医疗纠纷 1000 余件，道路交通事故纠纷 6800 余件，物业纠纷 3200 余件，劳动争议纠纷 2600 余件，调解成功率达 92%以上，为平安吉林建设做出了积极贡献。

（三）不断强化人民调解员队伍建设，创新人民调解员培训方式

1. 充实壮大专职人民调解员队伍

坚持"专兼并重"，以专职化、专家型队伍建设为重点，广泛吸纳社会上具有一定政策、法律知识的退休人员和社会志愿者进入人民调解员队伍，优化队伍结构，破解"缺人"困局，努力打造一支专兼结合的高素质人民调解员队伍，为人民调解工作提供人才支撑。2021 年，全省各级司法行政机关结合村（社区）"两委"换届，认真调整完善村（社区）人民调解委员会结构，人员配备必须达到每个调委会由 3 人以上组成，配齐配强调委会主任，每个调委会设立一名专职调解员、若干名兼职调解员和信息员。辽源市利用人民调解组织和人民调解员换届选举之机，优化了人民调解员队伍结构，将退休驻村辅警、村（社区）"两委"班子、退休教师、法官、警察等纳入人民调解员队伍，有效提高了案件化解的质量。通化市鼓励引导退休法

官、检察官和其他退休干部充实人民调解员队伍，2022 年，全市新增 18 名人民调解员。2019 年以来，吉林省将公安部门招聘的"一村一辅警"聘任为村专职人民调解员，壮大了专职人民调解员队伍。截至 2023 年 12 月底，全省人民调解员共计 59379 人，其中村（社区）调委会 46784 人，乡镇（街道）调委会 6061 人，企事业单位调委会 1839 人，社会团体和其他组织调委会 4695 人。全省共有专职人民调解员 3527 人，专职人民调解员队伍持续壮大。

2. 创建互联网+人民调解员培训新方式

一是在认真组织参加司法部人民调解大讲堂视频培训的同时，全省各级司法行政机关全面开展分级培训，努力提高广大人民调解员的调解技能。二是创新人民调解员培训模式，通过购买北京枫调理顺科技发展有限公司的调解员培训网上课堂及相关微课服务，创建了"吉林省人民调解员网络学习课堂"培训平台，用于开展全省人民调解员网上学习培训工作。网络学习平台提供包括法律政策、调解心理学、专项矛盾纠纷、职业素养的专题课程等共计 800 多学时微课。人民调解员可通过登录微信小程序或电脑客户端参加线上培训，参与培训的学员可根据自身需要自主选择培训课程进行学习，课程内容丰富、针对性强，学习方式灵活。学习平台一经上线就受到了相关工作人员和人民调解的一致好评，极大调动了人民调解员学习的积极性。平台运行以来，参与培训人员累计 1 万余人次。三是为进一步解决专职、专业调解人才匮乏问题，推动多元化解工作迈出新步伐、开启新征程，长春市司法局携手东北师范大学政法学院、吉林司法警官职业学院、吉林财经大学法学院、长春理工大学法学院、长春师范大学政法学院、长春财经学院、长春净月资源管理中等职业学校等 7 所院校，以及吉林省校园纠纷人民调解委员会、长春市互联网矛盾纠纷人民调解委员会、宽城区团山街道团山社区人民调解委员会和朝阳区永昌街道惠民社区人民调解委员会等 10 家调解组织，共同打造调解人才培养工程。

3. 激发人民调解员工作积极性和职业荣誉感

2019 年，吉林省司法厅组织开展了"第二届我最喜爱的人民调解员暨首批人民调解专家"命名工作，评选出 100 名"我最喜爱的人民调解员"和 10 名"全省人民调解专家"，并在《吉林日报》、"吉林司法行政"等开辟专栏进行宣传；大力宣传获得司法部表彰的全国模范人民调解委员会、获得"人民调解员"称号的调解员的先进事迹；组织开展了"我的调解故事"主题征文活动，让调解员不但能调，而且会写，记录精彩调解工作点滴，讲述曲折的调解历程，分享深刻的调解感悟，极大激发了全省人民调解员的职业荣誉感和工作积极性。2022 年，吉林省司法厅组织开展了命名 100 名"金牌调解员"和创建 200 个"为民解事"个人调解工作室活动，充分发挥先进典型的引领示范作用，激发人民调解员工作热情，不断推进人民调解工作创新发展。

4. 进一步提高保障水平

2020 年 5 月，吉林省司法厅与吉林省财政厅联合下发了《关于实行人民调解"以案定补或以奖代补"机制的通知》，明确了补贴对象及补贴案件类型，破解了补贴对象不明确、文件依据不充分的难题，从顶层设计上为各地制定具体人民调解"以案定补"标准提供了政策依据。积极推动各地按照文件要求，制定本地区补贴或奖励标准，推动"以案定补或以奖代补"等政策措施落到实处。长春市司法局、财政局联合下发《长春市人民调解"以案定补或以奖代补"实施办法（试行）》，推动各县（市、区）和开发区财政足额保障人民调解工作经费，明确经费保障标准，建立动态增长机制。督促调解组织设立单位和相关行业主管部门落实保障责任，为人民调解委员会开展工作提供场所、设施等办公条件和必要的工作经费。

（四）积极开展专项行动，全力做好矛盾纠纷排查化解工作

为充分发挥人民调解工作维护社会和谐稳定"第一道防线"的作用，有效预防和排查化解矛盾纠纷，营造平安祥和的社会环境，2018 年，吉林省司法厅印发《吉林省坚持发展"枫桥经验"实现矛盾不上交三年行动实施方案》，开展了"坚持发展枫桥经验实现矛盾不上交三年行动"。通过三年努力，全省人民调解组织网络更健全，队伍专业化水平更高、业务能力更

强，部门衔接配合更紧密，工作保障更有力，纠纷排查化解更有效，基层社会矛盾纠纷基本实现小事不出村（社区）、大事不出乡镇（街道），企事业单位矛盾纠纷在本单位内化解，行业、专业矛盾纠纷在本领域内解决，重大疑难复杂矛盾纠纷不出县（市、区），努力实现矛盾纠纷就地化解，不上交、不激化。2019年，吉林省开展了"大排查、早调解、护稳定、迎国庆"专项活动，组织广大人民调解组织和人民调解员，集中时间、集中力量排查化解矛盾纠纷，充分发挥人民调解工作在化解矛盾纠纷中的基础性作用，最大限度地把矛盾纠纷尽早解决在基层、吸附在当地、消除在萌芽状态；同时通过专项活动，以实战促提升，强弱项，补短板，全面提升人民调解工作水平。2021年，开展了"迎建党百年　促和谐稳定　全省人民调解排查化解矛盾纠纷"专项行动。充分发挥人民调解组织职能优势，各地扎实开展人民调解排查化解矛盾纠纷专项行动，坚持排查在先、关口前移，把集中排查和经常性排查结合起来，实现排查全覆盖，做到早发现、早分析、早预防，防止矛盾激化。2022年，全省各级司法行政机关广泛发动人民调解组织和广大人民调解员开展"万家万事和"调解专项行动，做好涉稳风险隐患大排查大化解工作，发挥调解组织和调解员扎根基层、贴近群众、熟悉民情的优势，坚持把排查作为基础性、常态化工作抓在手上，力争"第一时间"掌握矛盾纠纷信息。

（五）推动人民调解与行政调解、司法调解衔接联动工作落地见效

吉林省各级司法行政部门不断推动在法院、公安、信访等部门设立派驻人民调解工作室，建立诉调对接、警调对接、访调对接等工作机制。特别是不断加强诉调对接工作，在基层人民法院设立诉前人民调解委员会和派驻人民调解工作室，实现人民调解与诉讼的衔接，鼓励依法落实人民调解协议司法确认制度，进一步巩固调解成果，维护人民调解制度的权威性，增强人民调解工作的公信力。2020年，根据吉林省政府工作要求，吉林省司法厅与吉林省高级人民法院共同建立了府院联动机制，在全省范围内推动"府院联动"工作的开展，由司法行政机关代表政府部门与法院进行对接，向法

院派驻优秀调解员，设立调解工作室，开展诉前人民调解工作，诉调对接工作开展得更加紧密。白山市江源区司法局派出1名专职工作人员驻江源区法院诉前调解委员会参与矛盾纠纷调解，发挥诉前调解作用，避免了矛盾升级激化，截至2022年5月底，诉前调委会受理调解案件175件，调解成功143件。临江市司法局及时调整"临江市人民调解委员会"、"临江市访调对接人民调解室"、"临江市法院诉前调解工作室"和"临江林区基层法院诉前调解工作室"组成人员，指导临江市司法局桦树司法所积极与桦树镇派出所沟通协调，恢复建立警调对接工作平台，对于非警务类报警中属于人民调解组织受理范畴的民事纠纷、可以进行治安调解的民间纠纷、交通事故损害赔偿纠纷及其他可以调解的民事纠纷，引导当事人通过人民调解渠道解决争议。长白县司法局在县法院诉调服务中心和县信访局分别设立了诉前人民调解工作室、信访调解工作室，实现"诉调、检调、公调、访调对接"全覆盖，并依托公共法律服务工作站和乡镇政府服务大厅设立"一站式"人民调解窗口9个。截至2023年12月底，吉林省建立派驻到基层人民法院、派出所和信访部门的调解组织达356个，形成了多方参与、多部门联动的矛盾纠纷多元化解机制。

二　吉林省人民调解工作存在的问题

（一）人民调解组织队伍建设的相关法律政策还没有完全落实到位

近年来，个别地方基层党委政府和相关部门对人民调解工作重视不够，对《宪法》《村民委员会组织法》《居民委员会组织法》《人民调解法》等法律关于人民调解组织建设、队伍建设的相关规定落实还不够到位，特别是有关部门在开展综治中心和平安网格建设时，将人民调解工作职能直接纳入其中，使基层人民调解组织虚化，特别是村、社区一级没有达到"五有""六落实"等人民调解工作制度要求。

（二）人民调解员队伍素质有待提高

人民调解员队伍老化、文化程度偏低、政策法律知识欠缺，对电脑等办公自动化设备和信息化发展要求不熟悉，严重影响人民调解工作发展。基层人民调解员普遍兼职且兼职过多，人员流动和工作调整频繁，与新时代对人民调解工作的高要求不相适应。

（三）人民调解经费保障需要进一步落实

吉林省虽然在人民调解工作经费落实方面做了许多工作，但是与实际工作需要仍有较大差距，部分地方没有将人民调解经费纳入地方财政预算。由于经费欠缺，人民调解员工作补贴偏低，导致人民调解员队伍不稳定，调解员工作热情不高。

三　吉林省加强人民调解工作的对策与建议

（一）进一步加强组织领导，确保各项工作取得实效

要切实把人民调解工作摆上重要位置，主动赢得党委政府重视支持，及时研究解决人民调解工作中遇到的问题，推动相关举措落实落细。要积极拓展工作领域，通过组织人民调解化解矛盾纠纷专项行动，不断扩大人民调解工作覆盖面，及时排查掌握影响社会和谐稳定的矛盾纠纷线索，切实将矛盾纠纷吸附在当地、化解在萌芽、消除在初始阶段，及时高效化解矛盾纠纷。要将人民调解纳入平安建设考评机制，压紧压实责任，确保工作落实。

（二）加强人民调解组织建设和队伍建设，推进人民调解工作提质增效

按照《中华人民共和国人民调解法》等相关法律法规的规定，聘任村、

居（社区）人民调解委员会的专（兼）职人民调解员。侧重聘任群众认可、工作热情高，具有一定法律知识、政策水平和调处能力，年龄在 18~65 周岁，身体健康的人民调解员。在落实专职人民调解员的基础上，充分发挥社会资源优势，积极吸纳退休老干部、老党员、老干警、老模范、老教师和乡贤社贤等热心调解工作、在本地有一定威信和影响力、有一定法律政策水平和调解工作能力的人员作为兼职人民调解员或人民调解志愿者。进一步加强个人调解工作室建设，注重发挥调解名人和能手的引领示范作用，力争全省个人调解工作室数量实现新突破。加强综合性"一站式"人民调解平台建设，充分利用公共法律服务平台，打造便民利民的人民调解窗口，为人民群众提供便捷高效的人民调解服务。努力提高人民调解员素质，组织全省人民调解员积极参加培训，通过自主学习、交流研讨、案例评析、实训演练等多种培训形式，不断提高人民调解员化解疑难复杂矛盾纠纷的能力水平。

（三）加强指导督导，推动人民调解经费保障落到实处

通过下基层面对面调研走访，指导各地按照《关于实行人民调解"以案定补或以奖代补"机制的通知》要求，与当地财政积极协商，足额保障人民调解工作经费，出台相关文件，制定本地区补贴或奖励标准，建立动态增长机制，促使各地将人民调解"以案定补或以奖代补"落到实处。督促设立单位和相关行业主管部门落实保障责任，为人民调解委员会开展工作提供场所、设施等办公条件和必要的工作经费，有效激发广大人民调解员的工作积极性，为进一步推进新时代人民调解工作提质升级提供强有力的保障。

参考文献

喻中：《大数据与人民调解的智能化转型》，《江汉学术》2023 年第 1 期。

侯保疆、赵倩萍：《基层社会治理视阈下民族地区人民调解实践困境的路径研

究——基于 W 省 M 瑶族自治县的考察》,《南方论刊》2022 年第 10 期。

杨静、李明升:《新时代"枫桥经验"视阈下人民调解的南海实践研究》,《民间法》2022 年第 1 期。

黄艳好:《人民调解的模式适用与程序规范化》,《湘潭大学学报》(哲学社会科学版)2022 年第 3 期。

法治社会 ⟩⟩

B.12
加强法治乡村建设，助力全面推进乡村振兴

——吉林省法治乡村建设工作情况报告

张 超*

摘 要： 加强法治乡村建设是全面依法治国的重要组成部分，是为实施乡村振兴战略提供良好法治环境的有效手段。吉林省近年来在不断推进全面依法治省、深入加强法治乡村建设上取得了显著成效，但也出现了一些新问题和新挑战，应通过强化法治乡村建设职责落实、持续加强法治学习培训、加强法治宣传教育、妥善审理涉农民生保障案件、强化农村基层社会治理工作创新等途径加强全省法治乡村建设，持续助力全面推进乡村振兴。

关键词： 法治乡村建设 依法治省 乡村振兴

---

* 张超，吉林省司法厅普法与依法治理处四级调研员。

2020 年 3 月，中央全面依法治国委员会印发了《关于加强法治乡村建设的意见》，为贯彻落实该意见，2020 年 6 月，吉林省委依法治省办结合吉林省实际印发了《关于贯彻落实〈关于加强法治乡村建设的意见〉重点任务分工方案》（以下简称《重点任务分工方案》）。2020～2022 年，吉林省委依法治省办先后三次对各地、省直各相关部门《重点任务分工方案》落实情况进行了调度，从对民主法治示范村创建、乡村法律明白人建设、乡村治理示范点创建等具体工作的实地考察中收集的大量农村基层的第一手工作数据来看，吉林省法治乡村建设工作取得了一定成效。

一 吉林省法治乡村建设工作卓有成效

（一）完善涉农领域立法

1. 健全涉农立法

2021 年，吉林省制定出台了《吉林省乡村振兴促进条例》，按照全面实施乡村振兴战略的总体要求、基本原则和目标任务，立足吉林"三农"省情，重点从粮食安全、产业发展、人才支撑、组织建设、城乡融合等五个方面对乡村振兴促进工作进行了规范。2020 年，吉林省生态环境厅颁布实施《吉林省农村生活污水处理设施水污染物排放标准》，填补了吉林省农村生活污水标准体系的"空白"。近年来，长春市先后制定出台了《长春市基本农田保护条例》、《长春市农村环境治理条例》和《长春市秸秆露天焚烧和综合利用条例》等多部地方性法规；延边州印发了《延边州稳步推进农村集体产权制度改革任务分工方案》，制定了《农村集体产权制度改革实施方案》《农村集体资产清产核资工作方案》等相关制度，在立法层面为法治乡村建设提供了坚实有力的制度保障。

2. 开展涉农地方性法规和政府规章修订工作

2021 年，吉林省人大从五个方面完成了对《吉林省河道管理条例》的修订工作，并对《吉林省农作物种子条例》《吉林省农业机械管理条例》

《吉林省畜禽屠宰管理条例》进行了修改。延边州先后废止《延边朝鲜族自治州乡村林业条例》《延边朝鲜族自治州促进专业农场发展条例》两部涉农领域的单行条例，并对《延边朝鲜族自治州蜂业条例》进行完善。辽源市对涉及法治乡村建设的132件政府规章和规范性文件进行了全面清理，确保政令畅通，为法治乡村建设营造良好的制度环境。

（二）规范涉农行政执法

1. 规范农村基层行政执法

2021年，吉林省委依法治省办印发《关于深入推进综合行政执法工作的意见》，吉林省司法厅印发《关于开展综合行政执法试点工作实施方案》，在农业和乡镇（街道）等领域深入推进综合行政执法工作。吉林省委城乡基层治理工作委员会办公室印发《关于深入推进基层综合行政执法工作的意见》，统筹推进乡镇（街道）行政执法改革。吉林省农业农村厅建立完善农业农村领域行政处罚自由裁量基准制度，制定并印发《吉林省农业农村厅农药案件行政处罚自由裁量权实施标准》。白城市积极完善农业农村综合执法机构，市所辖5个县（市、区）农业农村局均成立了农业农村综合执法机构，制定完善《白城市农业重大行政执法决定法制审核制度》《白城市农业农村局行政执法责任追究制度》等多项执法制度，明确种子、农药等行政处罚自由裁量权细化标准，不断提升"依法治农、依法护农、依法惠农、依法强农"的能力。延边州编制印发《延边州乡镇综合行政执法事项指导目录清单（试行）》，进一步将乡镇行政执法纳入法治化轨道。

2. 不断加强乡村行政执法队伍建设

吉林省委组织部将乡村干部培训纳入2021年度全省干部教育培训工作计划，加大乡村干部教育培训力度，推动乡村干部增强法治观念和提升法律素质。一是开展村党组织书记示范培训。在吉林省新型职业农民培训基地（农安县陈家店村）举办全省村党组织书记示范培训班，培训村党组织书记109人，切实提升他们宗旨意识、规矩意识和依法治村能力。同时，指导各地对换届后新任村干部全部轮训，指导新任村干部依法依规开展工作。二是开展乡镇党委书记和驻村干部示范培训。2021年底，吉林省委组织部在吉林省委党校举办全省乡镇党委书记和驻村干部示范培训班，120名乡镇党委书记代表和163名省直部门（单位）选派到重点边境村的驻村干部参加培训。吉林省农业农村厅持续加强基层行政执法人员业务培训，2021年组织开展了两期农业综合执法培训班，通过培训使全省农业综合执法人员对新修订的《行政处罚法》、渔业执法、行政诉讼、审批等有关问题有了进一步了解和掌握，运用法治思维和法律知识解决问题的能力得到进一步提升。

（三）强化乡村司法保障

1. 加强人民法庭建设，消除司法服务盲区

2021年，吉林省法院大力加强人民法庭建设，全省65家基层法院共设置派出法庭203个，其中191个派出法庭已实际运行。在无派出法庭的乡镇，设立巡回审判点428个，实现每个乡镇都有派出法庭或巡回审判点。全省农村基层法院审理了大量婚姻家庭、邻里纠纷、涉农涉贫、土地种子等生产资料纠纷，为弘扬优良家风和传统美德、助推巩固脱贫攻坚成果、维护粮食生产安全、保障乡村振兴战略实施提供了有力司法保障。

2. 大力推行巡回审判，便利群众诉讼

2020年8月，吉林省法院出台《吉林省人民法院巡回审判点工作规范（试行）》（以下简称《工作规范》），进一步规范巡回审判工作方式，全面推行"立案到乡镇、开庭在村屯、调解进家门"便民服务措施，扎实开展"我为群众办实事"实践活动。各人民法庭严格按照《工作规范》要求，坚持和完善巡回审判制度，探索"马锡五审判方式"优良传承在新时代的新内涵。2019年以来，构建了以191个巡回法庭为中心辐射428个巡回审判点的"诉讼服务圈"。通化县二密法庭深入田间地头开展巡回审判，被群众称为"大山里的巡回法庭"，央视将其作为党史学习教育先进典型做专题报道。四平市深入推进"法官进网格"和"一乡一镇一法官"司法为民活动，5个基层法院194名员额法官进驻辖区街道、乡镇，结合"万警大走访"，开展矛盾纠纷排查化解、诉前调解、普法宣传、巡回审判等工作，有效化解矛盾纠纷。

3. 推动审判机关、检察机关、公安机关依法妥善办理涉农纠纷案件

吉林省委政法委高度重视涉农纠纷案件办理工作，依法推动政法机关妥善办理涉农纠纷案件。2021年，吉林省法院在全省法院开展"打击涉农犯罪、保春耕促生产"专项活动，有力地打击了各类涉农、害农案件，惩治效果明显。吉林省检察院切实加强涉农批捕起诉和刑事法律监督工作，持续严厉打击制售假种子假化肥等侵犯农业知识产权犯罪行为。吉林省公安厅部署开展"昆仑2021"、打击整治破坏矿产资源违法犯罪、打击破坏黑土地资源犯罪、"雷霆护水"、打击整治"沙霸""矿霸"自然资源领域黑恶犯罪等系列专项行动，严惩破坏农村生态环境违法犯罪行为。吉林省公安厅会同生态环境、水利、农业农村等行政主管部门健全情报互通、线索移送和执法协作等工作机制，开展联合执法600余次，形成有效工作合力。2021年查处破坏生态环境违法犯罪案件703起，查获犯罪嫌疑人460人，涉案金额1.4亿余元。①

（四）加强乡村法治宣传教育

1. 广泛开展法治宣传教育

近年来，吉林省委宣传部会同吉林省司法厅持续组织开展"国家宪法日"和"宪法宣传周"集中宣传活动，组织引导《吉林日报》、吉林广播电视台、中国吉林网及所属"两微一端"等深入宣传宪法和习近平法治思想。通过在农贸会、庙会、各类集市等张贴法治宣传条幅、标语、宣传画等开展法治宣传，弘扬宪法精神。结合文化、科技、卫生"三下乡"活动，通过设立法律咨询服务点、开展普法讲座、发放法律宣传资料开展普法宣传活动，增强广大农民法治观念。吉林省农业农村厅结合"放心农资下乡宣传周"，利用春季农资打假有效时机，开展涉农法律宣传活动。

2. 加强乡村法治文化阵地建设

2021年，吉林省委宣传部依托全省新时代文明实践中心（所、站），推动县、乡、村、组法治文化阵地建设，充分利用43家县级融媒体中心

---

① 数据来源于吉林省司法厅。

点多面广的优势，将普法宣传与乡村文化建设有机融合，全方位宣传弘扬法治精神，推动法治文化建设与乡村振兴协调发展。长春市通过创建基层法治文化大院、长廊、街区、广场等法治宣传教育阵地，进一步加大全民普法工作力度，满足广大群众学习法律知识、提升法治意识的需求，已经建成九台区马鞍山文化广场、莲花山度假区泉眼镇新立村法治文化大院等多个乡村法治宣传教育示范基地。延边州投入100余万元推进法治广场、法治长廊、法治文化墙等农村法治文化阵地建设，全方位、立体化展示法治文化内容。

3. 广泛开展群众性法治文化活动

2021年下半年，吉林省司法厅联合吉林省委宣传部共同组织筹划了"二人转"普法活动。确定梨树县地方戏曲剧团有限责任公司为演出主体，9月17日下午，在吉林省宾馆联合举办"美好生活·民法典相伴"法治文艺汇报演出，近千名干部群众观看演出。《法治日报》、吉林广播电视台、中国吉林网等10多家新闻媒体现场进行了采访报道。吉林省文化和旅游厅鼓励省曲艺团创排新的普法宣传作品，联合吉林省司法厅在全省巡演15场，节目涵盖相声、快板、评书、京东大鼓、小品等曲艺形式，在节目中融入与群众生活密切相关的法律知识，通过接地气、入人心的表演，让法律知识走进千家万户。

4. 加强农村"法律明白人"培养

2022年5月，吉林省司法厅会同吉林省委宣传部、吉林省民政厅、吉林省农业农村厅、吉林省乡村振兴局联合印发《吉林省乡村"法律明白人"培养工程实施方案》，到2022年底，全省"法律明白人"培养工程普遍开展，每个行政村至少培养3名"法律明白人"；到2025年，基本形成培养机制规范、队伍结构合理、作用发挥明显的"法律明白人"工程体系，努力建成一支素质高、结构优、用得上的乡村"法律明白人"队伍。吉林省委宣传部与吉林省司法厅联合制作"法律明白人"宣传片，在《吉林日报》微信公众号、吉刻App、长春新闻网等媒体刊播，并组织各乡镇、街道利用微信公众号、微信群等渠道进一步转发，在农村基层群众中广泛传播，取得良好宣传效果。

（五）完善乡村公共法律服务

1. 大力强化乡村法律服务工作规划和部署

2021 年 7 月，吉林省司法厅制定《吉林省"乡村振兴 法治同行"活动实施方案》，推动各地"乡村振兴 法治同行"活动扎实开展，稳步推进乡村公共法律服务体系建设更加完善，使乡村群众获得法律咨询、人民调解、法律援助等基本公共法律服务更加方便快捷。2021 年 8 月，吉林省人民政府办公厅印发《吉林省"十四五"公共法律服务体系建设规划》，为夯实全面依法治国基础，推进当前和今后一个时期吉林省乡村公共法律服务体系建设提供指引和遵循，保证了吉林省乡村公共法律服务体系建设的规范和扎实有序开展。

2. 深入推进公共法律服务实体、热线、网络平台建设

吉林省积极落实一村（居）一法律顾问制度，推动全省村（居）法律顾问全覆盖。全省 60 个县（市、区）、954 个乡镇（街道）建立了城乡公共法律服务中心（站），组织律师、公证员、人民调解员等法律服务人员进驻，提供一站式、综合性法律服务。2021 年，吉林省司法厅积极探索推进公共法律服务网络融合发展，扎实推动公共法律服务"省市一体化"联合运行管理中心、"12348"法律咨询一体化呼叫响应中心和公共法律服务智能平台三个区域融合、规模化、信息化龙头平台项目建设。截至 2021 年 11 月底，全省各级公共法律服务实体平台服务量达 70714 人次，村（居）法律顾问提供服务 4.51 万件，其中，法律咨询 2.78 万件，出具法律意见 1548 件，开展法治宣传教育 4000 余场次，代写法律文书 1840 余件，参与化解矛盾纠纷 8750 余件，协助处理信访问题 1210 余件；"12348"吉林法律服务网浏览量达 140321 人次，"12348"吉林法律服务热线提供法律咨询 41 万余件；全省公证机构在乡镇（村居）公共法律服务工作站（室）设立公证咨询联络点 591 个，通过视频公证、巡回办证、定期办证等为农村群众提供"就近办"公证服务 337 件，为涉农经济纠纷提供文书、痕迹等司法鉴定服务 3 件。

（六）健全乡村矛盾纠纷化解和平安建设机制

1.扎实推进"百姓说事点"工作

围绕坚持发展"枫桥经验"，吉林省司法厅着力推动"百姓说事点"提档升级，2019年制定出台《关于深入推进"百姓说事点"创新发展的指导意见》，进一步充实、强化功能，明确提升标准，着力加强"百姓说事点"规范化、标准化建设，加强基础工作保障。2021年，吉林全省"百姓说事点"已达1.7万多个，从乡村扩展到城镇，基本实现了全省村（社区）全覆盖。自2010年"百姓说事点"创建以来，全省通过这一机制平台收集各类民生信息50余万条，调处各类矛盾纠纷40余万件，"百姓说事点"已发展成为矛盾纠纷化解点、社情民意收集点、公共法律服务点、致富信息传播点、干群关系联系点。

2.强化调解组织网络建设

吉林省在实现村（社区）、乡镇（街道）人民调解组织全覆盖的基础上，按照司法部《人民调解工作规范》的标准要求，依托乡镇（街道）司法所，通过建立健全各项人民调解工作规章制度，加大资金投入力度，完善基础设施，在乡镇（街道）打造示范化的调解室，建成"五有"标准调委会，标准化率达80%以上。2021年，全省共有村人民调解委员会9293个，村人民调解委员会人数达到38272人。各地在建设村人民调解委员会的同时，织密人民调解网络，大力支持社会志愿者、优秀人民调解员等热心调解工作、具有社会威望和专业特长的调解员设立个人调解工作室，积极打造各具特色的调解工作样板。2021年，全省已建成个人调解工作室485个。

3.加强乡镇（街道）综治中心规范化建设

2021年，吉林省委政法委制定下发《关于进一步加强全省综治中心规范化建设和实体化运行的通知》，明确具体工作任务，确保综治中心规范化建设和实体化运行取得实效。依托综治中心信息系统，着手建设省市县乡四级权责清晰、部门分工协作的社会治理大数据平台，确定在通化市、公主岭市先行试点，平台基本实现数据汇集、信息共享、动态管理、事件流转、协调联动、高效处置、指挥调度功能。加强党建引领基层治理工作，吉林省委政法委将村（社区）综治中心建设纳入吉林省党建引领城乡基层治理标准体系中，为实现党建贯通市县乡村四级综治中心，夯实基层治理根基奠定坚实基础。

（七）推进乡村依法治理

1.依法依规推进村"两委"换届工作

2021年，吉林省委组织部制定印发《关于做好2021年全省村（社区）"两委"换届工作的通知》，召开全省村（社区）"两委"换届工作电视电话会议，举办换届工作专题培训班，督促指导各地提高村"两委"换届选举质量，保障村民依法行使民主选举权利。明确提出换届人选不得提名的"十种情形"，参选人员资格条件全部实行县级联审并提交县级党委常委会讨论确定，村党组织书记人选全部由县级党委组织部门考察确定。各地共联审取消1094名不符合资格条件人员，全省54089名新一届村"两委"干部没有一名是受过刑事处罚、"村霸"和涉黑涉恶人员。

2.强化党建引领，提升乡村依法治理水平

2021年，吉林省委组织部制定印发《吉林省党建引领乡村治理标准体系》，规范农村基层党组织三个方面27项99个具体工作任务，量化形成具体标准，全面加强乡村治理标准化规范化建设。推行"党建+网格"模式，持续完善"村党组织—网格（村民小组）党支部（党小组）—党员联系户"的村党组织体系，打造农村治理网格44803个。实行"网格+村民代表"制度，指导各地配齐配强网格员和网格长，建立乡镇、村党员干部包联网格、走访群众制度，推进网格覆盖全体村民。从严落实"四议两公开"制度，指导乡镇党委对制度执行情况进行全过程监督，县级党委组织部门每年开展专项检查，确保制度落实落地，充分推动村级事务民主决策、公开公正，提升村党组织领导乡村治理能力。

3.村级议事协商工作有效开展

2021年，吉林省民政厅认真贯彻落实吉林省委省政府《关于加强城乡

社区协商的实施意见》和民政部关于开展村级议事协商创新实验试点工作要求，指导基层组织村民就公共事务、重大民生问题开展民主协商，积极探索村民小组协商和管理的有效方式，全省共纳入村级议事协商事项 48934件，开展协商活动 46309 次，形成决议落实 47119 件，依法公开相关事项75468 次。通过不断完善协商内容、规范协商程序、丰富协商形式，使有事多协商、遇事多协商逐步成为村民行为自觉，议事协商得到有效落实。其中长春市朝阳区乐山镇辛屯村等 11 个行政村被民政部确认为全国村级议事协商创新实验试点单位。

4. 推动专项监督常态化，有效巩固脱贫攻坚成果

近年来，吉林省纪委监委扎实开展巩固脱贫攻坚成果过渡期专项监督，聚焦各项惠民富民、促进共同富裕政策措施，特别是"四个不摘"要求、保持帮扶制度总体稳定、健全农村社会保障和求助制度、增加农民收入等要求落实情况，紧盯全省 15 个脱贫县，部署过渡期专项监督，督促各级党委、政府巩固脱贫攻坚成果，实现与乡村振兴有效衔接，确保国家的政策真正落地，截至 2020 年底，全省查处相关问题 194 起、处理 194 人。

5. 强化农村生态环境保护法律监督

2021 年，吉林省检察院以"黑土地保护检察监督专项行动"为载体，以黑土地保护为切入点，深入开展涉农生态环境保护公益诉讼工作，办理公益诉讼案件 374 件，发出诉前检察建议 286 份，提起公益诉讼共 28 件；共批准逮捕 17 件 20 人，审查起诉 131 件 141 人，发出社会治理检察建议 2份；办理行政非诉执行监督案件 482 件，发出检察建议 475 份，有关单位采纳 462 份，采纳率达 97.3%。追缴非法占地罚款 57757 元，追缴耕地占用税69541 元，拆除非法建筑 1540 平方米，治理修复受损耕地 973 亩、林地1987 亩、草原 6796 亩、湿地 3394 亩，治理垃圾场 38 个、清理垃圾等固体废物 845 吨，关停和整治排污企业和违法养殖场 21 家，为保护吉林省黑土地资源提供了有力的司法保障。形成"监督+协作、惩治+修复、公益诉讼+技术、黑土地保护+草原"等具有吉林特色的工作经验。

（八）深化法治乡村示范建设

1. 不断加强民主法治示范村（社区）创建工作

吉林省司法厅结合民主法治示范村（社区）创建复查复检工作，深入基层点对点指导示范，总结并印发了《民主法治示范村（社区）创建工作指南》。2020 年，吉林省司法厅、吉林省民政厅联合印发《关于开展第八批"全国民主法治示范村（社区）"和"吉林省民主法治示范村（社区）"命名推荐工作的通知》，在两部文件明确推荐范围的基础上，严格规范推荐标准，对推荐单位进行了初审并在媒体上公示。在公示期间，吉林省司法厅组织专门力量对推荐单位审查复核，撤销 2 个国家级示范村（社区）和 7 个省级示范村（社区）。截至 2021 年，全省有国家级"民主法治示范村（社区）"71 个，省级"民主法治示范村（社区）"423 个。

2. 深入开展农村学法用法示范户创建工作

吉林省农业农村厅会同吉林省司法厅联合印发《培育农村学法用法示范户实施方案》，扎实做好农村学法用法示范户培育工作，促进带动农民群众尊法学法守法用法，有效提升农民群众办事依法、遇事找法、解决问题用法、化解矛盾靠法的意识和能力。培育农村学法用法示范户工作自 2021 年起组织实施，到 2025 年，力争全省每个行政村都有学法用法示范户；到 2035 年，力争每个行政村的学法用法示范户数量和发挥的作用都符合当地法治工作要求。

二 吉林省法治乡村建设中存在的主要问题

（一）基层工作体系还不完善

乡镇在落实法治乡村建设工作中缺乏总体规划和布局，缺乏财政投入和项目投入，具体抓法治建设的人才力量薄弱。法治人才缺乏，各项依法行政工作、法治教育、法律服务等专业法律人才短缺，正规专业法律人才很难到农村基层一线扎根。

（二）各级部门推进法治乡村建设力度不够

各级部门重视程度不高，思想认识上的紧迫感和责任感不够，自觉履行工作职责的创新意识不强，工作主动性不高，督察检查力度不够，缺乏考核硬指标，存在工作、任务要求落实不到位的现象。

（三）农村普法教育宣传力度不足

一是农村的普法教育活动少于城镇，尤其是村级自治组织的普法教育活动较少，农民的法律意识、法治观念与市民相比淡薄得多；二是部分农村干部依法管理村级事务的意识、能力和做法与新形势下农村工作的要求相比还有一定的距离；三是乡镇法治宣传教育经费投入力度不够，宣传队伍有待强化，贴近群众实际、贴近生活、群众喜闻乐见的法治宣传活动还不多。

（四）"一站式"诉讼服务、人民法庭建设还需发力

一方面，法官不仅要坐堂审案，还要推行巡回开庭、诉讼调解等一站式服务和其他一些便民措施，同时还要承担大量的法律政策咨询、诉讼引导、信访接待职能；另一方面，随着城市化发展，人口流动加快，尤其农村外出务工人员增多，导致案件审理结果送达难、案件审理期限长。

（五）农村基层社会治理工作创新不够

吉林省农村基层社会治理与先进省份相比，开拓创新精神不够，多中心并存，尚未完全实现资源整合共享，全省还未建立起集智慧采集、管理、应用于一体的社会治理指挥平台。

（六）涉农公益诉讼力度不够

个别检察院不能主动发现涉农案件线索，挖掘案件意识不强，办案效果与精准监督的要求还有差距，涉农纠纷的抗诉再审改变率与再审检察建议采纳率均低于全国平均水平，仍需进一步提升。

三　完善吉林省法治乡村建设的对策和建议

（一）强化法治乡村建设职责落实

提高各部门重视程度，加强对法治乡村建设的组织实施和工作指导，强化任务台账管理，严格按照职能分工，推动相关任务落地落实。提高基层干部对法治乡村建设重大意义的认识，使其进一步重视法治乡村建设工作，更好落实"谁主管谁负责"和属地管理责任制。重点增强涉农部门以及乡村干部的主体责任意识，推动法治融入涉农行政管理以及村、社区党团建设和村居建设中。

（二）持续加强法治学习培训

完善村"两委"成员学法制度，定期开展村干部法治培训，强化法治观念和法治思维，同时把村干部学法用法情况，是否具备法治观念、与履行职责有关的法律知识和依法办事的能力，作为考核的重要依据。拓展人才引进渠道，创新人才管理模式，吸纳法治人才到农村基层一线，不断提升基层干部的法治素养。实施"法律明白人"培养工程，为乡村振兴提供本土化的人才支撑。

（三）加强法治宣传教育

充分利用各种形式、各种节点、各种渠道广泛宣传国家法律法规，丰富法治宣传活动形式，积极开展"4·15国家安全教育日"、"12·4国家宪法日"、民法典宣传月等专项法治宣传活动，扩大宣传范围和加大宣传力度，进一步有效提升村民的法律素质。加强农村基层法治文化建设，打造法治图书角、法治文化小广场、法治宣传栏、法治宣传板等法治文化阵地，开展法治文艺演出等丰富群众文化生活。

（四）妥善审理涉农民生保障案件

坚决落实最严格的耕地保护制度，严厉打击各种违法占用耕地行为，依法保护好黑土地。妥善审理农村承包地、宅基地"三权分置"产生的土地权属流转纠纷案件，促进土地资源有效合理利用。从严惩处农村黑恶势力犯罪和破坏农业生产、侵害农民利益的违法犯罪行为，维护农村社会稳定。

（五）强化农村基层社会治理工作创新

定期调度各地推进乡镇（街道）综治中心规范化建设、试点工作进展情况，包括领导机构、工作机制及本地区实现市域社会治理现代化的时间表、路线图、任务书等情况以及各成员单位责任分工等内容，听取意见建议，完善政策措施，及时总结推广工作中创新做法和成功经验，化一地经验为全省财富，切实把基层社会治理和市域社会治理试点工作抓实抓细抓出成效。

（六）强化涉农检察工作

多措并举，切实增强责任感和使命感，坚持以办案为中心，突出重点，攻克难点，以更加昂扬的精神、更加有效的措施，积极推动涉农公益诉讼工作全面、优质、快速、健康发展。运用检察机关"两微一端""12309热线"等线上渠道，积极为弱势群体提供更加高效便捷的法律咨询服务。加大法治宣传力度，依法支持合法权益受到侵害的农民工等弱势群体提起民事诉讼，主动帮助因案致贫、因案返贫的困难群众申请司法救助，提升民事检察社会认同程度。

参考文献

王黎黎、唐文丹：《数字经济时代法治乡村振兴问题研究》，《现代农业研究》2022

年第 11 期。

高其才、张华：《乡村法治建设的两元进路及其融合》，《清华法学》2022 年第 6 期。

朱海嘉：《培育法治文化与推进乡村治理的三重维度》，《中国司法》2022 年第 11 期。

邓琼：《新时代背景下法治乡村发展之路》，《法制博览》2022 年第 23 期。

董凡超：《全国司法行政系统"乡村振兴　法治同行"活动暨公共法律服务体系建设视频推进会发言摘登》，《法治日报》2022 年 6 月 23 日。

杨文义：《法治乡村建设问题研究》，《河南科技学院学报》2022 年第 7 期。

B.13
运用红色文化资源构筑吉林新型
普法阵地研究

李宪松*

摘 要: 吉林省红色文化资源丰富、优势明显，是吉林省文化发展重要的精神和物质来源。全省各地突出地域特色，不断创新红色文化资源的传承弘扬、保护利用工作。但是，吉林省在现有红色文化资源与法治元素深度融合、逐步开发利用形成法治宣传教育阵地方面还不是很成熟。进入新的历史发展阶段，吉林省要结合"八五"普法工作，注重运用省内红色文化资源，积极打造普法宣传教育新阵地，积极推进红色文化资源运用与发展，同普法与依法治理工作深度融合，创新打造普法阵地，更好地发挥红色法治文化在全民普法工作中的作用。

关键词: 红色文化 普法阵地 文化强省

大力弘扬红色文化是"八五"普法工作的重点任务。本报告通过实地考察、典型调研和文献研究等方法，梳理了吉林省独具特色的红色文化，对如何开发利用这些红色文化资源、创新打造新型普法阵地进行了探索。

一 吉林省的红色文化资源

吉林省红色文化资源十分丰富，有着光荣的革命历史和独特的红色文化

---

* 李宪松，吉林省司法厅普法与依法治理处一级主任科员。

底蕴。吉林省是中国共产党早期活动的重要地区，是东北抗日联军的创建地、东北解放战争的发起地、抗美援朝的后援地，也是新中国汽车工业的摇篮、新中国电影事业的摇篮、中国人民航空事业的摇篮。

吉林省红色文化主要包括革命战争时期的义勇军文化、抗联文化以及解放战争时期的红色文化资源。百年来，中国共产党带领吉林人民留下了无数可歌可泣的革命故事、感人至深的英雄事迹和悲壮激越的战争遗存，为吉林大地注入了生生不息的精神动力。马骏、杨靖宇、刘英俊、王大珩、郑德荣家喻户晓；东北抗联、"四战四平"、"三下江南"、"四保临江"、"共和国长子"影响深远。在社会主义建设及改革开放时期，吉林省还涌现出了唐敖庆、朱光亚、蒋筑英、谭竹青、黄大年等一批影响重大的红色名人，他们的事迹进一步丰富了吉林省红色文化精神。这些宝贵的吉林省红色文化资源，对于吉林省不断突破当前经济社会发展困境、实现全面振兴、全方位振兴是不可估量的精神资源和文化软实力。

红色文化资源是一座精神富矿，红色文化遗址是这座精神富矿里重要的有形资产。据不完全统计，吉林省现有革命旧址 269 处、烈士纪念设施 541 处、革命历史类纪念馆（博物馆）28 家、馆藏革命文物 6000 余件（含珍贵文物 724 件）、各类爱国主义教育基地 370 余家。①

二　吉林省红色文化资源利用现状

吉林省红色文化是吉林省文化发展重要的精神和物质来源，也是一个地域文化的历史标签。吉林省委、省政府高度重视红色文化资源的传承弘扬、保护利用工作，全省各地不断创新活用，突出地域特色，擦亮红色品牌，弘扬红色文化，赓续红色血脉，为吉林创新发展提供不竭的精神动力。

（一）高度重视，深度融合

2021 年，吉林省委办公厅印发了《吉林省进一步传承发展红色文化实

---

① 本报告数据来源于各有关省直部门，截至 2021 年 12 月 31 日。

施方案》，在全省深入实施红色文化研究阐释工程、红色文化保护利用工程、红色文化宣传教育工程、红色文化精品创作工程、红色旅游发展工程。吉林省委宣传部牵头制定《在全省组织开展"传承红色基因、赓续红色血脉"——"五走进"红色教育活动的实施方案》，推动各地各部门扎实开展红色教育活动进机关、进学校、进企业、进乡村、进社区；推动全省干部群众在党史学习教育和"四史"宣传教育中用好红色文化资源，汲取奋进新时代的精神力量。吉林省文化和旅游厅制定《关于活化红色资源推动红色旅游高质量发展的实施方案》，完善红色旅游规划体系，建立红色旅游发展协调机制，推动红色资源和红色旅游深度融合。

（二）传承发展，彰显魅力

2021年党史学习教育期间，吉林省委宣讲团精心编写《宣讲提纲》，集体备课，先后两轮赴全省各地和部分企业、高校开展宣讲活动230余场，实现市（州）县（市、区）全覆盖；市县两级组建宣讲团，深入基层开展宣讲1400余场；调动全省1.6万余名理论志愿者和基层宣讲员，遴选一批红色传人、"时代楷模"等先进典型，深入全省9342个新时代文明实践所、站和基层社区、企业、学校等，开展红色传人讲红色故事、"时代楷模"讲奋斗故事、汉语朝鲜语双语宣讲等特色宣讲活动。吉林省委党史研究室扎实推进《东北沦陷史》等文献类著作编写工作，编辑出版《习近平总书记关于吉林地方工作重要论述资料汇编》等党史学习读物，摄制《百年红星耀吉林》纪录片。推动红色文化进教材、进课堂、进头脑，鼓励学校到革命旧址、革命博物馆纪念馆等开展现场教学，让红色文化滋养学生心灵、涵育德行。组织全省少先队员开展"红领巾讲解员"志愿讲解服务，累计在全国少工委微信公众号"党的故事我来讲——争做红领巾讲解员"平台注册讲解员15万余名，上传作品3万余件。

（三）激励担当，助推发展

结合开展"不忘初心、牢记使命"主题教育，将红色文化教育纳入各级党组织学习培训重要内容，充分发挥爱国主义教育基地、干部党性教育基地、党史教育基地等红色文化资源基地的作用，结合建党、建军等重要时间节点，组织开展主题党日、重温入党誓词、党史知识竞赛、主题征文、主题党课等"五个一"活动，教育引导党员干部不忘初心、牢记使命，始终坚守理想和信念，发扬优良革命传统，献身党和国家事业。近年来，吉林省积极推进红色旅游与自然生态、历史文化、民族风情、乡村休闲、都市生活等各类旅游资源的融合发展，将红色文化资源转化成发展优势，助推吉林省高质量发展步伐迈得更加坚实。

虽然吉林省针对红色文化资源做了大量工作，但在现有红色文化资源与法治元素深度融合、逐步开发利用形成法治宣传教育阵地方面还不是很成熟，在开发利用、资源整合和人才培养方面还存在诸多不足。一是开发利用力度不够大。许多红色文化遗址教育意义十分深远，可挖掘元素非常多，但是因为地理位置、资金投入等诸多原因，存在围而不用、用而不管的现象，逐步被群众淡忘，失去了应有的教育意义。二是资源整合不够合理。文旅、文物保护、司法等部门之间沟通协调不够，导致"自家搭台唱自家戏"的现象普遍存在，全省现有的法治文化宣传广场与红色文化遗址相结合开发利用的较少，导致很多优质资源白白浪费。三是人才培养投入力度不够大。从事红色文化宣传的专业人才较少，与红色法治文化宣传结合得也不够紧密，一些历史博物馆的讲解员只能概述出历史场景和完整讲述故事，对故事背后的故事和蕴含的法治教育意义了解不深，讲不出、用不了。这就导致许多好的红色文化资源没有转化成优质的法治教育资源。

三 吉林省建设红色文化普法阵地的实践路径

进入新时代，面临新形势，吉林省要积极推进红色文化运用与发展，同普法与依法治理工作深度融合，创新打造普法阵地，让红色文化放射出更加璀璨的时代光芒。

2021年9月28日，吉林省委、省政府转发了《省委宣传部、省司法厅关于开展法治宣传教育的第八个五年规划（2021—2025 年）》，对红色法治文化做了进一步阐发，为更好地发挥红色法治文化在全民普法工作中的作用奠定了坚实基础。

一是传承红色基因，以习近平法治思想引领全民普法工作。习近平法治思想既是"八五"普法工作的根本遵循和行动指南，又是"八五"普法工作的重点内容。要用习近平法治思想武装头脑、指导实践，推动普法工作守正创新、提质增效、全面发展。吉林省在"八五"普法工作中，注重深挖红色文化资源，创新"红色+普法"模式，将法治教育与革命传统教育、爱国主义教育与东北地域特色相结合，积极创建"红色法治宣传教育阵地"。司法行政部门积极开拓工作思路，多维度将法治理论学习融入党史学习中，创新基层普法新形式，让群众在学习党史的同时了解法治文化、熟悉政策法规、提升法治意识。

二是讲好红色故事，用先烈的感人事迹感召全民树立守法意识。把开展红色法治资源宣传与全民普法守法结合起来，通过搭建覆盖面更广的宣传平台，让更多人了解红色法治、走近红色法治、宣传红色法治，努力营造尊崇法治、厉行法治、共为法治的浓厚社会氛围。在新时代的长征路上，要讲好红色故事、补充红色营养，将红色火种播进一代代中华儿女的心中，为高质量推动法治吉林建设提供坚强精神支撑。充分利用党史学习教育"理论大讲堂""家庭大课堂"等特色基层普法形式，融入法治理论学习，把书本上抽象的条款转化为生活中鲜活的事例，用身边"小故事"诠释法治"大道理"。

三是把握正确方向，让法治化自觉成为社会公民行动准则。全民普法是一项政治性、人民性和法治性都很强的工作，必须把党的领导贯彻到全民普法工作的全过程和各方面，牢牢把握好正确的政治方向。努力提升广大干部群众对红色基因的认知认同程度，在全民中形成弘扬红色文化、传承红色基因的合力。紧密结合党史学习教育，秉持"传承红色基因、赓续红色血脉"的高度自觉，加强对东北抗联、抗美援朝、东北老航校时期法治建设大事的红色专题研究，把红色基因渗入血脉、融入灵魂、化为行动。

（一）做好顶层设计，确立红色法治文化与普法相结合的发展方向

"八五"普法规划实施以来，强调最多的就是大力弘扬红色法治文化。这是"八五"普法不同于以往普法的一个突出特点和新任务。为了保护好、管理好、运用好这些红色法治文化资源，自 2018 年起，全国普法办陆续命名了 20 多个红色法治遗存，将其打造为全国法治宣传教育基地，组织指导基地积极向社会公众开放，作为革命传统教育的一部分，充分发挥其资政育人的作用和以史为鉴的价值。目前，吉林省按照"八五"普法规划和《关于加强社会主义法治文化建设的意见》要求，正在组织各地结合深入学习贯彻习近平总书记"七一"重要讲话和关于依法治国有关论述精神，进一步加大对红色法治文化的发掘力度，探索建立红色法治文化遗存目录，命名一批以红色法治文化为主题的省级法治宣传教育基地，加强科学保护，开展系统研究，打造精品展陈，强化教育功能，传承红色法治基因。

（二）统筹形成合力，促进红色法治文化与普法宣传教育有机结合

红色是中国共产党最鲜明的本色。普法工作者要深入学习领会贯彻习近平总书记"七一"重要讲话精神，立足本职岗位，站稳人民立场，将传承红色基因、赓续红色法源转化为指导实践、攻坚克难、推动发展的强大力量，深入挖掘吉林省红色资源优势，将弘扬红色法治文化与普法宣传教育有机结合。一是弘扬红色法治文化，实现阵地全覆盖。加强红色法治文化在机关、企业、校园、社区、乡村的形象塑造，建设农家书屋、社区文化中心、新时代文明实践站、法治微景观等公共文化服务设施，巧妙地将法治元素融入红色基地，因地制宜打造一批具有吉林省特色的法治文化阵地。加强宪法主题公园建设，秉持群众喜闻乐见、形式多种多样、语言通俗易懂的原则，用图文并茂的形式，讲述古今中外的法治故事，让法治文化在吉林这片红土地上熠熠生辉。二是挖掘本土红色资源，打造普法课堂。深入挖掘本土历史文化资源，有效利用与法治有关的名人故居、历史街巷、博物馆、

展览馆等场所，打造特色法治文化景观，推动"法""景"融合，同时，将领导干部学法融入各级"大讲堂"，加强对领导干部任职前法律知识掌握情况的考察，把依法决策、依法管理、依法办事等考核结果作为干部综合考核评价的重要指标。三是精心设计红色课程，让学生有所获。进一步加强青少年法治教育，增强青少年法律意识和法治观念，让本土红色文化走进书本、走进课堂、走进每个学生的头脑里。积极建设红色课堂品牌工程，广泛开展红色文化情景教学和现场教学，教师们认真收集整理红色文化与革命精神相关教学案例，精心编写教程教案，使思政课堂成为"震撼心灵、有滋有味"的热门课。

（三）深挖法治内涵，丰富红色法治文化在普法宣传教育中的展现形式

充分发挥吉林省红色文化资源大省的潜力和优势，调动各级各类文化机构、文化团体开展形式多样的红色法治文化产品创作。组织创作一批优秀法治影视作品，制作播放一批优秀的法治公益广告，出版一批优秀的法治文化图书。依托曲艺团等推出深受群众欢迎的具有地方特色的红色法治文艺节目，打造一批普法快板、法治小品、普法宣传情景剧等群众喜爱的红色法治文艺作品，推出展现吉林特色的法治文化精品。建立优选激励机制，组织开展红色法治文化作品征集评选活动，对优秀作品予以奖励并推荐参加全国评选。将红色法治文化作品纳入"文化强省"建设工程以及送书、送戏、送电影下乡（基层）等法治文艺巡演活动。利用重大纪念日、传统节日等契机广泛组织开展"红色法治文化六进"、法治知识竞赛、红色法治文艺会演等，推进红色法治精神深入人心。扶持和鼓励文化馆、图书馆、艺术团体、广播电视、电影公司等文化部门广泛开展群众性红色法治文化活动，加大优秀红色法治文化作品的宣传、展演和展示力度，提升红色法治文化的吸引力，让社会公民更多地分享红色法治文化发展成果，在潜移默化中接受法治宣传，提升法治素质。

参考文献

李娜、徐慕旗：《吉林省加强红色资源保护利用情况综述》，《吉林日报》2021 年 9 月 17 日。

刘甜甜：《关于整合吉林省红色资源的研究与思考》，《新长征》（党建版）2020 年第 2 期。

B.14
吉林省法律援助工作现状与机制创新研究

张新梅*

摘　要：　近年来，吉林省法律援助工作在规范化、法治化建设方面取得了显著成效，在法律援助法规体系建设的基础上，法律援助工作服务网络基本建成，法律援助经费保障及值班律师制度进一步优化，弱势群体权益保护力度逐渐加大。但由于各方面因素的制约，吉林省法律援助工作依然面临经费不足、专业人员缺乏、社会参与度较低、供需矛盾加剧等问题。对此，应通过"开源"的方式，深入挖掘吉林省现有法律援助服务机构及人员的服务潜力，鼓励和支持更多符合条件的社会多元主体通过各种渠道和形式参与法律援助，从而达到弥补吉林省法律援助资源不足、扩充法律援助服务供给端的目的。

关键词：　法律援助　协同治理　多元化供给

党的十九届四中全会明确把公共法律服务体系建设作为中国特色社会主义法治体系的重要内容，其中法律援助是公共法律服务体系的重要组成部分。2021年8月20日，第十三届全国人大常委会第三十次会议通过了《中华人民共和国法律援助法》（以下简称《法律援助法》），从"行政法规"上升为"国家法律"。面对新形势新任务新要求，深入推进吉林省法律援助工作法治化、规范化，对于增强人民群众的幸福感、安全感、归属感和获得感以及法治吉林建设具有重要意义。

---

* 张新梅，吉林省社会科学院法学研究所副研究员，研究方向为劳动法学、法社会学等。

一 吉林省法律援助工作成效显著

（一）加强法律援助制度建设，规范和保障法律援助工作

《吉林省法律援助条例》（以下简称《条例》）于 2020 年 1 月 1 日起正式施行，这是首部规范吉林省法律援助工作的"基本法"，《条例》立足吉林省经济社会发展实际，将多年来法律援助制度建设方面的宝贵经验与成功探索以地方立法的形式确定下来，具有鲜明的地方特色。一是通过降低准入门槛扩大法律援助对象的覆盖面。降低申请法律援助的经济门槛，一律将经济困难标准放宽到最低工资标准；对于城镇外出农民工、下岗病退失业人员、妇女、未成年人、老年人、残疾人、军人军属等一些特殊群体，法律援助经济困难标准放宽到住所地或者经常居住地最低工资标准的 1.5 倍，同全国相比，这是较低的法律援助门槛。二是适当调整扩大了法律援助的受案范围。把所有涉及民生、农业农村及特殊群体权益保护的事项都纳入法律援助受案范围，如劳动权益保障、婚姻家庭关系、食品药品安全、教育医疗保障、环境污染、农业生产资料购销、土地承包经营及军人军属的权益保护等。

（二）进行普法宣传，助推《法律援助法》落地实施

进一步提高《法律援助法》的知晓率，扩大法律援助的受众覆盖面。一是设置法律宣传标语，扩大法律援助宣传范围。2021 年 12 月以来，吉林省法律援助中心在 7 条公交线路的 50 台公交车内部灯箱、4 个乘客流量大的地铁站、6 个居于交通枢纽重要位置的公交车候车亭等人流密集场所设置法律援助宣传标语等。二是发放宣传材料，解答法律咨询，推动法律援助落地见效。自 2021 年 8 月以来，深入群众开展法律援助宣传活动 60 余次，发放各类宣传材料 88000 余份，解答群众咨询 2000 余人。[①] 三是组织现场宣

---

① 《宣传贯彻法律援助法，吉林这样做！》，中国法律援助频道 司法部法律援助中心网站，2022 年 3 月 7 日，https：//www.moj.gov.cn/jgsz/jgszzsdw/zsdwflyzzx/flyzzxgzdt/202203/t20220307_449902.html。

讲，开办法律课堂，形成法律援助宣传合力。对接工会、残联、妇联、共青团等群团组织，采取由司法行政部门牵头、群团组织协作、志愿者参与的工作模式，对农民工、残疾人、老年人、妇女、未成年人等特殊群体进行重点、深入宣讲，进一步提升《法律援助法》落地实施的有效性。

（三）覆盖面广、专业性强的法律援助工作服务网络已基本建成

截至2021年底，吉林省已成立对法律援助工作进行指导、管理、监督的省级及市、县两级法律援助中心70个，同时依托法律援助中心、社会团体、劳动监察部门、军队等，建立了覆盖全省的省、市（州）、县（市、区）、乡（镇）、社区（村、屯）五级法律援助服务网络，全省一共设立法律援助工作站1549个，在社区（村、屯）建立法律援助联系点8477个。同时建立和完善了省、市（州）、县（市、区）三级法律援助应急机制，构建了城市半小时、农村近1小时、偏僻困难地区约2小时的立体化法律援助工作应急联动服务网络圈，形成了全省法律援助中心应援和速援并重的救援工作格局。[1] 另外，各类社会力量积极参与法律援助领域的工作，例如吉林省法律援助中心依托吉林大华铭仁律师事务所设立的吉林省农民工法律援助工作站，专门为基层农民工就业权益保障提供法律援助；吉林省法律援助中心分别与吉林大学、长春理工大学、长春工业大学等几所高等院校联合，建立专门为弱势群体提供法律援助的工作站，服务对象为本校的在读学生、社会层面上经济存在暂时困难或特别有困难的农民、残疾人、老年人、妇女、孤儿等，这些机构的建立是对政府法律援助工作的有益补充，推动着吉林省法律援助工作向专业化、多元化方向纵深发展。

（四）便民化法律援助中心和法律援助服务窗口建设初见成效

吉林省全面推进法律援助中心建设和法律援助便民服务示范窗口建设。截至2021年底，全省70家法律援助中心全部实现了在临街一层办公，有

---

① 《吉林法援把民生实事落到实处》，《法治日报》2022年9月7日。

47 家建成了标准化法律援助中心，其中 27 家成为省级"法律援助便民服务示范窗口"。为进一步方便人民群众申请法律援助，建立了"吉林省法律援助网"，解答群众法律咨询，宣传法律知识，多渠道帮助群众寻求法律援助。2020 年 10 月 15 日，设立覆盖全省的 12348 公共法律服务热线，第一批参与登记执业的注册律师有 111 人，面向全省人民群众提供无偿的全年无节假日、休息日的公益法律业务咨询，同时对辖区群众的诉权维权给予及时指导，法律援助工作成效尤为显著，最近几年，共已指引帮助办理全省各级法律援助案件 10 万多件，受援群众超过 12 万人，为社会各界群众 70 多万人广泛提供法律咨询。①

（五）加强对弱势群体权益保护，法律援助工作社会效益显著

1. 农民工法律援助工作取得实效

截至 2021 年底，吉林省各级法律援助机构联合各级人力资源和社会保障部门、工会组织等，一共设立农民工法律援助工作站 88 个。在法律援助中心已有便民服务窗口的基础上，增加显著标识，开辟农民工法律援助绿色通道，对涉及农民工维权的案件一律实行"一免五优先"政策，极大地维护了农民工的合法权益。例如，2021 年吉林市法律援助中心受理农民工法律援助案件 361 件，接待各类权益咨询求助对象超过 500 人，受援涉及各类农民工群众达到 407 人，挽回农民工直接经济损失折合人民币已达 300 余万元。②

2. 切实维护好残疾人的合法权益

开展"法援惠民生　关爱残疾人"法律援助品牌建设活动；2021 年 6 月 15 日，"吉林省残疾人法律援助工作站"揭牌，全省已经建立各级残疾人法律援助工作站 74 家，③ 同时加强便民服务窗口建设，用显著标识标注

---

① 《给困难群众撑起保护伞》，《法治日报》2021 年 5 月 24 日。

② 《市司法局组织律师扎实开展我为群众办实事活动》，吉林市人民政府网站，2021 年 4 月 26 日，http://www.jlcity.gov.cn/yw/jcyw/202104/t20210426_951227.html。

③ 《吉林省残疾人法律援助工作站正式揭牌！》，凤凰网吉林，2021 年 6 月 19 日，https://jl.ifeng.com/c/878yclQl099。

残疾人法律援助绿色通道，使残疾人能够享受"一免五优先"服务；推进信息化建设，为残疾人提供及时便捷有效的法律援助服务。

3. 保护未成年人合法权益

截至 2021 年底，吉林省法律援助机构已联合共青团组织、民政部门设立未成年人法律援助工作站 132 个，共发放未成年人法律援助宣传资料5.15 万余份，组织现场宣讲、法律课堂 36 次，现场解答群众法律咨询 500余次，受众达 4 万余人。① 在便民窗口建设上，用显著标识标注未成年人法律援助绿色通道，简化孤儿、困境儿童申请法律援助的程序并免予经济困难审查。

4. 实现特殊老年人权益保障全覆盖

截至 2020 年初，全省共建成老年人法律援助工作站 79 个，实现了老年人法律援助网络系统全覆盖。为解决困难、残障、失独、空巢老年人权益保障问题，2022 年开展"老年人权益保障法律援助阳光行动"，不断采取措施加强法律援助便民服务示范窗口建设，用显著标识标注老年人法律援助绿色通道。2022 年上半年，全省各级基层法律援助机构累计办理及协助办理法律援助案件 9854 件，其中包括老年人法律援助案件 241 件，涉及老年人245 人。②

（六）持续增加乡村法律服务供给，全面助力乡村振兴

1. 脱贫攻坚取得实效

在 8 个国家扶贫开发工作重点县和 7 个省定片区县建立脱贫攻坚便民服务法律援助窗口，为扶贫对象提供"免予经济困难审查"和"一免五优先"法律援助服务，为 1489 个贫困村配备法律援助联络员，实现贫困人口法律援助便民服务全覆盖。截至 2018 年 6 月底，全省法律援助机构共办理法律援助案件 7890 件，受援群众 8339 人，提供法律咨询 45932 人次，接听

---

① 《维护未成年人合法权益，吉林省法律援助机构在行动》，《吉林日报》2022 年 6 月 11 日。
② 《官宣:〈吉林省法律援助条例〉颁布 法律援助经济困难标准放宽到最低工资标准》，搜狐网吉林，2019 年 12 月 13 日，https://www.sohu.com/a/360160893_ 120118599。

12348 法律服务热线 22228 人次。其中为脱贫对象办理法律援助案件 172 件，直接为脱贫对象挽回经济损失 420 万元。[①]

2. 全面助力乡村振兴

2021 年，在巩固拓展脱贫攻坚成果的基础上，提升法律服务的质量和效率，有效衔接乡村振兴，继续依托 7 个原贫困县法律援助窗口和 789 个原贫困村法律咨询网点，积极组织法律援助律师、公益律师、法律援助志愿者开展法律援助，送法进村，加强对特殊群体的法律援助。改进 12348 法律服务热线平台管理工作，为符合条件的困难群众提供便捷高效的法律援助，让法律援助真正惠及民生。据统计，吉林省每年申请法律援助和法律咨询的人员在 30 万人左右，其中绝大多数为困难群众和乡村特殊案件的当事人。[②]

（七）多措并举提升法律援助经费保障水平

一是将法律援助业务经费全部纳入各级财政预算。吉林省各级政府陆续出台实施意见和办法，将法律援助纳入本地经济社会发展规划，纳入民生工程、基本公共服务体系、政府绩效考核体系，截至 2021 年底，全省各级法律援助机构的业务经费已全部纳入同级政府财政预算。二是用足用好中央专项彩票公益金法律援助项目资金，将该项资金全部用于针对农民工、残疾人、老年人、妇女和未成年人权益保障的法律援助，在一定程度上解决了吉林省法律援助经费保障不足的问题。三是落实配套制度，提高法律援助办案补贴标准。进一步落实《关于调整法律援助办案补贴费用标准的通知》的相关规定，较大幅度提高了办案补贴标准，在原有办案补贴标准的基础上，办理一般刑事案件提高了 71%～200%，死刑和死刑复核案件提高了 186%～400%，民事案件和行政案件提高了 150%～300%，等等。[③]

---

① 《吉林省实现贫困人口法律援助便民服务全覆盖》，《吉林日报》2018 年 10 月 5 日。
② 《吉林省实现贫困人口法律援助便民服务全覆盖》，《吉林日报》2018 年 10 月 5 日。
③ 《吉林省调整法律援助办案补贴标准　实现多项新突破》，中国吉林网，http：//finance. china. com. cn/roll/20170307/4126518. shtml。

（八）基本实现值班律师刑事法律援助全覆盖

1. 建立值班律师法律援助工作站

进一步落实《关于开展法律援助值班律师工作的实施意见》，在 2018 年底，吉林省已在 77 个人民法院、52 个看守所和 14 个人民检察院建立法律援助值班律师工作站，实现了人民法院、看守所法律援助值班律师工作站的全覆盖和在人民检察院逐步设立法律援助值班律师工作站的工作创新。在此基础上，截至 2020 年 6 月，吉林省一共设立了法律援助值班律师工作站 220 个。①

2. 出台规章制度，保障值班律师工作的有序开展

吉林省法律援助中心于 2021 年 11 月印发《吉林省法律援助值班律师办理审查起诉阶段认罪认罚法律帮助案件工作指引（试行）》，对值班律师职责、运行模式、监督管理、工作保障等方面做出了统一的规范；2021 年 8 月出台《关于解决律师办理刑事认罪认罚法律帮助案件办案补贴费的指导意见》，为基层法律援助值班律师开展认罪认罚法律帮助工作解决了经费缺口的实际问题。截至 2021 年底，吉林省法律援助值班律师工作站共为犯罪嫌疑人、刑事被告人及其近亲属提供法律咨询 5511 次，转交法律援助申请 746 件。②

二　当前吉林省法律援助工作存在的主要问题

近年来，吉林省的法律援助工作在规范化、法治化建设方面取得了一定成效，但随着《法律援助法》的出台，受援对象和范围进一步扩大，在满足人民群众不断增长的法律服务需求、推进法律援助的工作中，仍然存在与当前形势不相适应并且亟须解决的现实问题。

---

① 《〈吉林省法律援助条例〉颁布实施新闻发布会》，吉林省人民政府网站，http：//www.jl. gov. cn/szfzt/xwfb/xwfbh/2019/2016sejesschy_ 172279/wzzb/。

② 《〈吉林省法律援助条例〉颁布实施新闻发布会》，吉林省人民政府网站，http：//www.jl. gov. cn/szfzt/xwfb/xwfbh/2019/2016sejesschy_ 172279/wzzb/。

（一）法律援助经费来源单一，总投入偏低

法律援助经费来源单一，主要来自国家及地方政府的财政拨款，社会捐助、福利彩票公益金等其他投入仅占很小部分。作为单一来源的政府经费，最大的问题就是在使用中存在有限性和机械性，在人民群众法律服务需求日益增长的形势下，法律援助经费保障面临实际困难。当前，吉林省法律援助业务经费预算占全部财政收入的比例仍相当低，受经济发展水平以及其他各方面条件的制约，开展日常法律援助工作的经费尚不充足，部分地方受经费所限无法提供及时的援助，与法律援助"应援尽援"的基本要求还存在一定差距，未达到"应援优援"的要求。全省法律援助经费依赖财政拨款，基本保持在90%以上，受国家及地方财政能力的制约，一些地方的法律援助经费已经不能及时足额到位，许多地区没有按时为值班律师发放补贴，这也是律师流失及参与法律援助积极性不高的主要原因。从总体上看，法律援助经费的投入虽然有所增加，但增长放缓，从人均法律援助经费支出的统计来看，人均法律援助经费支出不足 0.4 元，仍然处于较低水平。

（二）法律援助需求增加、范围扩大，供需矛盾日益加剧

近年来，随着吉林省经济社会发展及法治水平的提高，公民的法律意识及维权意识不断增强，法律援助范围不断扩大，在社会转型期，各种社会利益关系呈现出复杂局面，尤其是在《法律援助法》落地实施后，全社会对法律援助的需求显著增加，法律援助案件数量大幅增加，所需经费出现很大缺口。可以预见，随着法治吉林建设的不断推进，法律援助的潜在需求量会转化为现实需求量，在法律援助需求量进一步增加而相关经费增长缓慢的情况下，吉林省法律援助供需之间的矛盾会加剧。

（三）法律援助律师资源短缺，社会参与度较低

1.律师资源短缺

律师是法律援助不可或缺的生力军，截至 2021 年底，吉林省仅有执业

律师4913名，其中具有刑事辩护能力的律师不足半数。同时，律师资源分布很不均衡，主要集中在市（州）中心区域，偏远地区极度缺乏。其中全省近50%的律师集中在长春市，全省60个县（市、区）中有27个仅有1~2家律师事务所，随着法律援助案件的增加，案件办理律师和值班律师短缺的问题会更加突出。[①]

2. 其他社会主体参与度较低

长期以来，除群团组织（工会、妇联、残联、共青团等）之外，其他社会主体对法律援助的贡献度一直较低，从历年法律援助案件数据来看，吉林省的其他社会主体以及志愿者参与承办的案件数量占案件总量的比例一直低于5%。总体上，其他社会主体多被动接受供给，有制度方面的原因，法律援助社会主体参与缺乏相应的制度保障，现实中存在准入门槛过高的问题；有经费方面的原因，法律援助社会资金供应不稳定、持续性不足、覆盖面狭窄；有监管方面的原因，存在管理部门不明确的情况，对法律援助社会组织的统筹管理不足，没有充分体现法律援助社会组织应有的援助类型多样、援助范围广泛、援助方式灵活的特点。

（四）基层法律援助机构工作力量不足

一是任务重。县（市、区）法律援助中心承担着法律援助管理和服务的双重职能，既要负责法律援助案件的受理、指派、办案质量检查监督、补贴发放，还要承办部分法律援助案件，承担公、检、法值班律师工作，承担地方政府法律顾问工作和信访办值班工作。随着《法律援助法》的实施，核查申请人经济困难状况的职能也需要由基层法律援助机构承担，由于当前吉林省信息化共享水平较低，核查将进一步增加法律援助机构的工作量，基层工作力量不足的问题会更加突出。二是编制少、待遇低。基层法律援助中心人员编制一般只有3人左右，事业编制的基层法律援助中心工作人员收入

---

① 《宣传贯彻法律援助法，吉林这样做！》，中国法律援助频道 司法部法律援助中心网站，2022年3月7日，https://www.moj.gov.cn/jgsz/jgszzsdw/zsdwflyzzx/flyzzxgzdt/202203/t20220307_449902.html。

较低，事业编制法律援助律师的收入与社会律师更是差距大。三是人员流失。基层法律援助工作人员特别是法律援助律师不断流失，逐年减少。2021年与 2017 年相比，吉林省法律援助机构专职工作人员减少了 26 人，占机构人员总数的 7.3%，法律援助律师减少了 35 人，占法律援助律师总数的19.7%。截至 2022 年 3 月，全省 70 个法律援助中心已经有 12 个没有法律援助律师。[①]

三 创新吉林省法律援助机制的对策建议

吉林省的法律援助存在经费紧张、人员不足、质量不高、资源分配不均等供给不足的问题，成为阻碍吉林省法律援助工作发展的"老大难"问题，在《法律援助法》及《吉林省法律援助条例》颁布施行的大背景下，法律援助对象及事项范围进一步扩大，这将对吉林省目前已然困难的法律援助供给造成更大的压力。从目前国家及地方经济发展的实际情况来看，一味通过增加国家及地方财政法律援助资金来缓解法律援助供给不足的问题已然不太现实，因此需要创新吉林省法律援助机制，通过其他可行的"开源"方式，努力拓宽提供法律援助的渠道，那就是在深入挖掘现有法律援助服务机构及人员法律援助服务潜力的基础上，鼓励和支持其他更多符合条件的社会多元主体通过各种渠道和形式参与法律援助，以达到扩充法律援助服务供给端的目的，这不仅是基于现实需要的考量，还是应对当前法律援助供给不足挑战的必然之策。

（一）完善激励机制，发挥律师在法律援助中的主体作用

从历年法律援助案件统计数据来看，律师参与法律援助案件占比高达98%以上，律师已经是而且仍然是参与法律援助的最主要力量。因此，需

---

① 《宣传贯彻法律援助法，吉林这样做！》，中国法律援助频道　司法部法律援助中心网站，2022年 3 月 7 日，https：//www.moj.gov.cn/jgsz/jgszzsdw/zsdwflyzzx/flyzzxgzdt/202203/t20220307_449902.html。

要充分调动律师参与法律援助的积极性，充分发挥律师在法律援助中的主体作用。一是改进法律援助补贴的形式和提升补贴标准。定期根据吉林省经济发展状况和律师办案成本的变化，对法律援助办案补贴的标准进行科学调整；针对法律援助中的特殊情形建立特殊的补贴机制，对刑事共同犯罪、群体性援助案件及参与速裁、简易、普通程序的不同法律援助案件应分别设置不同的补贴标准；对法律援助案件补贴费用实施税收减免等。二是特殊保障刑事案件法律援助律师的阅卷权和会见权。公、检、法机关应通过提供电子光盘卷宗的方式保障援助律师阅卷，看守所应建立专门的法律援助律师会见快捷通道以提高会见效率，公、检、法机关应指定专门的法律援助案件联络员，进行专门告知、资料汇总，避免出现因相关办案人员不了解情况而降低法律援助效率的情况。三是建立健全律师法律援助案件质量评估和奖惩机制。设立独立的法律援助案件质量评估机构，为确保评估工作的权威性和公正性，聘请有丰富经验的法律专业人士担任评估人员，成立专门的法律援助案件质量评估专家委员会，定期对已办结的法律援助案件质量进行评估、鉴定，对鉴定优秀的律师事务所和律师，给予表彰和奖励，对评定不合格者给予批评和警告；探索试行律师累计积分制度，对提供法律援助的律师进行个人业绩累计积分，对获得表彰奖励的给予正向加分，对获得批评警告的给予负向扣分，并定期进行积分公示，推动律师提高法律援助服务质量。

（二）赋权群团组织独立开展对特定群体的法律援助

工会、妇联、残联、共青团等群团组织因具有健全的机构体系、稳定的财政预算、专职的工作人员和较高的社会影响力，在对特殊群体的法律援助中发挥着重要作用，在一定程度上能够缓解政府提供法律援助的压力。为更好地发挥群团组织法律援助的作用，需要从以下三个方面凸显群团组织法律援助的特色。一是降低群团组织从事法律援助的准入门槛。根据组织所服务群体的特殊性，扩大社会受益面，走专业化法律援助服务道路，实现法律援助服务内容和形式的多样化，成为政府法律援助的有益补充。二是根据需要在群团组织内部设置独立于其维权部门的法律援助机构，配备专职人员，直接向本群团组织成员提供法律援助，该机构不仅在业务上接受上级群团组织以及当地司法行政部门的指导和监督，同时还与政府法律援助机构保持常态化的业务合作关系；开展法律援助的工作经费可从群团组织内部经费中支出或者接受社会捐赠，不占用政府法律援助机构的财政补贴资金。三是建立群团组织法律援助与政府法律援助的衔接机制。避免群团组织法律援助与政府法律援助范围的重叠，明确二者分工，强调政府法律援助一直是主导，群团组织只是向政府法律援助暂时无法全面覆盖的其他弱势群体的受援事项提供法律援助服务；在政府法律援助机构与群团组织法律援助机构间建立线上工作审核机制，可在线审核有法律援助服务需求的申请人是否符合政府法律援助条件，符合条件的由政府法律援助机构受理，不符合条件的则由政府与群团组织间的互动工作机制审核该申请人是否能获得相应群团组织的法律援助服务，审核通过则直接转介到相应的群团组织申请法律援助服务。

（三）推动高等院校科研院所等参与法律援助，壮大志愿者队伍

高等院校、科研院所中从事法学教育、研究工作的人员和法学专业学生参与法律援助服务，不仅有利于缓解当前法律援助人力不足、资金匮乏的难题，还能促使法学教育与法学实践相结合，从而推动法学教育和研究的同步发展。当前可以采取多种形式进一步推动这项工作的开展。一是依托高等院校、科研院所设立法律援助站、法律诊所等以进一步壮大志愿者队伍。不仅应吸纳校（院）的法学教师、外聘的客座教授、法律专家、法学大学生志愿者，还应吸纳政府相关部门、公益组织的相关专家学者和公益律师等各种力量，形成合力，推动法律援助工作的开展。二是制定激励机制。可以在职称评聘、综合测评时将参与公益法律援助作为量化考核加分项；设立法律援助奖学金，鼓励学生参与法律援助社会实践，或者将社区法律援助服务实践纳入学生的选修课程分数。三是完善公益法律援助资金筹措机制。既可以要求政府特设专项资金，也可以争取高校、科研院所在经费列支中安排专项经

费，还可以通过法律援助项目立项的方式向律师协会、法律援助基金会等申请专项法律援助基金。

（四）探索建立法律援助基金会，努力拓展经费的多元化供给

目前，很多地方采用企业或社会组织募捐，自然人、法人或其他组织自愿捐赠等方式建立了法律援助基金会，广泛吸纳社会资金，达到对政府经费进行扩充的目的，同时政府从政策、制度和资金上对其给予必要的扶植和支持，从而实现缓解法律援助资金供需之间的矛盾。可以通过法律援助基金会加强对社会资金的吸纳，然后利用其灵活设定资助项目的优势，合法运作使基金增值，增加法律援助可使用资金，使基金会募集的资金作为有效的、较为持久的法律援助资金来源。一是可以将辅助性法律援助归入法律援助基金会的法律援助项目中，案件收取的费用可以直接归入基金会账户，用于后续其他法律援助工作的开展。二是通过设立法律援助分担费项目，扩大法律援助覆盖面。法律援助覆盖面的逐步扩大是今后法律援助发展的必然趋势，根据现有的法律援助标准，需要法律援助的人群往往是那些经济能力较低的人群，但现实中，一些有一定经济能力却无力支付高额律师费用的人群有时也需要法律援助，可他们却不属于法律援助的对象范围，这时申请人可以根据自身财产状况向法律援助基金会支付一部分法律援助费用，从而达到接受法律援助的目的。三是允许参与法律援助的社会组织在经费不足的情况下，向基金会申请法律援助服务项目立项，对成功立项的项目给予资金支持，从而达到对参与法律援助的社会组织进行资助和培育的目的。

参考文献

贾紫涵：《从单一到多元：社会力量参与法律援助的挖掘与形塑——以〈中华人民共和国法律援助法〉的出台为背景》，《湖北第二师范学院学报》2022 年第 5 期。

蒋红翠：《法律援助经费来源存在的问题及解决策略》，《法制博览》2021 年第 14 期。

杨晓光、王爱芹：《我国社会组织参与法律援助研究》，《河北法学》2020 年第 7 期。

赵天红：《法律援助经费保障制度研究——以我国〈法律援助法〉为导向》，《法学杂志》2022 年第 2 期。

顾永忠：《法律援助机构的设立、职能及人员构成之立法讨论》，《江西社会科学》2021 年第 6 期。

B.15
公共法律服务助力长春乡村振兴的
实践与探索

长春市司法局、吉林省社会科学院联合课题组*

摘　要：　在乡村振兴大背景下，长春市司法局高度重视公共法律服务在推进乡村振兴战略中的保障作用，对标司法部和吉林省"乡村振兴　法治同行"活动方案的具体部署，公共法律服务多向发力，通过推动乡村公共法律服务平台全覆盖、加大涉农法律援助力度、促进法律服务多元化专业化、推进法治乡村建设等措施落地见效，助力长春市乡村振兴。尽管如此，长春市公共法律服务体系建设还存在一些不平衡不充分的问题，要紧紧围绕"产业兴旺、生态宜居、乡风文明、治理有效、生活富裕"的乡村振兴总要求积极行动，建立健全以需求定服务的供给机制，充分发挥基层政府、服务机构作用，完善服务评价机制，应对新时代发展变化、满足群众法律新需求，开展内容丰富、形式多样的惠农公共法律服务。

关键词：　公共法律服务　法治乡村建设　乡村振兴

在乡村振兴大背景下，长春市高度重视公共法律服务在推进乡村振兴战略中的保障作用，对标司法部和吉林省"乡村振兴　法治同行"活动方案的具体部署，公共法律服务多向发力，助力长春市乡村振兴。

＊　长春市司法局、吉林省社会科学院联合课题组：组长：王云飞，长春市司法局副局长。成员：邢宜哲，吉林省社会科学院法学研究所研究员；麻礼雅，长春市司法局公共法律服务管理处处长；田流，长春市司法局办公室主任；宋慧宇，吉林省社会科学院法学研究所研究员。执笔人：邢宜哲。

一　长春市乡村公共法律服务成效显著

（一）推动乡村公共法律服务平台全覆盖

长春市以三大平台建设为着力点，打通公共法律服务群众最后一米。一是实体平台，在市县乡村和综治网格五级网络的基础上，建成市、县两级服务中心 17 个，乡镇（街道）服务站 177 个，村（社区）工作室 1357 个，综治网格工作点 4898 个，2023 年共提供法律服务 60485 件。① 二是热线平台，长春市司法局组建专业法律服务团队，486 名专业律师参与，提供中韩双语、全年无休、7×24 小时在线服务，日均服务 1100 人次，累计服务 107 万人次，服务总时长 430 万分钟，使"远程服务"代替了"群众往返"，极大便利了偏远农村群众，群众满意度达 98.97%。② 三是网络平台，应用云计算、大数据、人工智能、智慧地图等高端技术完善长春法律服务网功能，开发微信公众号、移动客户端、手机网页版，构建"网上法律服务中心"，补齐信息化建设水平滞后的短板，构筑司法行政工作智慧化的新生态，助推长春司法行政信息化智能化建设水平全面升级，为乡村群众提供及时便捷、优质高效的公共法律服务。

（二）加大涉农法律援助力度

1. 进一步扩大法律援助范围

将因土地承包经营权纠纷主张合法权益等事项纳入法律援助服务范围，对符合条件的当事人申请的法律援助及时受理、审查、指派，组织律师认真办理土地承包经营权纠纷法律援助案件。

---

① 数据来源于长春市司法局。
② 《向群众汇报 | 公共法律服务热线　为百姓提供优质高效法律服务》，"金台资讯"百家号，2022 年 10 月 31 日，https：//baijiahao. baidu. com/s？id＝1748192526764650445&wfr＝spider&for＝pc。

2. 为困难群众特别是农民工和农业生产经营人员提供高效便捷的法律援助服务

一是助力农民工法律援助，组织"法援惠民生·扶贫奔小康"活动，推行"优先办、重点办、协作办""三办"工作方法，全面贯彻落实《保障农民工工资支付条例》（以下简称《条例》），各级法律援助机构深入社区、村屯、工地，开展了形式多样、内容丰富、覆盖广泛的《条例》宣传活动；在劳动仲裁、劳动监察等部门设立了 14 个农民工法律援助工作站，提供"一个免予、三个当场、四个优先"服务，即对农民工申请支付劳动报酬和工伤赔偿的法律援助案件，一律免予经济困难审查；对材料基本齐全的，一律当场受理、审批、指派；对农民工前来咨询和申请法律援助的，一律优先接待、咨询、办理、回访；建立农民工法律援助异地协作机制，节约农民工的维权成本。南关区成立劳动人事争议仲裁委员会农民工法律援助工作站，为遭遇劳动纠纷或权益受到侵害的农民工提供有效法律帮助。2022 年全市法律援助机构受理涉农法律援助案件共计 122 件，2023 年全市法律援助机构受理涉农法律援助案件共计 914 件。① 二是开展退役军人法律护航行动，围绕优抚优待金发放、土地承包、宅基地纠纷等与退役军人紧密相关的事项提供法律帮助。

3. 法律援助扶贫助困

连续五年，"法律援助扶贫助困"专项行动被列入长春市脱贫攻坚的工作重点，长春市法律援助中心联合长春市扶贫办出台了《脱贫攻坚法律援助支持计划实施方案》，逐级召开法律援助精准扶贫工作推进会，聘任贫困村书记为各村"法律援助联系人"，扶贫联动机制覆盖市、县、乡、村四级机构。成立扶贫律师团队，落实"一免七优先"优惠政策，"一贫困村一律师"服务卓有成效，无缝对接法律援助与精准扶贫。②

----

① 数据来源于长春市司法局。
② 《长春市法律援助中心：为困难群众撑起公平正义的蓝天》，"长春司法"微信公众号，2022 年 5 月 27 日，https://mp.weixin.qq.com/s?__biz=MzI1ODkxMjY1Mg==&mid=2247551515&idx=3&sn=1c538ee22d94be16b38f02e28317192a&chksm=ea02b2f8dd753bee14bca03d14f6297f0904e602f406a67a9dc36e8f23240cda8a8721f2faa8&scene=27。

4.注重服务特殊群体

一是开展老年人、残疾人等特殊群体权益保障法律援助阳光行动，长春市建成老年人法律援助工作站8个；开通公证、法律援助便民直通车，2022年共计为残疾人、老年人等提供上门服务300余次。[①] 二是全市司法行政机关已与共青团组织、民政部门联合设立未成年人法律援助工作站15个，依托长春市公共法律服务中心，15个县（区）公共法律服务中心，168个公共法律服务站，1357个公共法律服务室，40个驻检察院、法院、看守所法律援助值班律师工作站和"12348"公共法律服务热线积极开展工作，构建了纵向到底、横向到边的未成年人法律援助网络，实现了法律咨询服务全覆盖，2023年办理涉及未成年人案件793件。[②]

（三）促进法律服务多元化专业化

1.开展一村一法律顾问工作

长春市出台了《关于开展一村一法律顾问工作的实施方案》，实行"一乡一律师，一村一顾问"制度，与律师事务所签订聘请一村一法律顾问协议，严格规范驻村法律顾问职责，实现法律顾问全覆盖；精心组织实施"一村一法律顾问"工程，将一村一法律顾问工作作为为民办实事工程，列入公共法律服务体系建设重点工作，列为长春市公共法律服务平台建设重点工作；颁布了《关于开展法律顾问进村入户工作的实施方案》，与律师事务所订立聘请法律顾问进村入户协议，严格规范法律顾问的驻村责任，实现了"一乡一律师、一村一顾问"全面覆盖。长春市司法局把"一村一法律顾问"工作列为年内公共法律服务平台建设重点工作，截至2023年底，全市法律顾问达到1779人，其中律师836人，基层法律服务工作者454人，其他人员489人，实现了法律顾问在全市村（社区）全覆盖。要求村（社区）法律顾问每月至少到每个村（社区）累计服务4小时，每季度至少举办1

---

① 数据来源于长春市司法局。

② 数据来源于长春市司法局。

次法治讲座或群众法律问题集体答疑。2022 年，法律顾问为村民、居民解答法律问题 3521 个，提供专业法律意见 31 条。在线下服务的基础上，组织法律顾问通过微信群实时解答村（居）民的法律问题。全市共建立公共法律服务微信群 2422 个，1779 名法律顾问全部入驻微信群，村居覆盖率达到 100%。①

2. 开展乡村企业"法治体检"专项活动

长春市司法局聚焦农业农村重点产业项目，指导各地组织律师、基层法律服务工作者等为乡村企业进行"法治体检"，②宣讲涉农法律政策，对企业负责人和员工进行法律培训，指导企业依法合规经营，进一步优化乡村企业营商环境。与长春市农业农村局在"吉林·长春 2021 年中国农民丰收节"中共同举办"乡村振兴、法治先行"专题普法活动，深入宣传贯彻习近平法治思想，为实施乡村振兴战略提供法治保障。在长春智慧法务区建立吉林省民营企业"法治体检"中心，建立"法治体检"专家库，围绕企业全生命周期，通过律师线上测评、网络问诊、远程服务模式，实现"人工+智能"服务，为企业提供"精检""普检""自检"服务。

3. 开展公证下沉乡村便民服务

长春市公证服务始终坚持将服务"三农"作为工作重点来抓，设立农民工等弱势群体公证服务窗口，对当事人申办公证有困难的，主动上门服务。对农村老、弱、病、残、困难群众办理公证给予减免收费的照顾。联合司法所利用农村集贸市场广泛开展公证证明材料清单、一次性告知单等公证法律服务宣传，开辟办证"绿色通道"，开通公证咨询热线，为农村群众提供应急办证服务，对有特事、急事的当事人实行优先受理、优先审批、优先出证，开展上门服务、预约服务，对于有特殊困难无法到现场办理公证的当事人，上门办证，着力打造方便、高效、快捷的农村公证法律服务环境。2022 年 1 月至 2023 年底，办理土地承包、林地承包、果园承包、荒山承包、荒地承包、

---

① 数据来源于长春市司法局。
② 《长春市司法局推出系列套餐为企业免费"法治体检"》，《长春日报》2018 年 11 月 28 日。

水库承包、农机消费贷款等涉农公证 100 余件，办理涉农的赠予、继承权、亲属关系、委托书、一次性处理协议等公证服务 600 余件。①

4.加强乡村矛盾纠纷化解

一是有效推进基层人民调解委员会规范化建设进程，长春市已建成村调委会 2069 个、乡镇调委会 108 个。二是坚持发展"枫桥经验"，深入推进"百姓说事点"创新发展和提档升级，对原有"百姓说事点"进行规范清理，248 个"百姓说事点"实现转型升级，职能由原来的排查搜集纠纷线索向化解矛盾纠纷转变，化解纠纷功能逐步增强。三是推动"个人调解室"在基层发挥引领作用，化解纠纷职能直达社会治理最前沿，为提升社会治理水平奠定坚实基础。四是完善诉调对接机制。建成长春市非诉讼纠纷服务中心，通过整合司法行政各种资源及社会调解组织力量，积极承接、处理法院委派、委托案件。指导 14 个县（市）区建设一站式、综合性调解中心，充分发挥其统筹指导、协调分流等功能，统筹指导各乡镇矛盾纠纷化解工作，及时化解疑难重大纠纷。五是建成网上调解平台，推动信息化建设在调解中的试点应用。六是全面推进基层矛盾纠纷化解进程。严格落实村调委会周排查、乡镇调委会月排查制度，组织指导调解专家和基层人民调解员全力排查化解农业项目建设过程中土地征收、房屋拆迁、安置补偿、合同协议、劳动工伤、损害赔偿等方面的矛盾纠纷。七是开展"人民调解进大集，送法送福送和谐"系列活动，走进农贸市场、敬老院，现场排查化解矛盾纠纷，并为困难群众提供法律服务、心理疏导，捐赠生活物品。2022 年，村调委会共排查涉农纠纷 2207 件，乡镇调委会共排查调解涉农纠纷 1259 件。②

（四）推进法治乡村建设

1.开展主题普法宣传活动

一是制定并落实《2022 年长春市"美好生活·民法典相伴"主题宣传

---

① 数据来源于长春市司法局。
② 数据来源于长春市司法局。

月活动方案》，特别强调"民法典下乡"活动，组织开展对村"两委"干部、农村学法用法示范户、基层人民调解员、普法志愿者的民法典培训，建好用好民法典宣传阵地，鼓励引导群众参与创作和表演具有地方特色的民法典宣传文艺作品。二是通过"乡村振兴新时代，惠农普法伴您行"农博会普法主题活动①、"送法进农村　普法助春耕"主题宣传活动②、"宪法进乡村"主题活动③、"喜迎二十大，法治助振兴"主题宣讲④等活动，就与乡村生活息息相关的备耕生产物资购买、农资交易、土地承包、民间借贷、邻里纠纷、乡镇法治政府建设以及乡企在日常经营过程中遇到的法律问题进行宣讲和服务，引导村民通过调解、诉讼等方式维权，为农业丰产、农民增收、农村稳定创建良好的法治环境。

2. 扎实推进法治乡村建设

一是加强统筹协调，将法治乡村建设相关内容纳入乡村振兴总盘子；制定出台总体方案，明确工作目标、任务清单和具体措施，确保法治乡村建设走深走实。二是组织开展民主法治示范村（社区）创建工作，将培育农村学法用法示范户纳入民主法治示范村（社区）创建内容，不断提升基层民主法治创建水平。截至 2023 年 6 月，长春市共有国家级民主法治示范村（社区）15 个，省级民主法治示范村（社区）103 个，市级民主法治示范村（社区）555 个。⑤

---

① 《农博会必去打卡地　长春市司法局普法展台期待着您的光临！》，"东亚经贸新闻"百家号，2022 年 8 月 18 日，https：//baijiahao. baidu. com/s？id = 1741478483417884210&wfr = spider&for = pc。

② 《法治护航生产　普法助力春耕长春市宽城区司法局开展"送法进农村　普法助春耕"主题宣传活动》，长春市长安网，2021 年 5 月 12 日，http：//jlpeace. gov. cn/changanw/dfdt/202105/cfc06275fedb4c8db971127d1e4560e0. shtml。

③ 《法律宣传进农村　践行初心解民忧——长春市宽城区司法局团山司法所开展"宪法进乡村"主题活动》，吉林省长安网，2021 年 12 月 6 日，http：//jlpeace. gov. cn/jlscaw/dfdt/202112/366802a71742413ba96613391629eff4. shtml。

④ 《长春市绿园区司法局开展"喜迎二十大，法治助振兴"主题宣讲活动》，新浪吉林，2022 年 8 月 19 日，http：//jl. sina. com. cn/city/csgz/2022-08-19/city-imizmscv6881467. shtml。

⑤ 数据来源于长春市司法局。

3. 组织实施乡村"法律明白人"培养工程

扎实开展"法律明白人"培养，长春市委宣传部、长春市司法局等五部门联合印发了《长春市乡村（社区）"法律明白人"培养工程实施方案》，进一步明确了"法律明白人"培养总体要求、基本条件、主要职责等十个方面内容。长春市司法局制定了《长春市乡村（社区）"法律明白人"培养工作推进计划》，进一步明确"法律明白人"培养的时间表、路线图，持续推动"法律明白人"建设制度化常态化。采取线上线下相结合的方式，举办全市"法律明白人"示范培训班 3 期，3000 多人次参加学习。先后购买徽章、证书 8700 套，法律明白人培训教材、工作教材 2720 册，全部免费发放。目前，全市已培养法律明白人 8500 人，基本实现每个村（社区）至少有 3 名法律明白人目标。①

4. 创新乡村法治文化建设

长春市 11 个县（市）区同步启动"青年普法志愿者法治文化基层行活动"②，组织青年普法志愿者为农民、乡企提供形式多样、内容丰富的法治文化服务。创建吉林省首个乡村法治主题教育馆，③ 将传统教育与前沿科技相结合，全方位、多角度、立体式地展示法治建设成效，在馆内设置了公共法律服务室，为村民群众提供法律服务，为村"两委"的依法管理、依法决策提供法律建议和意见。按照"一县（市）区一品牌"标准，指导县（市）区、开发区结合本地实际，集中打造一批法治公园、法治长廊等法治文化阵地品牌。④

---

① 数据来源于长春市司法局。

② 《长春市 2021 年"青年普法志愿者法治文化基层行"活动全面启动》，吉林普法网，2021 年 5 月 31 日，http：//sft. jl. gov. cn/jlspfw/fzjl/202105/t20210531_ 8088300. html。

③ 《吉林省长春市宽城区司法局创建吉林省首个乡村法治主题教育馆》，"和谐宽城"百家号，2020 年 11 月 26 日，https：//baijiahao. baidu. com/s？ id ＝ 1684395355200141218&wfr ＝ spider&for＝pc。

④ 《长春市司法局 关于 2021 年法治政府建设情况的报告》，长春市司法局网站，2022 年 3 月 23 日，http：//sfj. changchun. gov. cn/xxfb/qdml/zcwj/202206/t20220609_ 3023690. html。

二 长春市乡村公共法律服务存在的主要问题

为更好地助推乡村振兴,有必要对目前长春市乡村公共法律服务中存在的主要问题加以梳理,探索完善路径。

(一)基层政府对公共法律服务认识不到位

尽管国家、省市层面出台了诸多公共法律服务相关政策和指导意见,要求基层加强公共法律服务体系建设,但由于各种客观条件,长春市农村地区的公共法律服务体系建设仍存在一些难点,其中一个原因就是基层政府对公共法律服务体系建设重视不足、支持不够,工作措施不到位、实效不明显,缺乏宣传力度,很多农村群众不了解、不知道公共法律服务的功能,仅靠司法行政部门难以解决建立和完善农村公共法律服务体系中的所有问题。

(二)服务内容供给不足

在经济发展进入新常态、城市化不断推进、农村日趋空心化、新型矛盾纠纷多发的背景下,长春市乡村公共法律服务存在不适应新的形势需要、与农民的差异化个性化的法律服务需求有偏差、服务对象的需求表达机制不畅通、针对特殊群体的服务缺失等问题。

(三)服务方式固化单一

现阶段,一些农民开始从传统农业转向经济型农业,一些农民工返乡创业,对原有的法律服务方式提出新的要求,农村社会转型和发展的过程中出现了一些新的法律问题,需要法律服务加以解决,但现有的公共法律服务形式固化单一,方式传统陈旧;现有的法治文化活动设施利用有限,使用率较低,在一定程度上造成公共资源的浪费。

(四)服务主体不完善

在一些农村地区,政府是公共法律服务的主要供给主体,甚至是唯一主体，政府的统筹、协调、宏观调控功能没有充分发挥，社会组织、团体、志愿者的作用未能良好展现；基层公共法律服务队伍以法律工作者为主体，专业水准和综合素养参差不齐，缺乏既懂得农业又熟悉农村的法律人才，工作能力欠缺、服务效果欠佳；服务团队中律师短缺问题突出，律师的绝对数量、分配比例和专业水平无法满足农村实际需求。

（五）司法所服务作用发挥不充分

基层司法行政工作基础薄弱，特别是开发区下属乡镇（街道）尚无司法所，① 导致司法行政工作存在承接不顺畅的问题；有的司法所对新型涉农矛盾纠纷缺乏认识和把握，没有做好应对准备；有的司法所服务理念较弱，对于农村法律需求缺乏主动性、有效性和责任感，难以适应农村经济发展的新形势要求；有的司法所对村级调解工作缺乏有效管理和指导，处理调解复杂疑难矛盾纠纷的能力不够。

（六）监管评价机制缺失

农村公共法律服务需求总体量大却分散，对具体的公共法律服务开展有效监督的难度较大，缺乏明确有效的服务监督机制，不利于提升服务质量；服务绩效评价较为笼统粗糙，缺乏详细的、动态的评价机制，难以形成有效的约束力，难以有效规范服务行为；农村法律服务需求者文化层次低，自主获取公共法律服务的能力差，更缺乏对相关服务效果监督、反馈的意识。

三 完善长春市乡村公共法律服务的对策建议

要紧紧围绕"产业兴旺、生态宜居、乡风文明、治理有效、生活富裕"的乡村振兴总要求积极行动，应对新时代发展变化、满足群众法律新需求，开展内容丰富、形式多样的惠农公共法律服务，助力长春市乡村振兴。

---

① 信息来源于长春市司法局。

（一）提高基层政府对农村公共法律服务的重视度

从服务供给主体层面，基层政府作为最接近村民、乡企的政府机构，要自觉提升对农村公共法律服务的重视程度，把服务意识置于最重要的位置，提升法治意识，坚持在依法治村和推进公共法律服务体系建设中发挥模范带头和示范引领作用，积极有效地配合司法行政部门解决农村公共法律服务体系建立与完善中的问题；从服务供给客体角度，创新灵活有效、农村群众乐于接受的普法形式，探索以直观形象、生动实用的方式展现严谨的法律知识，引导更多群众从思想上认可和接受公共法律服务。

（二）建立以需求定服务的供给机制

1. 畅通、拓展服务需求表达渠道

持续加大宣传力度，确保更多群众知道自己拥有接受公共法律服务、了解公共法律服务工作情况及其他相关信息的权利，提升公共法律服务的知晓度、使用率，促进服务供给总量和品质的全面提升；确保让更多群众认识到，每个法律服务需求的及时、充分表达可以对公共法律服务制度的完善和服务效果产生积极的影响，激发人们表达需求的意识和意愿，使其通过合理的渠道自发地表达服务需求、反馈服务建议。

高度重视群众需求调查、需求表达、参与服务供给和评价，通过引入和完善听证咨询、需求问卷、服务评价等制度，广泛建立公共法律服务需求收集网络和意见反馈机制，保证公共法律服务公开、透明，确保群众表达需求和意愿的渠道畅通，确保服务需求及时、充分反馈到供给链顶端，有效破解公共法律服务供需双方的信息传达渠道不够畅通的难题，一方面有效避免群众迫切需要的公共法律服务供给不足；另一方面避免低效甚至无效服务被过度提供的情况，使有限的农村公共法律服务资源的作用最大化，实现公共法律服务的优化供给。

2. 以需求确定服务项目供给

进一步扩大服务对象，为农村生产生活中涉及的农民合作社、承包农

户、专业大户、家庭农场、农业产业化龙头企业等各类农业社会化服务组织等各种新型农业生产经营主体提供服务。紧紧围绕乡村振兴总要求,为基本农户、兼业农户和农业大户,集体农业企业和国有农业企业、家庭农场、村办农场、村服务组织经营农场及各种形式的合资合作农业企业,以及各类农业、工商综合经营企业,企业与农民、企业与企业或农民与农民的联合体等在实现"产业兴旺、生态宜居、乡风文明、治理有效、生活富裕"过程中的产业项目保护、耕地保护、粮食安全、乡镇企业经营管理、土地承包和土地流转、生态环保、乡村文明建设、村民合法权益、涉农法律援助等需求提供服务。

3. 加强公共法律服务产品培育

加大研究和培育公共法律服务产品的力度,引导各类法律服务机构和团队拓展研发公共法律服务产品,编制长春市公共法律服务体系产品目录,推动公共法律服务项目产品化;对公共法律服务优秀产品及时总结推广;增强公共法律服务产品的稳定性、可操作性和可复制性,努力使长春市公共法律服务产品形成品类多元、品类丰富、供需旺盛的局面。

(三)充分发挥司法所职能作用

注重司法所体制建设,按照"机构独立、编制单列、职能强化、管理规范"的要求,配备政法专编,解决事要有人干的问题;协助各乡镇、街道调整事业编人员,采用政府购买服务的方式,充实司法所人员力量;县(市、区)政府为乡镇司法所提供办公场地、固定办公设备和基本办公用品;增强基层司法所窗口服务功能和系统衔接功能,完善窗口服务软硬件设备设施建设;将司法所工作人员的基本工作补贴纳入政府财政预算;出资扶持农民工法律援助工作站、法律咨询热线和法律服务网络,提供办理案件的补贴费用。

推动各乡镇(街道)严格落实政府法律顾问制度要求,为乡村依法决策、依法管理提供法律服务;探索在司法所设立公证协办点、法律援助代办点、仲裁业务和人民调解联络点、行政复议咨询点等;推动司法所与律师事务所或县级法律援助机构业务对接，推广实施"司法所分散受理、法律援助中心统一审批"机制；培养"全科医生"，实现司法所职能与法律援助、公证、调解、法律咨询等服务的有机融合；依托现有的村级架构如村委会、调委会等，整合律师、法律咨询、法律援助、纠纷调解、公证等职能资源并将服务力量下沉到村级，广泛建立村级法律服务工作室。

（四）建立健全公共法律服务志愿者组织网络

完善公共法律服务志愿者制度，明确志愿者队伍的性质宗旨，规范志愿者队伍准入退出标准、服务标准和评查标准，规范志愿者招募、注册、管理、评价，实现志愿服务制度化管理，依据公共法律服务有关专业知识要求，分类制订志愿者招募计划，吸引社会各界人士加入志愿服务队伍中来，整合高质量的专业性、志愿性服务资源，以乡镇（街道）、村（社区）为重点，力争建立健全覆盖全市的公共法律服务志愿者体系；建立志愿者人才库，对志愿者和负责公共法律服务志愿者工作的人员进行培训，提升专业服务和管理水平。

（五）升级服务方式

完善"互联网+乡村法律服务"，通过发展完善12348法网、移动客户端、微信公众号，推进在农村开展掌上法律服务。加强乡村法律服务信息化建设，推进"云公共法律服务中心"项目建设，鼓励有条件的乡村配备"云律所"，提供在线调解、网上申请法律援助、视频咨询等服务；推进农村公共法律服务数据共建共享共管，促进各类信息开放共享；推广远程视频法律服务，使农民群众能跨越地域障碍享受法律服务。

（六）完善服务评价机制

完善农村公共法律服务事项清单制度，明确服务提供者承担的服务责任、服务范围及服务获得条件，简化服务供给环节，大力提升长春市公共法律服务均等化、便捷化程度。以满足农村群众的实际法律服务需求为目标，对服务全过程以社会实效性、群众满意度等为依据实施评价，判定服务高效、优质与否，并给予相应的奖惩。

参考文献

安宁、潘越：《乡村振兴视域下政府提供公共法律服务的现代化治理路径》，《河北法学》2023 年第 3 期。

郑金雄：《以高质量公共法律服务助力乡村振兴》，《中国社会科学报》2022 年 12 月 21 日。

喻少如、黄卫东：《公共法律服务融入乡村治理的逻辑转换及其实践进路》，《西北民族大学学报》（哲学社会科学版）2022 年第 6 期。

蒋思佳：《新时代乡村振兴中的公共法律服务认知与需求分析》，《法制博览》2019 年第 5 期。

B.16
吉林省优化法治化营商环境对策研究

苏致衡　林海波*

摘　要： 营商环境是企业生存发展的土壤，体现着一个国家和地区的经济竞争力。当前，我国区域经济发展面临新情况、新问题，加快推动吉林省实现全面振兴、全方位振兴，优化提升营商环境是治本之策。通过坚持问题导向、目标导向和结果导向，瞄准堵点、痛点、难点，研究推动体制上的改革创新，流程上的优化重构再造，政策上的务实管用透明，服务上的优质高效便民，从政策法规、制度机制等多个维度提出法治化营商环境优化提升的思路和对策。

关键词： 营商环境　信用体系　全方位振兴

一　吉林省营商环境建设工作的特色、亮点 及主要成效

吉林省委、省政府坚持以习近平总书记重要讲话与指示精神为指引，坚决贯彻党中央、国务院决策部署，将优化营商环境作为推动经济高质量发展的"头号工程"，严格执行"党政同责、齐抓共管、五级书记抓落实"要求，全省上下合力推进，思想认识发生根本转变，服务效能得到系统提升，经济运行平稳，项目建设加快，市场主体活力得到进一步激发。2021 年，全省固定资产投资同比增长 11%，增速居全国第 4 位。工业投资同比增长

---

* 苏致衡，吉林省政务服务和数字化建设管理局二级主任科员，研究方向为营商环境建设；林海波，吉林省政务服务和数字化建设管理局一级主任科员，研究方向为营商环境建设。

11.4%，工业投资恢复速度居全国首位。市场主体总量突破 300 万户，新登记市场主体增速居全国第 3 位。招商引资到位资金增长 31.3%，高层次人才由净流出转向净流入，全省高校毕业生留吉就业达 9 万人，达到近年来最好水平。[①]

（一）创新体制机制，为打造一流营商环境提供坚强制度保障

近年来，吉林省坚持立足全局抓改革、高位统筹抓环境，以体制机制创新破题，完善营商环境建设工作相关制度体系建设，强化了制度供给保障。

1. 加强组织领导

2016 年 10 月，吉林省成立了以省委书记、省长为组长，省委副书记、组织部部长和常务副省长为副组长的吉林省软环境建设领导小组，负责全省经济发展软环境建设的组织领导、统筹协调和工作部署。2021 年，建立实行"五级书记抓营商环境"工作机制，结合工作实际对领导小组进行提级扩容，升级为吉林省营商环境建设领导小组，在党政主要负责同志继续担任双组长的基础上，其他省委常委和省人大、省政府、省政协、省检察院、省法院有关负责同志全部参加，推动构建党委领导、政府负责、人大监督、政协参与、协会协同的优化营商环境工作格局，层层压紧压实主体责任。

2. 科学设置机构

坚持从吉林省实际出发，组建吉林省政务服务和数字化建设管理局，加挂吉林省营商环境建设办公室牌子，优化整合了权责梳理、政务服务、数字化建设、营商环境建设、"放管服"改革、信用体系建设等原属多个部门的职能，探索建立起"以改革任务综合协调为牵头、以行政审批制度改革为抓手、以数据共享为支撑、以优化政务服务为目标、以营商环境监督考评为保障"的推进机制，形成了从谋划改革到推进改革的完整闭环，统筹推进优化营商环境等工作。各市（州）和县（市、区）也比照组建了相应机构，

---

① 《政府工作报告——2023 年 1 月 15 日在吉林省第十四届人民代表大会第一次会议上 省长 韩俊》，吉林省人民政府网站，2023 年 1 月 20 日，http：//www.jl.gov.cn/zcxx/gzbg/202301/t20230120_ 2978022.html。

整合政务服务、数字化建设和营商环境建设,从省到市县上下对齐、一步到位,极大提升了营商环境建设工作的整体质效。

3. 系统谋划推进

吉林省委、省政府连续六年坚持在春节后上班第一天召开部署优化营商环境的全省性大会,全面部署建设市场化、法治化、国际化一流营商环境重点任务,向全社会释放以营商环境建设为突破口起步开局的强烈信号。研究将"构建更加完善的要素市场化配置体制机制,营造长期稳定可预期的发展环境,推动营商环境进入全国第一方阵,实现有效市场和有为政府更好结合,激发各类市场主体活力"写入《吉林省国民经济和社会发展第十四个五年规划和 2035 年远景目标纲要》,专章安排部署重点改革任务。[①] 结合省情,不断完善优化营商环境政策措施,相继制定出台《吉林省营商环境建设专项攻坚行动方案》《全面优化吉林政务服务生态打造最有温度的营商新环境专项行动方案》《吉林省营商环境优化提升实施方案(2021)》《吉林省营商环境优化提升实施方案(2022)》,全省营商环境建设现已迭代升级至 4.0 版。

4. 强化监督考核

搭建微信平台、门户网站、12342 举报电话和信件投诉"四位一体"的吉林省营商环境智能管理平台,全天候受理,自动分办、及时督办社会各界投诉举报。截至 2022 年 10 月末,平台累计受理各类营商环境问题 4208 件,办结 4159 件,办结率达到 98.84%。健全监督网络,全省聘任近万名营商环境监督员,设立上千个企业监测点,实行动态管理和激励约束,真正做到让营商环境问题无处藏身。制定《吉林省营商环境考核评价实施方案(试行)》,将营商环境建设工作作为重要指标纳入政府绩效考核体系和领导班子综合考核评价体系,常态化组织开展考核评价,推动以评促改、以评促优。组建由分管省领导任组长、以考评指标为导向的跨部门工作组,确保推动各项改革工作走实走深。

[①] 《吉林省人民政府关于印发吉林省国民经济和社会发展第十四个五年规划和 2035 年远景目标纲要的通知》(吉政发〔2021〕7 号),吉林省人民政府网站,2021 年 3 月 30 日,http://xxgk.jl.gov.cn/szf/gkml/202103/t20210330_ 7983210.html。

（二）坚持厉行法治，为建设高质量营商环境提供立法司法执法保障

运用法治思维和法治方式破除发展障碍，为各类市场主体打造稳定公平透明、可预期的法治化营商环境。

1. 坚持立法先行

吉林省深入贯彻落实《优化营商环境条例》（国务院令第 722 号），颁布实施《吉林省优化营商环境条例》，以省政府文件印发《吉林省优化营商环境条例实施细则》，成为全国第 5 个出台营商环境地方性法规、第 2 个制定配套实施细则的省份。其后，又相继施行了《吉林省行政执法监督条例》《吉林省促进大数据发展应用条例》《吉林省地方金融监督管理条例》《吉林省社会信用条例》等地方性法规，形成了一整套完善的营商环境法规体系。组织清理妨碍市场公平、与上位法相抵触以及其他有悖营商环境建设要求的地方性法规与政府规章，严把重大行政决策、行政规范性文件合法性审查关。紧密聚焦市场环境、政务环境、法治环境、要素环境、人才环境和开放环境六个方面，组织开展条例贯彻实施情况执法检查，推动法规政策落实落地、见行见效。

2. 坚持公正司法

组织开展"营商环境建设法治护航五大行动"，推行"暖企惠企安企"六项新措施，出台《民营企业及其经营者轻微犯罪依法免责免罚清单》，实行企业负责人羁押必要审查制度，建立审慎发布涉企负面信息及涉企经营影响评估制度、重大违法行为认定协商咨询制度，完善涉民营企业和企业家人身权、财产权冤假错案甄别纠正机制。强化府院联动，组织开展清欠债务案件专项行动，依法加快办理进入司法程序拖欠案件。强化刑事和民事行政诉讼监督，开展涉民营企业"挂案"清理和立案监督专项活动，有效解决一批影响稳定、损害产权的纠纷问题。

3. 坚持规范执法

吉林省委依法治省办印发了《关于深入推行包容审慎监管执法"四张

清单"的工作方案》，在全省各级行政执法部门深入推行包容审慎，结合法律、法规、规章的立改废，特别是新修订的《行政处罚法》，及时修订完善清单内容，加强对清单的动态管理，严格规范行政执法，依法保障企业的合法权益。推行行政检查执法备案管理改革，综合运用自主研发的"行政检查备案智能综合管理系统"，与国务院"互联网+监管"、全省"双随机、一公开"等平台无缝衔接，将除交通警察执勤执法、城市综合管理执法等不确定被检查对象的所有行政执法检查纳入改革，实现事前信息备案、事中亮证（单）校验和事后接受评价的全过程、全链条电子留痕，有效提升执法效能，倒逼执法行为规范，提高企业和群众满意度。

4. 打造法治高地

建设长春智慧法务区，打造习近平法治思想学习培训实践基地、法律专业人才聚集区、法律服务功能聚集区、法律服务业聚集区、智慧法治创新产业聚集区"四区一基地"，根据企业法律服务需求，量身定制全链条全要素服务平台，保护企业茁壮成长。设立民营企业"法治体检"中心，组织律师分析并梳理企业从设立、孵化、发展到注销的全生命周期中近百个常见的法律风险点，"法治体检"中心的值班律师坐班服务，免费帮助企业查找、防范和化解法律风险，促进企业合规发展。健全知识产权司法保护机制，加快推进知识产权强省建设，中国（吉林）、中国（长春）2个知识产权保护中心现已成功获批并投入运行，省、市一体推进、统筹规划知识产权保护工作开展顺利。

（三）完善监管模式

为促进市场主体发展、营造高效便利环境，吉林省聚焦企业群众办事需求，以"数字政府"建设为先导，一体部署实施"放管服"和"最多跑一次"改革。

1. 健全监管体系

依托以"双随机、一公开"为基本手段、以重点监管为补充、以信用监管为基础的新型监管机制，制定"1+50"监管制度体系，"互联网+监管"模式建设走在全国前列。[1] 推行包容审慎监管执法，制定出台"四张清单"[2]，帮助企业快速解决和纠正经营问题，最大限度地减轻违法问题影响。推动社会信用体系建设，运用大数据、信息化手段创新信用综合评价、联合奖惩管理、信用监督预警和信用修复等方式，指导各地实现城市信用监测指数整体大幅跃升，城市信用排名实现历史性突破。在 2022 年 8 月的城市信用监测指数排名中，吉林省多项指标跃升至全国第 1 位。2022 年 9 月 30 日，景俊海书记在吉林省委办公厅《综合信息专报》第 50 期上批示："很好！成绩来之不易，政数局组织有力，各地落实给力，望再接再厉。"

2. 深化数字赋能

按照"全省统筹、省建市用"模式，2019 年启动"吉林祥云"大数据平台建设，并于当年投入使用。目前，"吉林祥云"大数据平台"两地三中心"的基础架构已经形成，电子政务外网纵向骨干网和省级横向接入网传输能力大幅跃升。依托"吉林祥云"大数据平台，全省统建一体化政务服务平台，深化政务服务全程网办、"跨省通办"，截至 2022 年 10 月末，已有 10380 项高频政务服务事项实现全流程网上办理，112 项政务服务事项实现"跨省通办"，"吉事办"移动端应用达到 528 项，身份证、驾驶证、律师执业证、"网约车"从业证等 597 种证照通过"吉事办""我的证照"实现了电子亮证和电子验证。在国办电子政务办组织的 2020 年网上政务能力第三方考核评估中，吉林省总体指数提升明显，增幅居于全国第一位。

3. 推动审批提速

部署应用新版全流程审批系统，吉林成为全国唯一在省市县乡村五级使用一套系统、一个平台全流程实施在线审批的省份。稳步推进政务服务事项规范化建设，实现了同一行政职权政务服务事项在省市县乡村的名称、类型、依据、编码等 16 个要素基本一致，政务服务事项承诺办理时限比照法

---

① 《吉林：优化营商环境 积蓄发展能量》，中国政府网站，2020 年 9 月 18 日，http: //www. gov. cn/xinwen/2020-09/18/content_ 5544376. htm。

② 《实施包容审慎监管执法"四张清单"，持续优化法治营商环境》，《工人日报》客户端，2020 年 6 月 23 日，https: //web. app. workercn. cn/news. html? id＝124175。

定时限平均压缩50%以上。深化工程建设项目审批制度改革,将全流程审批时间由200个工作日以上压缩至81个工作日以内,低风险项目全流程审批时限压缩至13个工作日,吉林省工程审批系统综合运行指标稳居全国第一位。深入实施"证照分离"改革,试点开展"证照一码通"改革,企业开办实现"网上办、一日办、免费办",2021年底全省每千人拥有市场主体数量居全国第8位。① 积极推行"一窗受理、集成服务"改革,省市县三级政务大厅(服务中心)全部设立无差别综合服务窗口,实现前台综合受理、后台分类审批、统一窗口发证,"一窗"分类受理比例达到70%以上。

4. 优化创新机制

坚持把创新作为破解振兴发展难题的"牛鼻子",组建吉林省推进大众创业万众创新部门联席会议,强化日常工作统筹协调。制定出台《关于创新型省份建设的意见》《关于深化体制机制改革 加快实施创新驱动发展战略的实施意见》《关于加快构建大众创业万众创新支撑平台的实施意见》等一系列政策文件,激发市场主体创新创造活力。2021年12月,吉林省获批建设创新型省份,② 成为全国第11个、东北地区首个获批省份。2022年4月,长春、长春净月高新技术产业开发区获批建设国家自主创新示范区。③ 在国务院第八次大督查中,"长春市打造新型众创空间帮助创客实现创业梦想"经验做法作为典型经验得到通报表扬。④

(四)深化区域合作,为扩大对外开放提高国际竞争力打开渠道

聚焦构建对外开放新前沿、新高地、新格局,立足吉林省区位实际,持

---

① 《数说吉林这五年丨市场主体总量突破300万户》,"人民资讯"百家号,2022年6月20日,https://baijiahao.baidu.com/s?id=1736118392735451111&wfr=spider&for=pc。
② 《政府工作报告——2023年1月15日在吉林省第十四届人民代表大会第一次会议上 省长 韩俊》,吉林省人民政府网站,2023年1月20日,http://www.jl.gov.cn/zcxx/gzbg/2023 01/t20230120_ 2978022.html。
③ 《重磅!长春、长春净月高新技术产业开发区获批建设国家自主创新示范区》,人民网,2022年4月15日,http://jl.people.com.cn/n2/2022/0415/c349771-35225472.html。
④ 《国务院办公厅关于对国务院第八次大督查发现的典型经验做法给予表扬的通报》(国办发〔2021〕44号),中国政府网站,2021年11月15日,https://www.gov.cn/zhengce/zhengceku/2021-11/15/content_ 5650982.htm。

续扩大对外开放。

1. 对接国际规则

吉林省人民政府办公厅制定《吉林省全面对接〈区域全面经济伙伴关系协定〉（RCEP）行动计划》，[①] 对标高水平自贸协定，清理调整与 RCEP 投资规则不相适应的投资管理措施，加大在知识产权、电子商务、政府采购、竞争等方面的投资保护力度，加快推动建设开放型经济新体制。加入中国—中东欧省州长联合会组织，为加强与中东欧国家合作提供了稳定对外渠道和机制保障。举办第二届东北亚地方合作圆桌会议，通过《长春倡议》，[②] 达到了凝聚共识、携手合作、服务发展的预期成效。积极参与"一带一路"国际合作，打造向北开放重要窗口，充分利用国家多双边经贸合作机制的作用，加强与"一带一路"中蒙俄经济走廊国家，尤其是东北亚五国合作，新的进口增长点不断涌现，贸易规模持续扩大。

2. 强化平台建设

吉林省人民政府办公厅印发《关于全面开放合作重点布局的意见》，[③] 推动长春新区、中韩（长春）国际合作示范区、长春临空经济示范区、吉林（中新）食品区、中国图们江区域（珲春）国际合作示范区、珲春海洋经济发展示范区等重点示范平台建设。积极申报建设中国（吉林）自贸试验区，打造产业转型升级引领示范区、国际化冰雪经济高质量发展示范区和东北亚国际合作示范区。建设"丝路吉林"大通道，基本形成了对外开放综合交通运输体系。开辟内贸外运航线，成功打造"借港出海"通道。开通中欧班列（长春），线路始于长春兴隆铁路口岸，自珲春铁路口岸出境，

① 《吉林省人民政府办公厅关于印发吉林省全面对接〈区域全面经济伙伴关系协定〉（RCEP）行动计划的通知》（吉政办函〔2022〕11号），吉林省人民政府网站，2022年1月25日，http：//xxgk.jl.gov.cn/szf/gkml/202201/t20220125_8385579.html。

② 王旭、于小博：《顺应时代潮流加强务实合作 携手开创东北亚地区更加美好的明天》，《吉林日报》2021年9月23日。

③ 《吉林省人民政府办公厅关于全面开放合作重点布局的意见》（吉政办发〔2021〕7号），吉林省人民政府网站，2021年2月9日，http：//xxgk.jl.gov.cn/szf/gkml/202102/t20210209_7939661.html。

经由俄罗斯，最终抵达波兰、德国等欧洲腹地，为进出口企业提供了更多选择。

3. 便利贸易通关

吉林省人民政府出台《吉林省优化口岸营商环境促进跨境贸易便利化工作实施方案》，持续推进"两步申报""先放后检"、关税保证保险、汇总征税等通关作业和税收征管改革。推动综合保税区高质量发展，实行"预约通关""预约查验"，各类纸质证书"无接触"领取或寄送，全区适用简化进出区管理、便利货物流转等政策，实现了数据自动比对、卡口自动核放。深化国际贸易"单一窗口"建设，实现主要业务应用全覆盖，无纸化申报率达到100%。依托物流协同平台，有力促进了各类物流企业与外贸企业的信息共享和业务协同，持续压缩进出口货物整体通关时间。

4. 优化投资服务

严格落实外商投资准入负面清单制度，吉林省商务厅印发了《吉林省外商投资企业投诉工作办法》，及时健全了保护外商投资合法权益、优化外商投资环境的长效工作机制。吉林省自律机制制定了《吉林省自律机制优质企业跨境人民币结算便利化方案（2023年版）》，跨境人民币贸易投资便利化取得新进展。实施外商投资信息报告制度，通过信息报告系统高效办理政务事项，有效降低了企业运营成本。持续清理规范口岸收费，公开口岸收费清单信息，修订公布《吉林省政府定价经营服务性收费目录清单》，截至2021年末，清单中已无政府定价的进出口环节经营服务性收费。强化服务"一带一路"共建国家贸易往来，加快培育高级认证企业，引导企业结合自身实际实施HACCP等质量管理体系，国际市场竞争力进一步提升。

二 优化法治化营商环境的思路和对策

近年来，吉林省营商环境得到了较大改善，法治化治理意识逐步增强，司法执法在经济高质量发展中发挥了重要作用。但是，对照先进发达地区的建设水平、对照企业和群众的需求期盼、对照高质量发展的现实要求，吉林省法治化营商环境建设工作仍存在一些不足。同时，吉林经济基础、经济结构、发展阶段、功能定位、地域特点、文化传统等各个方面都与南方发达地区有很大差别，完全照本宣科、照抄照搬在省内行不通。优化提升营商环境，加快实现全面振兴、全方位振兴，还是要在吃透上情、熟悉下情、了解外情的基础上，突出问题导向、效果导向和目标导向，立足地方实际，对标先进标准，巩固提升既有优势，全面补强弱项，探求更具实用性的法治化营商环境优化思路，激发市场活力、增强内生动力、释放内需潜力。

（一）健全政策法规，完善制度机制

深入贯彻实施国家《优化营商环境条例》和《吉林省优化营商环境条例》及《吉林省优化营商环境条例实施细则》（以下简称"两条例一细则"），加快推进营商环境相关法律法规的废改立释，及时将成熟的改革经验法治化，形成对"十四五"时期优化营商环境的有效保障。坚持在法治框架内，营造公平、诚信、自由的市场环境，为市场主体提供规范、便利、高效的政务服务，强化对市场主体各项权利的保护，着力完善产权保护制度，依法严肃查处各类侵害民营企业和个人合法权益的行为，杜绝任何形式的产权侵害行为。加快完善和细化知识产权相关制度，加强企业商业秘密保护。全面落实公平竞争审查制度，加强和改进反垄断和反不正当竞争执法。进一步强化审查制度，对于制定与市场主体生产经营活动密切相关的行政法规、规章、规范性文件，严格执行公平竞争审查，对于制定涉及市场主体权利义务的规范性文件，严格履行合法性审核程序。将"两条例一细则"纳入"十四五"时期普法重点工作，提升基层干部依法履职能力。加大对各类所有制财产刑事保护力度，建立高效的法治化解决途径，完善投诉、仲裁、法律诉讼等争议解决机制，提升第三方判决的专业性、公正性和高效性，保障企业家合法财产不受侵犯。

（二）推进简政放权，提高市场活力

瞄准"六新产业"发展方向，抓准"四新设施"建设重点，全面落实市场准入负面清单制度，将清单事项与行政审批体系有效链接，排查、清理各类显性和隐性壁垒，推动"非禁即入"在新能源、新装备、新材料、新农业、新旅游、新电商领域普遍落实，为民营资本顺利进入吉林省支柱产业创造有利的准入环境。通过在优势领域探索更加灵活的市场机制，吸引要素聚集，保住优势产业，加快做大做强。持续推动简政放权，减少政府对市场的干预，让市场真正在资源配置中发挥决定性作用，在"十三五"时期推行"证照分离""先照后证"的基础上，加快推进"照后减证"。进一步梳理审批事项，落实审批事项备案制，深化工程建设项目审批制度改革。推动注销便利化，促进市场主体流动更加自由。健全新型监管机制，落实包容审慎监管、大数据智能监管、跨部门联合监管、"告知承诺制+事中事后监管"等新型监管模式，加快不同部门不同地域信息联通共用，提高监管效能，减少干扰企业。

（三）接轨国际规则，促进对外贸易

聚焦新形势下国家对外开放总体布局和"十四五"时期吉林扩大开放的现实需求，锚定国际前沿标准、对标国内一流水平，综合运用世界银行、国家和吉林省营商环境评价体系，推动开办企业、办理建筑许可、获得电力供应、登记财产、获得信贷、投资者保护、纳税、跨境贸易、合同执行和办理破产等各领域全面深化改革。对接国际通行规则，借鉴国际先进经验，以制度型开放更快地融入"以国内大循环为主体、国内国际双循环相互促进"新发展格局。紧盯新一轮国际资源要素转移与产业分工格局演变的新机遇，深度融入共建"一带一路"，采取重点突破的方式，以国家批复设立中韩（长春）国际合作示范区、珲春海洋经济发展示范区等为契机，深化体制机制改革，探索更多与国际接轨的贸易投资管理制度，大力实施外商投资准入前国民待遇加负面清单管理制度，推进服务业开放，扩大贸易规模。全面落实"营改增"、进口关税税率调整等政策，优化税收管理与服务方式，加快建设国家贸易"单一窗口"，推进通关便利化，大幅压缩通关时间，切实有效地降低企业的税收负担和通关成本，提高企业运行效率。

（四）对标先行标准，优化政务服务

重点提升政府及相关部门的管理和服务能力，树立"企业需求导向"的服务理念，从服务的角度审视自身职能和行为，将为企业提供高品质的服务作为工作的首要目标，持续深化"放管服"改革和"最多跑一次"改革，进一步优化和缩短审批流程，统一明确事项办理的流程、规范等标准，完善相关投诉和评价功能，形成全社会对政务服务有效监督和促进的局面。紧紧抓住"数字吉林"建设的重大机遇期，进一步加速推动"互联网+政务服务"落地生根、开花结果，确保越来越多的企业和个人业务真正实现一网通办、全域可办。加快推动公共数据有序开放，破除部门与部门之间、城市与城市之间、行业与行业之间的数据隔阂，逐步合并简化各部门的专用系统和平台，推动各类平台与省、国家政务服务平台的全面互联互通，推广应用省、市、县三级互通的政务服务事项办理平台，加强数据安全防范管理。擦亮"吉事办"品牌，综合运用大数据、人工智能等技术，进一步优化人机交互界面，便利企业和群众在线检索、身份认证、材料递交，提高流程可视化水平，增强企业和群众获得感。同时，坚持线上移动端、PC端与线下各级政务服务中心的一网化建设，有效降低办事转换成本。鼓励市州结合本地发展目标和特色产业，在依法行政的基本框架下，大胆创新、主动尝试，为广大市场主体提供更加特色化、个性化的政务服务。研究发挥市场力量，探索引入第三方服务主体，以市场力量驱动营商环境改善和商业生态系统升级。

（五）构建信用体系，创新人才政策

重点构建适应高质量发展要求的社会信用体系，提高全社会诚信意识和信用水平，降低市场交易成本，推动守信践诺。坚持从体制机制入手，将解决政务失信问题作为优化营商环境的优先任务，加强和完善投诉、仲裁、法律诉讼等争议解决机制，全面树立诚信政府的形象。坚持以企业实际需求为导向，降低人才认定门槛，围绕服务"十四五"时期吉林产业发展主攻方

向，用好人才发展政策，用足引进人才待遇，落实承诺条件，着力解决好引进人才的落户、住房、子女教育、医疗服务和职称认定等关键问题，特别是要注重给予人才充分、自由的施展空间和作业平台。依托吉林大学等丰富的高校科研资源，大力实施本土人才培养计划，通过校企合作、技能培训等措施，不断提升吉林人才队伍的整体素质和综合能力。进一步厘清"亲""清"界限，着力完善激励机制，强化敢于担当、攻坚克难的用人导向，激励干部创造性工作。建立健全改革容错纠错机制，落实好"三个区分开来"要求，准确把握干部在优化营商环境中出现失误错误的性质和影响，切实保护干部干事创业的积极性。加强对具有本地特色的改革典型案例、改革成效的总结推广上报和新闻宣传报道，积极争取国家增加频次对吉林营商环境进行正面宣传，为改革营造良好舆论环境和社会氛围。

吉林省发挥司法职能作用，优化营商
环境调研报告

张 颖 魏 莹*

摘 要： 法治既是市场经济的内在要求，也是其良性运行的根本保障。人民法院是司法服务保障优化营商环境的主责部门。近年来，吉林法院始终把优化法治化营商环境摆在重要位置，坚持问题导向、目标导向、效果导向，大力开展法治化营商环境建设专项行动和法治化营商环境建设提升行动，取得明显成效。通过调研，本报告总结了吉林法院在多元解纷机制建设、审判执行质效、"办理破产"方面取得的工作成绩和经验，进一步查摆了当前工作存在的审理周期长、破产审判机制不够完善、联动部门之间沟通不够紧密、诉讼服务水平有待提升等问题，提出当前和今后一个时期吉林省发挥司法职能作用、优化营商环境的工作思路，比如推进诉源治理工作、强化审慎善意司法理念、优化破产审判工作、坚持全面平等保护原则等，以推动吉林省营商环境快步迈入并保持在全国第一方阵，为加快建设社会主义现代化新吉林提供更加有力的司法服务和保障。

关键词： 营商环境 诉源治理 审慎善意

习近平总书记"法治是最好的营商环境"① 这一重要论断，为优化营商环境，支持市场主体平等竞争、蓬勃发展，推动中国经济实现高质量发展指

---

* 张颖，吉林省高级人民法院研究室一级主任科员；魏莹，吉林省高级人民法院研究室三级主任科员。

① 《论坚持全面依法治国》，中央文献出版社，2020，第254页。

明了方向。近年来，吉林法院始终坚持以习近平新时代中国特色社会主义思想为指导，深入学习贯彻习近平总书记关于优化营商环境的重要讲话和重要指示批示精神，认真贯彻落实党中央、吉林省委和最高人民法院相关决策部署，2020年研究制定《法治化营商环境建设评价指标体系及操作规则》，接续开展法治化营商环境建设专项行动和法治化营商环境建设提升行动，着力打造具有吉林法院特色、符合新发展理念和高质量发展要求的一流法治化营商环境。

一 优化法治化营商环境的主要做法及成效

（一）优化体制机制，打造便捷高效服务体系

1.持续优化便民服务举措

坚持问题导向，多措并举，创新机制，着力解决立案难、送达难、见法官难等突出问题。2021年5月，在吉林各级法院诉讼服务中心设立"办不成事"反映窗口，为当事人解决在诉讼服务过程中遇到的"疑难杂症"，建立反应机制，推动形成工作闭环。大力推行诉讼事项跨区域远程办理、跨层级联动办理。

2.健全"互联网+诉讼服务"体系

大力推进一站式诉讼服务中心建设，移动微法院、在线调解平台、12368诉讼服务平台、视频监控系统、网上保全系统、对外委托鉴定系统、律师服务平台、涉诉信访信息管理平台、统一送达平台等9大平台全部建成并实质运行。近年来，吉林法院创新研发13个区块链业务场景，"智能审执衔接""生道执行""电子封条"等业务场景广泛应用，区块链存证功能有效发挥。"智能辅助全流程网上办案""区块链智能审执衔接司法服务""易执行—线索智能分析平台"3个项目入选全国政法智能化建设创新案例。着力推行网上立案、网上缴费、在线调解、远程庭审等审判模式，为群众提供全天候、全方位、全流程的网上司法服务。

3. 大力推进多元解纷机制建设

2020年，吉林法院推动《吉林省多元化解纠纷促进条例》出台实施。充分利用专业组织、行业协会力量，实现矛盾纠纷专业化分类处理。吉林省高级人民法院先后与司法、仲裁、银行、保险、工商联、证监局等部门联合出台12个诉调对接意见，与中国人民银行、银保监会联合成立金融消费纠纷人民调解委员会，与吉林省总工会联合组织开展劳动争议多元化解试点工作，努力促进民商事纠纷前端治理、多元化解。充分发挥人民法院在线调解平台作用，大力推进民商事纠纷在线多元化解，为当事人提供更多元、更高效率、更低成本的纠纷解决路径。

（二）提升审判质效，构建公平公正的市场秩序

1. 强化审判职能作用

严厉打击欺行霸市、强迫交易、强揽工程、暴力讨债等经济犯罪行为，依法保护市场主体人身、财产安全。依法审理集资诈骗、非法经营等各类经济犯罪案件，引导市场主体合法规范经营。依法审理合同诈骗、商业贿赂、串通投标等案件，规制不正当竞争和垄断行为，维护市场公平竞争秩序。切实贯彻实施《民法典》，坚持平等保护、意思自治等原则，依法审慎审理担保物权、合同纠纷等案件，维护市场主体合法权益，保障市场交易安全。妥善审理公司决议效力、利润分配权、优先购买权、股东代表诉讼等中小股东维权案件，探索证券群体性纠纷案件审判方式改革，建立完善集体诉讼案件示范判决、批量调解工作机制，有效保护投资者特别是中小投资者合法权利。

2. 全面推进快审快结

加强审限监督管控，加强流程节点管控，严格执行发回重审程序的法定适用标准，严格控制诉讼外流转周期，加强长期未结诉讼案件清理。完善繁简分流、简案快审机制，推动办案效率提升、审判质量提级。

3. 加强案件质量监管

严格落实司法责任制，完善内部监督管理机制，2021年，吉林省高级

人民法院出台《关于完善审判权力制约监督体系的实施意见》和《关于规范法官自由裁量权行使的意见（试行）》，促进建立健全与新型审判权力运行模式相适应的制约监督体系。2020 年，吉林法院正式推广吉林法院院庭长监督管理平台，建立院庭长审判监督管理履职评价机制。2020 年起，吉林法院坚持以"发改案件"为切入点，以瑕疵评定为核心，建立民商事案件质量常态化评查机制，组织开展"季度百起案件评查"。2020～2021 年，全省法院一审商事案件发改率为 1.57%，同比下降 0.27 个百分点，一审商事案件服判息诉率达到 94.05%，同比上升 1.78 个百分点。[①]

（三）攻克执行难题，提高"执行合同"便利度

1. 构建解决执行难长效机制

深化执行集约化改革，2020 年 5 月，吉林省高级人民法院出台《关于全面推行执行事务分段集约、繁简分流、团队办案机制的指导意见》，健全繁简分流、事务集约的工作机制。建立健全执行联动机制，加强执行系统与政务信息系统、公安户籍登记信息系统、不动产登记系统、银行系统的数据对接以及信息共享，2020 年 7 月，吉林省高级人民法院与吉林省公安厅联合制发《关于进一步规范协助执行工作的意见》，2020 年 8 月，吉林省高级人民法院与吉林省政务和数字化局联合出台《关于建立自动履行人民法院生效裁判正向激励机制的实施办法（试行）》，进一步推动提升执行送达、查人找物、财产查控、财物变现质效。

2. 贯彻善意文明执行理念

对市场前景较好、生产经营正常的企业，原则上采取活封、活扣、执行和解等柔性执行方式，千方百计帮助企业纾困解难。严格执行最高人民法院失信惩戒规定，准确把握"老赖"认定标准，坚决杜绝"老赖"标签乱贴、"限高"措施滥用。吉林在全国率先创设性提出，对于涉企被执行人积极履行法律义务、所欠债务本金已经履行 70% 以上的，且申请执行人同意的案

---

① 本报告数据来源于《法治化营商环境建设专项行动工作报告（2020—2021）》。

件，允许撤销失信惩戒措施，给困难企业以更宽松的环境。2020~2021年，全省法院共为3117名涉企被执行人撤下了"老赖"标签，核准撤销"限高"措施6699人次。

3. 有效降低执行成本

开展执行攻坚专项行动，打击规避执行、抗拒执行行为，增强执行威慑力，提升合同自觉履行率，防止因执行拖延影响企业生产经营。加大财产保全力度，2021年4月，吉林省高级人民法院出台《关于加强财产保全工作的意见》，保障胜诉权益及时兑现，2021年保全率在全国法院排名跃升至第2位。加强财产处置监管，确立"网拍优先"原则，全面推行网络司法拍卖，提高财产处置效率，降低财产变现费用支出，切实减轻当事人的负担。2021年4月，吉林省高级人民法院制定出台《执行案款管理工作实施办法》，进一步规范执行案款管理。健全清理拖欠企业债务长效机制，2020~2021年，执结涉党政机关和国有企业拖欠民营企业中小企业债务案件1229件，执行到位金额13.78亿元。

（四）完善"办理破产"机制，依法推动市场主体救治和退出

1. 提升破产审判质效

实行破产案件专项管理，采取引进战略投资人、提升破产管理水平、召开债权人会议等多种方式，及时协调解决企业破产、重整过程中遇到的各种难题，推动长期未结案件清理工作，有效提升破产案件结案率。建立简捷高效的破产案件快速审理机制和繁简分流机制，压缩程序时限、简化流程环节，有效缩短破产案件审理期限。严厉打击恶意逃废债务行为，依法适用破产程序中的关联企业合并破产、行使破产撤销权和取回权等手段，查找和追回债务人财产，有效提升债权"回收率"。

2. 规范破产司法程序

健全和落实破产重整识别机制，积极推动构建庭外兼并重组与庭内破产程序的有效衔接机制，探索建立重整识别、预重整快速审理机制，及时甄别具有挽救价值和可能性的困境企业，依法导入重整、和解程序。探索创新破

产转化机制。进一步推进立案、审判、执行部门信息共享，推动建立"立转破""审转破"工作机制，保障立案、审判、执行程序的有序衔接、协调配合。2021年4月，吉林省高级人民法院出台《关于规范企业破产案件管理人选任与监督工作办法（试行）》，持续推动破产信息平台与执行查控系统对接，便利破产案件管理人对债务人财产的查询，落实破产受理后执行程序中止的规定，最大限度保全债务人的财产。

3. 优化破产审判联动协调机制

深化府院联动机制，加强与发改委、公安、民政、财政、银行、税务等部门的沟通协调，统筹推进解决破产程序中的税收优惠、信用修复、财产处置、办理注销、职工安置、维护稳定等问题，推动实现个案协调向制度化对接转变，保障破产程序运行顺畅。积极争取财税支持政策，推动建立破产案件援助资金制度，解决资不抵债、无产可破企业破产启动难问题。2020年9月，吉林省高级人民法院与吉林省税务局联合出台《关于优化企业破产程序中涉税事项办理的实施意见》，为提升办理破产便利度提供了制度保障。

（五）面向企业精准施策，增强市场主体司法获得感

1. 完善暖企惠企安企司法政策

深入开展企业司法需求调研，以企业需求为导向，以企业满意为标准，出台精准措施，助力企业纾困解难，激发市场主体活力，促进企业降成本、增效益。相继出台服务企业发展十项措施、暖企惠企安企六项新措施、助力复工复产服务企业发展十二项措施等一批司法政策措施，推动形成了全方位、全流程、立体化服务保障企业发展的司法政策体系，司法服务优化营商环境工作举措已经融入执法办案全过程。

2. 依法慎用司法强制措施

认真落实2020年初吉林省委政法委牵头制定的《关于民营企业及经营者轻微犯罪依法免责免罚清单》（以下简称《清单》）及指导意见和相关配套制度，明确"民营企业及经营者涉嫌犯《清单》规定以外罪名的刑事案件，可以参照《清单》精神，依法对民营企业及经营者从轻或减轻处罚"，

严格贯彻罪刑法定原则，充分体现宽严相济政策。对企业融资、经营活动中的不规范行为，坚持法无明文规定不定罪、犯罪情节轻微免刑责、社会危害不大轻处理，给企业经营者吃下"定心丸"。推动实施涉民营企业刑事案件羁押必要性审查机制，坚持可不羁押的不羁押，最大限度地降低执法办案对企业生产经营的影响。2020~2021年，全省法院对53件案件、75名被告人适用《清单》规定依法做出从宽处理。

3. 优化涉企服务协调机制

以省级联动为牵引，推动全省三级法院和工商联层层联动，加快完善联席会议、沟通联络、诉调对接、联合调研、联合普法、数据共享等联动协作机制，充分释放联动协作效能，更好地发挥法院司法职能作用和工商联桥梁纽带作用，努力为企业提供精准有效的司法服务与保障。2020年12月，吉林省高级人民法院与吉林省司法厅、吉林省律师协会联合制定《关于建立健全法官与律师良性互动机制的意见》，推动律师与法官建立"彼此尊重、平等相待，相互支持、相互监督，良性互动、共同提高"的新型法律职业共同体。大力推广律师诉讼服务平台应用，推行律师调查令制度，完善便利律师参与诉讼机制。2021年6月，吉林省高级人民法院与吉林省司法厅共同开发的"信息共享平台"正式启用，依托"生道执行"系统及和解监管平台，大力推进律师参与执行工作。

二　吉林省法院法治化营商环境建设工作存在问题及症结

经过不懈努力，吉林省法院法治化营商环境建设工作取得了阶段性成果，但是当前工作仍然存在一些不足，有待进一步提升和改进。

（一）审判质效有待进一步提升

有的涉企案件审理周期长，存在久拖不决和超审限问题。鉴定、重新鉴定、评估周期过长，对于当事人户籍所在地与实际居住地不一致的情况，公告送达适用率偏高，是诉讼案件长期未结的主要原因。有的案件程序"空转"，发来改去、上来下去，裁判结论"翻烧饼"，致使企业深陷诉讼纠纷之中，影响有序生产经营。法官认知水平和裁判尺度不一，出现类案裁判标准不统一的问题。

（二）破产审判机制不够完善

破产案件审理周期普遍长，执转破适用率、实际执行到位率等影响"回收率"成本的指标还有较大提升空间。很多地区仍未建立破产案件援助资金制度，资不抵债、无产可破企业破产启动难问题仍然存在。破产案件的审理工作与政府部门的协同配合不够，破产管理人履职能力有待提升，对破产管理人的业务指导不够，破产管理人履职保障机制不够健全。

（三）保护企业和企业家权益力度不够

涉企刑事案件工作联动机制尚未建立，各地法院与其他办案机关在涉案财物采取查封、扣押、冻结措施和企业经营者羁押必要性等方面存在分歧、缺少沟通。对民营企业胜诉权益的保障不到位，民营企业作为申请执行人的案件执行到位资金率较低。

（四）联动部门之间沟通不够紧密

具有统筹协调职能的省级部门日常联系沟通不够紧密，指标牵头部门与各成员单位联系沟通不够，没有形成统一行动的工作合力。与工商联之间的协作配合不足，对律师事务所、商会的司法需求掌握不够精准。府院联动机制需要进一步加强，府院之间沟通会商力度有待加大。

（五）诉讼服务水平有待提升

涉企纠纷"三优先"原则未完全落实到位，涉民营企业的诉讼服务的质量和效率都不高。"一站式"多元解纷机制尚不完善，涉企业纠纷诉前调解、联动调解机制不健全，部分涉民营企业的纠纷没有有效化解在诉前。法企沟通对接机制不完善，法律服务的精准度不高，针对性、实效性有待提升，存在定期联络频次不高、热度不高及单向性问题。法治宣传大多采取发放宣传资料、摆摊咨询、开展普法大课堂等方式，缺乏针对性、实效性和创新性。

三 完善吉林省法治化营商环境司法服务保障的对策建议

（一）务实高效推进诉源治理工作，探索多元解纷新路径

诉源治理是新时代"枫桥经验"的发展和深化，将引导和疏导作为重要抓手，推动法治力量前移，有利于推进社会治理体系和治理能力现代化建设。一是牢牢把握推动法院主导型解纷机制向融入社会治理大格局转型这一根本路径，扎实推进诉源治理、源头预防、多元化解体系建设，确保实现新收案件同比下降目标。大力推进"一站式"多元解纷机制建设，要紧紧依靠党委领导，认真解决好各地法院诉调中心入驻或接入本地综治中心或矛调中心后机制如何衔接、工作如何协同的问题，确保实现"1+1>2"的预期效果。二是紧紧依托府院联动，牢牢把握重预防、抓前端的发展方向，着力推动多元解纷机制夯基、拓面、提质、增效，推动由政府主导的行政解纷机制充分发挥其应有效能。三是认真贯彻实施新修订的《民事诉讼法》关于扩大司法确认范围的规定，充分发挥司法确认程序的促进保障作用，帮助指导各类调解组织不断提升实质化解矛盾纠纷的能力水平。四是充分发挥基层司法参与推进基层社会治理的法治保障功能和前沿阵地作用，结合巩固深化"法官进网格""百姓说事·法官说法"工作成效和推进"人民法庭达标创建"活动等，在全省开展"无讼社区、无讼村屯"创建活动，将其作为"为群众办实事示范法院"创建活动的内容，通过几年的努力，由点到面推进基层矛盾纠纷源头预防、前端化解，努力建设"无讼社会"，最大限度地压降诉讼增量。

（二）强化审慎善意司法理念，依法保障市场主体合法权益

在公平公正的审判中努力增强人民群众的获得感、幸福感、安全感。一是严格落实罪刑法定、疑罪从无等法律原则，保护企业合法权益，最大限度地减少司法活动对市场主体正常生产经营的负面影响。要防止利用刑事手段干预经济纠纷，将经济纠纷当作犯罪处理，比如注意区分非法吸收公众存款罪和正当金融融资行为、合同诈骗与合同纠纷、贷款诈骗与贷款纠纷之间的界限。对民营企业经营者涉嫌犯罪的，要依法慎用羁押强制措施，落实羁押必要性审查制度，对不需要继续羁押的，应当及时建议公安机关予以释放或者变更强制措施。要建立企业运营事项代理律师会见沟通制度，扩大律师会见的业务范围，保障民营企业经营者与律师会见交流企业生产重大经营事项、签批企业生产经营类文件。二是在立案、保全、审理、执行、审限管理、司法公开等各个环节，均应对涉企案件实行经济影响评估制度，对可能对企业生产经营产生严重后果，影响产业升级、金融稳定的司法措施要审慎使用，采取有效的防范和处置方法，预案措施布置到位，避免因司法措施不当影响民营企业正当生产或引发突发事件。三是依法审慎采取财产保全措施，涉企民事财产保全案件的保全标的额不能超过诉讼标的额，引导申请保全人合理确定保全标的额，申请保全人坚持保全标的额超过诉讼标的额的，应裁定保全标的额仍以诉讼标的额为限。依法灵活采取查封措施，严禁超范围超标的查封。

（三）提升审判执行工作质效，降低市场主体诉讼成本

维护社会大局稳定、促进社会公平正义、保障人民安居乐业的职能作用发挥离不开公正高效的化解纠纷能力，要实现习近平总书记提出的"努力让人民群众在每一个司法案件中感受到公平正义"①的目标，必须对审判执

---

① 《习近平在中央全面依法治国工作会议上发表重要讲话》，中国政府网站，2020 年 11 月 17 日，https：//www. gov. cn/xinwen/2020-11/17/content_ 5562085. htm？ eqid=c57e3d1500216 2d6000000026476dd06&wd=&eqid=faf4551b00184e1900000003656466e6。

行工作常抓不懈。一是全面推行线上线下融合多元解纷模式，提高网上立案率，解决异地当事人立案难题，节约立案时间。优化集中送达机制，拓展电子送达适用范围，提高送达效率。持续完善全流程无纸化办案系统和在线平台，压缩立案登记、诉调对接、委托司法鉴定等各环节周转时间。二是深化"分调裁审"机制改革，推进案件繁简分流、轻重分离、快慢分道。要认真贯彻实施新修订的《民事诉讼法》关于程序分流适用的规定，提升简易程序和小额诉讼程序适用率，着力提升一审普通程序和二审程序独任制适用率，细化完善适用条件、识别标准和操作规范。强化审限监管，简化诉讼程序，减少办案环节，降低衍生案件率。三是着力提升指标质量，降低服判息诉率、发回改判率、申诉信访率。通过进一步完善统一法律适用、类案检索报告、合议庭评议、法官会议咨询、审委会审议、信访公开听证等机制，切实做好裁判文书说理、案件质量评查、精品案件培树等工作，促进质量效率同向发力，确保实现年初预定目标。四是及时兑现企业胜诉权益，推进综合解决执行难长效机制建设，切实加大执行力度，优化执行效果，充分保障胜诉当事人合法权益的实现。

（四）优化破产审判工作，推动市场主体依法救治和退出

破产审判是优化法治化营商环境和助推经济健康发展的重要抓手，增强破产审判应对困难复杂局面的针对性和实效性，多措并举推动解决破产难题，有利于服务保障经济社会发展大局。一是继续坚持问题导向，找准工作弱项短板，针对"办理破产"指标差距较大的问题集中开展专项整治，组织对全省破产衍生诉讼审理情况和存在问题进行调研，提升衍生诉讼办理质效，缩短破产办理周期。二是完善破产程序启动机制和破产企业识别机制，推进执转破工作，加大破产案件简易程序适用力度，严厉打击恶意"逃废债"行为。探索建立破产预重整制度，建立健全破产企业持续经营和整体转让机制，进一步健全和落实破产重整识别机制。推进建立府院联动破产工作统一协调机制，推进建立落实破产援助基金、信息共享、信用修复、财产处置、企业注销、涉税办理、风险防范等工作机制。三是推动落实破产费用

保障机制，研究制定破产案件成本的支付管理办法，规范和降低破产费用支出。四是加强破产审判专业化建设，推进破产审判庭的设立与建设，完善破产审判绩效考核等相关配套机制，完善破产管理人选任制度，强化破产管理人履职保障，促进破产审判整体工作水平的持续提升。五是推进破产审判信息化建设与应用，以全国企业破产重整信息网为抓手，加强对案件办理时间、费用成本的监督和统计。实现破产信息平台与执行查控系统的对接。

（五）坚持全面平等保护原则，营造公平稳定可预期的营商环境

依法平等保护各类市场主体，护航营商环境，让市场主体感受到公平正义就在身边，是人民法院义不容辞的责任。一是妥善审理政府招商引资合同纠纷案件，着力破除政府采购、招投标等领域针对外地企业设置的隐性门槛和壁垒，防止滥用行政权力排除和限制竞争的行为。二是依法打击垄断和不正当竞争行为，妥善处理破坏市场竞争规则的案件，规制各类垄断和不正当竞争行为。加强中小投资者权益保护，妥善审理中小股东维权案件，切实保护所有股东，特别是中小股东享有平等地位。完善群体性证券纠纷处理机制、证券期货纠纷多元化解机制、小额速调机制、律师调查令制度，降低中小投资者维权成本，提高维权效率。三是平等保护中外投资者合法权益，进一步推进延边东北亚国际商事争端解决中心建设，更好地服务吉林省"一带一路"北向通道和东北亚区域合作中心枢纽建设。积极拓展域外法查明路径，探索搭建域外法查明在线工作平台。四是全力推进长春智慧法务区建设，围绕"打造全省审判体系和审判能力现代化先行者"的工作目标，充分发挥法院审判机关职能作用，助推构建高能级法务生态体系。加大知识产权司法保护力度。规制知识产权虚假诉讼、恶意诉讼等行为。

（六）回应市场主体司法需求，着力推进暖企政策落实

要坚持从企业需求出发，激发市场活力和社会创造力。一是抓好暖企政策落实，真正让文件的"纸黄金"变成"真金白银"，让企业真正得到实惠。深入开展司法"三服务""企业大调研"活动，针对企业现实司法需

求，进一步完善"为企业办实事"项目清单，确保暖企政策措施落地落实。二是以省级联动为牵引，推动建立健全法院与工商联、各类商会协会联动协作机制。加强与司法行政机关和律师协会工作联系，建立与律师良性互动关系，为律师依法履职提供保障。建立完善市场主体满意度调查机制，组织对优化法治化营商环境各项举措落实情况进行监督检查。三是依托数据中心平台，建立涉企案件统计台账，依法、按时、全量、准确归集涉企案件信息，完善涉企案件信息归集和应用管理工作机制，构建以信息归集共享为基础、以信息公开为手段、以跟踪监测为核心的涉企案件管理模式。不定期发布涉营商环境民事、行政、刑事、执行等正反典型案例，树立优化营商环境鲜明导向。

B.18
吉林省基层社会综治模式创新研究

徐 建*

摘 要： 在科技经济快速发展的今天，基层社会综合治理模式已经跟不上科技经济发展的步伐，完善共建共治共享的社会治理制度，加强和创新基层社会综合治理受到各地政府的重视。吉林省以习近平新时代中国特色社会主义思想为指导，坚持和加强党建引领，改革创新和制度建设、能力建设，不断探索基层社会综治模式的创新理念，大胆尝试。本报告对吉林省基层社会综治的创新探索进行分析，鼓励推广好的做法，总结经验教训和不足，提出可行性改善意见，研究创新治理模式，旨在增强人民的获得感、归属感、安全感、责任感的同时，不断提升基层社会综治的管理水平、效率，并取得更大成效。

关键词： 基层综治 社会治理 网格化管理

一 吉林省基层社会综治的现状

随着吉林省经济的快速发展，基层社会治理的要求不断提升，吉林省在促进经济稳步发展的同时，把基层社会综治作为一项重要的工作任务，为创新社会综治模式打下坚实的基础。在基层党建、社区建设、社会组织发展等方面展开具体工作，在多个层面上取得了实效。

---

* 徐建，吉林省社会科学院法学研究所副研究员，研究方向为行政执法、智能化社会治理、网络舆情。

（一）党建工作在基层综治中的引领作用凸显

党建始终贯穿社会治理和基层综治的各个环节。《关于深入推进农村社区建设试点工作的指导意见》（2015 年）和《中共中央、国务院关于加强和完善城乡社区治理的意见》（2017 年）都强调了在基层治理中，要突出党组织的领导核心作用。在吉林省内，很多市县（市、区）都在积极探索以党建引领来推动基层社会治理的创新活动。

长春市强化党建推动"三社联动"基层治理创新的举措主要有以下几个方面。

健全党组织体系，率先实行街道"1+3"大工委和社区"1+1"大党委制，在街道成立社会组织功能型党委，有机联结辖域内社会组织党建资源，实现党组织引领、融合共治。

强化制度保障。坚持全局统筹，先后制定并出台了《关于进一步加强全区基层党组织建设的意见》《关于进一步加强非公有制企业和社会组织党建工作的实施意见》《关于强化基层党组织政治功能开展"红帆领航"工程的实施意见》等 6 个制度性文件，进一步强化了社区的政治属性和基层治理中党的核心领导地位，为社区、基层社会组织开展治理工作和各部门之间良性互动提供了非常重要的制度保障。

创新社区治理模式。在社区成立社会组织工作指导站，探索社区党组织、工会、共青团、妇联、社会组织"五站合一"工作模式，落实"五同步"工作法，推动社区各类组织和服务相互协调，积极解决各类问题。例如，长春市全面实施"城市基层党建强化工程"，发挥市里顶层设计、县（市、区）一线指挥、街道统筹、社区兜底的四级联动作用，切实形成各层级同频共振、各方面同向发力的良好局面。成立街道、社区大党（工）委，构建以党组织为核心的"1+4"组织体系，共商区域治理；制定区域化党建、区域共建、区域自治"三张公约"，形成自律规范；建立绩效考核、政行风测评、函告沟通等"6 考 1 直通"考核激励机制，赋予街道社区更多话语权，推动驻区单位参与区域治理事务。

吉林省内各地的一系列举措，有效地扩大了党组织覆盖范围，激发了社区以及基层社会组织的动力，不断提升基层综治能力。

（二）资源配置不断下沉基层为基层综治提供保障

党的十八大以后，基层综治被提升至党的执政基础的高度，与"基础不牢，地动山摇"的政治要求紧紧连接在一起。党中央要求治理重心下移，充实基层（社区）的人力、物力、财力。习近平总书记在多个场合强调，"城市治理的'最后一公里'就在社区"，"社区虽小，但连着千家万户，做好社区工作十分重要"，"社会治理的重心必须落到城乡社区"。①

吉林省响应党中央精神，积极推动资源力量下沉，夯实"三社联动"基础保障。把加强基层党建和创新基层社会治理的重点放在社区，把人、财、物、政策向社区倾斜，推动基层党建和社区社会治理水平的提升。吉林省不断把基层治理重心下移、服务下沉。把街道社区作为推进基层社会治理的核心，推动工作重心下移，能下放的坚决下放到位，把更多人力、物力、财力投向基层。链接区、街、社区、网格四级组织，街道班子成员下沉到社区担任第一书记，工作人员与网格长直接对接，第一时间受理解决群众诉求。

近几年，吉林省内不少地区投入大量资金升级改造社区的场所和功能，服务群众的面积大幅扩大，为社区和社会组织开展活动提供了便利的场所。有些地区投资打造了党群服务中心和社会组织党建指导服务中心，聘请各地社区干部、社会工作者，提供优质的培训教育基地。

在实践中，吉林省社会协同治理较多地表现为"三社（社区、社会组织、社会工作）联动"、社会组织承接公共服务等形式，已经形成了多部门、多形式共同参与基层治理的新局面。

（三）社区网格化管理成绩显著

社区最初被界定为"社会生活共同体"，其他部门对社区的介入以及基

---

① 中共中央党史和文献研究院编《习近平关于城市工作论述摘编》，中央文献出版社，2023。

层行政资源的匮乏，使得社区更像民政部门的"派出机构"，但也正因如此，社区逐渐成为基层行政管理的早期"行政单位"。随着中央对社会建设和基层管理问题认识的成熟，社区治理超越民政领域的范畴，获得党和政府的重视。借由治国理政战略的新发展，社区治理政策在理想牵引和现实问题之间调和，更加符合具有新时代中国特色的社会治理理念的要求。

吉林省的社区治理体系是围绕着党中央和政府的部署一步一步有序建立的。吉林省对社区治理的探索，经历了社区服务、社区建设、社区管理、社区治理、网格化管理的不断转变，经历吉林省政府和相关部门的不断摸索和完善，逐步形成现在的基层综合治理体系。

吉林省在社区治理改革中，推行网格化管理，网格被分成单位类、物业类和自治类三大类，社区的工作人员、"两委"成员，都兼任网格长。网格长需要根据居民的需求，深入居民家中，开展"党的相关政策的宣传、民意调查、居民基本情况的信息采集"等工作。居民反映的情况，被分到社区或者公共服务站处理。面对日益增多的基层公共事务和社会治理问题，网格化管理成为吉林省各地应对基层社会矛盾、提高行政效率、提升公共服务效能的有效手段。

（四）社会组织的逐步引入促进基层综治的发展

2014 年 12 月，吉林省出台了《关于政府向社会力量购买服务的实施意见》。2017 年 1 月，出台了《吉林省政府购买服务管理办法（暂行）》。2017 年 9 月，出台了《长春市具备承接政府职能转移和购买服务资质的社会组织目录编制管理办法》。吉林省不断引入社会组织参与基层综治，购买服务的数量、投入的金额不断地增加，并取得了非常好的效果。以长春市南关区为例，长春市南关区从 2016 年开始，每年由区财政投入 200 万元，以公益创投的方式开展政府购买社会组织服务，使得南关区的社会组织获得了快速发展，社区社会组织数量由 2016 年的 200 个发展到 2020 年的 236 个，而且购买项目具有持续性，促进了社会组织的规范化运作。同时也要看到差距，从全国各省区市的购买服务投入力度与社会组织数量上看，吉林省仍属于发展较缓的省份。

（五）基层综治管理平台的建立和治理机制的持续创新

在数字化时代，科技创新是国家发展的重要驱动力。党中央高度重视大数据、网络技术等科技在社会治理中的应用，以提升国家治理现代化水平。通过大数据分析，我们可以更全面地了解社会运行情况，发现潜在问题，预测未来趋势。在教育、医疗和文化等领域，"互联网+"应用正在改变传统的服务模式，提升了公共服务水平。同时，大数据和网络技术也在社会治理中发挥重要作用，提升了政府管理和社会治理的效率。我们要深入贯彻落实习近平总书记的重要指示精神，推进大数据战略的实施，创新社会治理模式，为国家的现代化建设贡献力量。

吉林省委、省政府响应党中央的号召，早在2018年就提出"以数字吉林建设为引领，加快新旧动能转换，推动高质量发展"的战略目标，把推进数字化发展、促进大数据应用作为推动吉林省转型发展的重要抓手，并将立法工作作为实施"数字吉林"战略的重要任务。吉林省率先提出"统筹建设"，提升政府服务和社会公共服务的质量水平，共享平台已接入2366个政务服务部门，汇集各类数据信息60多亿条。

二 吉林省基层社会综治的薄弱环节

（一）基层综治的行政化倾向较强

尽管我国已提出了治理理念，但在传统的行政和社会管理体制中，仍然存在明显的行政化倾向。我国社区的提出和建设主要由政府主导，社区在发展过程中体现出明显的行政化倾向，需承担许多来自上级部门的行政任务。社区原本应自主解决复杂的基层问题，根据具体情况灵活应对，而不应过度依赖行政手段从上层下达指令。虽然民政部门倡导一些行政部门不能将工作完全下放到社区，但建立社区工作权力清单的倡导一直未能落实。

吉林省经济相对落后，社会发展较不成熟。目前，吉林省社区工作以提供社会服务和社会保障为主，社区建设更侧重于为居民提供服务和提供社会保障。在社区建设中，居民的自治意识尚未充分培养起来，表现为自治能力不足、参与性不高。为了改善这一状况，需要在强化社区自治意识的基础上，促进居民更广泛地参与社区事务，逐步减轻社区对行政手段的过度依赖，实现社区治理更加灵活、民主和有效。

（二）各行政部门之间协调不畅

通过大量信息收集和基层走访发现，基层综治过程中各行政部门之间存在协调较差的情况。

网格是在社区级别之下增设的一个新的管理层级，在实际操作中，多层级、多部门对网格化的社区管理系统可能产生一定的影响。较多的垂直管理层次为社区问题的解决制造了障碍，各个部门之间存在着壁垒。在网格化管理过程中，面对各类复杂问题，特别是涉及上级多个部门的指令或许可时，网格很难在短时间内统一协调并给出明确答复。这使得基层网格平台积压了许多问题，无法及时解决，导致有限的资源难以高效利用。有时还可能会激化矛盾，大大降低基层网格管理系统的治理能力。信息收集环节的衔接不畅和网格解决问题能力的萎缩直接制约了基层网格化管理功能的提升。

（三）基层工作者专业化管理能力不足

吉林省的基层工作者包括社区居委会成员、聘用的网格员，以及街道和职能部门招聘的工作人员，他们文化水平普遍不高，专业管理技能一般。由于基层工作者的薪资待遇不高，基层对高素质管理人才缺少吸引力。

社区网格化作为一种专业性较强的管理模式，需要通过专业的技术和方法构建信息平台，以实现提供给人民群众更好的服务和管理。然而，现阶段吉林省的网格化管理模式还未达到所需的专业化程度。缺少具有专业能力的社区工作人员会使网格化管理的效果大大降低。然而，现阶段在岗的基层工作人员，难以达到掌握一定信息技术的网格化管理要求，这给工作带来了重重障碍，使得基层治理能力不足。若网格化的信息平台得不到正确、熟练的使用，将对服务质量和管理效率产生较大的影响。社区工作人员在没有接受系统培训的情况下就开展网格化管理工作，会出现很多问题。

（四）与网格化社区管理相配套的法规政策缺位

自网格化管理模式推行以来，中央和地方纷纷出台了各种形式的政策文件，然而，这些政策文件的内容相对较为笼统，缺乏可操作性。社区网格化管理涉及公民、社会组织等多个主体的权利与义务，但由于社区管理相关法律法规的缺位，在网格化管理过程中经常出现无法依法行事的问题。网格监督员的"执法"在很多情况下缺乏法律条文的支持。例如，在日常社区管理中，通常受命于领导的社区工作人员并没有明确的执法权。在特殊时期，基层服务管理人员与人民群众之间可能出现诸多矛盾。参与管理人员在执行政策时，尺度不一、形式各异，严重影响了政策的实施效果。因此，亟须制定一项明确而合理的法规来解决这种法规适用上的混乱问题。

（五）基层治理的资源投入不足且不均衡

社区的资源主要来自政府，每年政府会向社区拨付相应的经费。近年来，随着吉林省组织部门提出加强基层党组织建设，社区经费也有所增加。总体而言，吉林省社区的财政支持相比以往有了显著提升，但与全国其他省份相比仍存在较大差距，并且各社区经费呈现出明显的不均衡性。在省内，一些发展较好的社区由于在评比中处于前列，接收到的财政支持较多；相反，一些发展较为落后的社区尽管更需要财政支持，但得到的支持却相对较少。

（六）社会组织发展不够成熟

我国的非营利性组织主要由两类构成，一类是社会团体，另一类是民办非企业单位。与发达地区相比，吉林省的非营利性组织存在较大差距，导致社区委员会和政府需要承担本应由非营利性组织负责的事务。非营利性组织在承担社区事务、为居民提供服务和保障方面具有巨大潜力，其参与基层综治可以在一定程度上缓解政府和居民之间的矛盾。过去，一些与民生相关的社会事务由政府具体承担，同时政府自身也扮演监督者的角色。这种既是运动员又是裁判员的情况影响了民众对政府的信任。社会福利、社会保障等领域的问题层出不穷，需要更好地调动非营利性组织的参与，以提升社区服务的效果。

三　吉林省基层社会综治的改善创新路径

（一）优化吉林省基层综合治理结构

吉林省基层综合治理结构亟须进一步优化，以提升基层治理的效率，实现更好的治理效果。

全局谋划政府、社会关系的调整，推动政府与社会的双重解放。政府应在完成基层治理标准化建设和社会稳定维护的基础上，逐步改变过去全能的角色。政府要从影响基层治理的关键变量转变为支持性的环境变量，为基层治理提供经费保障和政策向导。同时，政府应解放基层，使其摆脱繁重的行政事务，上级各行政组织要直接面向社区和网格，通过整合职能和资源，为社区发展提供必要的空间和支持。

弥补结构性缺陷，构建科学的基层治理结构。在正确认识党中央作为国家治理体系有机组成部分的基础上，政府应发挥其在改革设计、沟通民意、资源整合、培育社会组织等方面的领导作用。这并不是简单的对社会治理的补充或替代，而是在整体治理中形成有机的互补和协同格局。

补足社会力量的短板，推动社会力量参与社区事务。吉林省需要加大力度补齐社会力量的短板，让其更多地参与社区事务管理。可以通过建立合作治理结构，使社会力量成为治理的一部分，承担日常生活管理服务，从而形成政府、社会和市场三者之间协同互动的格局，推动基层治理的创新与发展。

（二）提升吉林省基层综合治理的能力

为更精准地对接基层辖域内的实际情况、居民需求和矛盾冲突等问题，需要改变基层辖区管理者对辖区实际需求了解不足、服务与管理供给不足和过度的问题。可以将服务与管理供给逐步转变为以实际情况为导向，精准对标具体问题，促使居民、社会组织等积极参与基层治理。

通过资源的合理配置，推动基层行政工作社区化，资源配置方式的改革是推动社区治理改革的关键。这需要破除市场依赖和行政依赖，引入更多社会力量来承担政府职能。建立和推广自下而上的资源分配体制，实现社会组织与地方政府经费划拨部门的直接对接。政府各部门要进行统筹规划，列出专门预算，由社区组织自主提出方案。更多地采用项目制的方式，让社区参与基层治理，将政府过去包揽的非强制性任务，特别是服务性事务，通过项目化的形式交由基层社会承担。积极推进社会组织在"帮老、助残、扶贫、解难"等服务方面的工作，逐步提升其在承担政府行政事务方面的参与度。通过这样的方式，更多社会组织可以以居民需求为导向，获取承担公共服务的资源保障。相信通过逐步改变基层治理方式，吉林省整体的基层社会治理将取得显著的成效。

（三）完善吉林省基层治理的信息公开共享机制

在信息时代，信息传播和扩散速度极快，为了使社区居民能够迅速获取正规渠道的权威信息，社区必须及时发布和共享信息。基层社会治理应实现立体式的信息联通和共享，构建基层服务管理统一平台，确保社会服务管理综合信息系统全面覆盖、实时跟踪、信息共享。

建立社区网格化服务管理基础工作平台。以社区党组织、社区居委会、社区服务站等为依托，在省内整合资源，统筹本辖区工作。促使城管、公安、工商、文化、卫生、体育等相关部门进入社区，调动各个社会群体积极参与网格化公共服务管理，共同搭建社区级服务管理工作平台。

建立街道综合协调平台。街道各单位承担所辖区域内网格化社区公共服务管理总调度任务，并下发、传达、报送、处理各类事务，进行协助和监督，定期派人指导社区实施网格化公共服务管理。

建立区级网格化社区服务管理统一协调指挥平台。在区域范围内充分协调各类行政资源，进行数据采集、问题分析，实现信息发布共享。将实时收集和掌握的各类数据信息，准确及时地上报给相关行政单位，快速有效地解决实际问题。

（四）建立良好的奖惩激励机制

基层综治工作需要有相应的考核与激励制度，以提高基层工作人员的积极性。将基层社会工作者的任用、提拔、奖惩和考核紧密联系，建立目标责任制来评估各级基层社会组织的年度任务完成情况。将基层领导班子及基层管理人员的政绩纳入目标管理综合考核结果，作为基层治理干部调整、使用、推荐和提拔的重要依据。对基层社会管理人员的考核要设立详细标准，明确规定对他们在出勤、日常访问、工作处理时效等方面的要求。注重考核实效，保持考核的常态化，实现对基层社会工作的随时监督，并及时记录、通报考核结果，根据个人成绩进行切实的奖惩。

继续加大对基层社会治理工作人员的培训力度。促进社区、街道工作人员之间工作经验的交流，相互取长补短、共同提升管理水平。充分利用网络和远程信息资源库，不断提升管理工作者的综合素质，使其能够深入服务群众，掌握应对突发事件的方法，实现管理水平的不断提高。

（五）健全基层社会治理的相关政策与法规

基层综合治理必须有法律依据，应制定相关的配套政策与法规，确保基层社会治理的有效运行，避免由法规、政策上的漏洞造成的随意执法等问题。不断完善政策法规，可以为政府衡量基层社会治理工作人员在基层社会治理中是否严格履行职责提供评判标准和可靠保证，也可以为追究管理运行过程中存在的不当行为提供依据。所以需要不断完善政策法规，使其标准化、合理化，从而确保基层社会治理理念得到准确落实。

参考文献

《中共中央　国务院关于加强基层治理体系和治理能力现代化建设的意见》，中国政府网站，2021 年 7 月 11 日，http：//www. gov. cn/zhengce/2021-07/11/content_ 5625201. htm。

李海龙：《新时代社会治理现代化研究》，山东大学出版社，2021。

童星：《中国社会治理》，中国人民大学出版社，2018。

尹华、温婧：《吉林省社区公共服务网格化管理的困境及对策》，《长春师范大学学报》2015 年第 5 期。

温婧：《北京市社区网络化管理完善对策研究》，硕士学位论文，东北师范大学，2014。

吴晓林：《城市社区的"五层次需求"与治理结构转换》，《国家治理》2018 年第 31 期。

祝灵君、王友明、梁道刚：《坚持党建引领增强共治效能》，《人民论坛》2021 年第 24 期。

张娟：《十年来基层政权建设和社区治理政策创制大事记》，《中国民政》2022 年第 10 期。

王明刚、魏红梅：《政府购买公共服务政策探析——以广州市为例》，《特区经济》2013 年第 4 期。

吴晓林：《党建引领与治理体系建设：十八大以来城乡社区治理的实践走向》，《上海行政学院学报》2020 年第 3 期。

行业监管

B.19

吉林省生态环境保护的法制保障研究

何志鹏 孙 璐*

摘 要： 生态文明建设与环境和资源保护对于吉林全面振兴和全方位振兴具有特别重要的意义，可在满足人民的美好生态环境需要的同时，通过避暑和冰雪旅游、"秸秆变肉"等绿色产业模式给经济发展带来全新动能和增长点，有力推动经济社会全面振兴。吉林省生态环境保护在政策规划、法规标准、制度机制、工作活动等方面已经卓有成效，但是仍存在一些制约和不足，面对"十四五"开局的机遇和挑战，应从进一步加强政策规划、健全法规标准、强化制度实施等方面，为吉林省生态文明和环境保护事业提供更为良好、有效的政策法制保障。

关键词： 生态文明建设 环境保护 绿色发展

---

* 何志鹏，吉林大学法学院教授，研究方向为国际法理论、人权理论、法学教育；孙璐，吉林省社会科学院法学研究所副研究员，研究方向为国际经济法、环境法、人权法、国内与国际法治。

在生态文明建设、环境治理和保护不断强化，为实现"美丽中国"梦想提供了坚实的政策、法律及制度保障的前提和框架下，从地方层面加强生态环保的政策法制保障，从而促进本地的生态环境治理活动蓬勃开展，在满足人民在环境方面美好生活需要的同时，以绿色低碳循环发展方式助力吉林振兴、东北振兴，具有极为重要的现实意义。

一 吉林省环保政策法制保障的成效

（一）政策规划有力

在党和国家在政策战略上系统形成了习近平生态文明思想（绿水青山就是金山银山、携手共同推进全球生态环境治理等），明确了环境治理方针（打好污染防治攻坚战、绿色发展等），确立并丰富了可持续发展战略并将环保纳入国民经济和社会发展规划及各类专门规划的框架下，吉林省一向高度重视生态文明建设和环境保护，将其融入经济社会发展全局进行统筹，近年来制定实施的政策规划，具体可分为以下几类。

首先，制定系列专门的生态环保五年规划，提纲挈领地为未来一段时期内吉林省生态环境保护工作确定总体及具体目标，指出重点任务并细化实施步骤。包括吉林省进入"十四五"时期以来制定的系列环境保护规划等。特别是2022年1月发布的《吉林省生态环境保护"十四五"规划》，按照科学、系统、精准原则，系统谋划推进生态环境高水平保护与经济绿色低碳转型发展，提出到2025年生态强省建设取得阶段性成果等总体目标，以及生态产业化和产业生态化相结合等重点任务。

其次，制定一些生态环保相关或者细分领域的专项规划，用以谋划和部署各个具体领域在未来特定阶段的环保目标和任务。包括《吉林省"十四五"水安全保障规划》《城市生活垃圾分类和处理设施"十四五"规划》《吉林省黑土地保护总体规划（2021—2025年）》等。例如，《吉林省"十四五"重点流域水生态环境保护规划》确定了水环境质量持续巩固提升等主要目标，以及推进水生态惠民利民、深化水环境综合治理等重点任务。

最后，吉林省政府及有关部门出台了关于生态环境保护的意见、纲要、行动计划、实施方案及其他各种政策文件，为环保工作各个方面各个环节具体事务提供了明确依据。包括《吉林省生态环境质量提升十年纲要（2016—2025年）》（2016年）、《吉林省生态环境损害赔偿制度改革工作实施方案》（2018年）、《关于构建现代环境治理体系的实施意见》（2020年）、《吉林省空气质量巩固提升行动方案》（2021年）、《吉林省水环境质量巩固提升行动方案》（2021年）、《吉林省土壤环境质量巩固提升行动方案》（2021年）、《中共吉林省委关于忠实践行习近平生态文明思想加快建设生态强省的决定》（2021年）、《吉林省黑土地保护工程实施方案（2021—2025年）》、《吉林省黑土地保护执法实施办法》等。

（二）法规标准充实

在国家已初步形成完备的中国特色社会主义环保法规标准体系（包括《宪法》[①]《刑法》[②]《民法典》[③]《噪声污染防治法》等）、加入几十部生态环保国际公约、发布数百项环境标准、正在推动环境权入宪及编纂环境法典的背景下，吉林省生态环境保护方面的地方性法规体系也已经较为成熟完备，为全省污染治理、环境保护及生态文明建设等工作提供了充分的法制依据，近年来陆续制定或修订了系列法规、规章、预案、标准等。

一是污染治理方面的法规。21世纪初，与生态环保工作侧重于污染控制与治理的思路方针相一致，地方性法规制定也以污染控制类为主，当前也有适当延续。《吉林省城市机动车排气污染防治条例》（2003年）、《吉林省松花江流域水污染防治条例》（2008年）、《吉林省大气污染防治条例》（2016年）、《吉林省排污许可管理办法》（2018年）等，分别就各个领域、各种来源的污染的防治事项做出明确规定。《固体废物污染环境防治法》在

---

① 1982年《宪法》第9条第2款和第26条，2018年修正后的《宪法》序言。
② 2021年修正后的《刑法》第338条、第341条第3款等。
③ 物权编第286条，合同编第509条，侵权责任编第1229条等。

2020 年修订后，吉林省立即依据其中"危险废物污染环境防治的特别规定"条款，结合本省实际，对《吉林省危险废物污染环境防治条例》（2021 年）修改完善，针对列入国家危险废物名录或根据相关鉴别标准认定具有危险特性的固体废物，明确了统一、专门和协同监督管理的主体，产生、收集、贮存、运输、利用、处置的单位和个人采取措施防止或减少其对环境的污染等责任，以及清洁生产审核、环境影响评价、永久基本农田集中区域等特别保护区域禁止建设贮存设施等制度。

二是生态环境保护方面的法规。近年来，随着生态环境保护工作重心转变为防、治结合和源头治理，地方性法规的重点也多是从正向建设的角度明确生态环境保护的具体做法和制度。包括制定或修订《吉林省湿地保护条例》（2017 年）、《吉林省城镇饮用水水源保护条例》（2018 年）、《吉林省河湖长制条例》（2019 年）、《吉林生态环境保护条例》（2020 年）等法规。例如，《吉林省黑土地保护条例》（2018 年）明确了黑土地资源保护的原则、宗旨、主体、机制等内容，按合理规划、保护优先、用养结合、突出重点、综合施策、数量与质量并重的原则，由政府主导、承包者与经营者实施、公众参与，纳入并编制规划，建立黑土地监测制度，分类实施严格保护措施，加强监督检查，实行目标责任制和考核评价、督察、约谈等制度。2021 年，为保护好、利用好黑土地这一"耕地中的大熊猫"，吉林省决定设定每年 7 月 22 日为"吉林省黑土地保护日"，使之成为推动全省黑土地保护工作的重要载体。

三是关于各类环境安全突发事件应急的预案。吉林省为各类环境安全事故的有效预防、及时控制和妥当处置提供了具有科学性、实用性、可操作性的规范依据，健全了环境安全事故应急体系，进一步提高了对环境安全事故的应急反应能力。编制或修编了《吉林省生态环境厅辐射事故应急预案（2014 版）》《吉林省城市放射性废物库事故应急预案》《吉林省突发环境事件应急预案（2016 版）》等环境安全应急预案。其中，《长春市辐射事故应急预案（2021 版）》确立了预防为主、统一领导、分级负责、属地为主、部门联动的处置原则，提出建立应急处置专业队伍，健全辐射事故快速响应的机制，明确指挥调度权限不限于固定区域而只按事故级别划分：各县（市）区、开发区应急指挥机构负责本辖区内一般辐射事故（Ⅳ级）应急响应工作；市应急指挥机构负责全市较大辐射事故（Ⅲ级）和跨区一般辐射事故（Ⅳ级）应急响应工作，配合省应急指挥机构开展工作；省应急指挥机构负责特别重大辐射事故（Ⅰ级）、重大辐射事故（Ⅱ级）及跨市（州）的较大辐射事故应急响应工作。

四是生态资源环境保护及污染治理方面的各种地方标准。制定实行了系列地方标准，主要从技术方面在环保及污染治理的各种具体事项上对各类相关方法或流程加以规范。从 2022 年 6 月在吉林省生态环境厅网站查询到的本省标准来看，近年来吉林省环保标准制定步伐不断加快，生态环保标准体系日益健全：2014 年之前的，仅有《废水烷基汞的测定液相色谱-原子荧光法》一部；2016 年的，包括《生物质成型燃料锅炉大气污染物排放标准》等四部；2017 年的，仅《清洁生产评价指标体系 糠醛工业》一部；2018年的，包括《天然半天然草地牛羊混合放牧技术规程》等五部；2019 年的，仅《排污许可证申请与核发管理要求 糠醛工业》一部；2020 年的，包括《农村生活污水处理设施水污染物排放标准》等三部；此外，当前还有《环境影响后评价技术规范 生态类》等三部标准正在全省范围内公开征求意见。

（三）制度机制完备

在国家逐步建立了"防治污染和生态破坏的设施必须与主体工程同时设计、同时施工、同时投产使用"等生态环境保护制度，实行"三北"防护林体系建设工程等措施，开展规模化环境治理等活动，尤其党的十八大以来建立并不断完善生态环境损害赔偿、环境公益诉讼、中央生态环境保护督察等重大制度，开展区域工业绿色转型发展试点、绿色制造体系建设示范、国家生态文明建设示范市县（区）创建，参与可持续发展议程（SDGs）落实等活动的基础上，近年来吉林省不断探索建立生态环境保护方面的长效制度或工作机制，已初步形成较为健全的制度和机制体系，充分发挥了制度所具有的巩固和保障作用。

一是领导责任制。明确政府和相关部门生态环境保护职责，落实环保责任制，推动环境保护由"督企"向"督政"转变，建立完善生态环境综合评价指标体系和评价制度；强化生态环境保护"党政同责、一岗双责"，落实"谁主管谁负责""谁决策谁负责"，按照《吉林省生态环境保护职责规定（试行）》，对领导班子和领导干部进行日常考核；完善生态文明建设及生态环境保护目标责任制，将黑土地保护、畜禽养殖污染防治及资源化利用、污染防治攻坚战成效等纳入目标责任制评价考核范围；等等。

二是机构职责及工作机制。推进生态环境管理体制改革，全面完成机构改革、环保"垂改"、综合行政执法改革，进一步理顺督察、监测、执法管理体制机制，统一行使生态和城乡各类污染排放监管与行政执法职责；按照吉林省财政厅、吉林省环保厅《关于做好环保系统购买服务工作的实施意见》实行政府购买制度，为基层在队伍、能力、管理水平等方面的基础建设拓宽渠道和路径；等等。

三是各级监管制度。吉林省在全国率先实现固定污染源排污许可制度全覆盖，落实国家《排污许可管理办法》（2017年）相关要求；完善主体功能区制度，根据市（县）主体功能定位，实施差异化绩效考核评价机制；实行省级生态环境保护督察制度，检验各地生态环境保护工作成效，健全督察整改"四项制度""八项机制"；对重点地区、重点流域持续实施污染物特别排放限值；等等。

四是相关防治制度。按照国家《生态环境污染强制责任保险实施办法（试行）》（2018年）实行流域上下游生态补偿制度；逐步完善生态环境监测制度；与辽宁省、黑龙江省、内蒙古自治区建立跨省区流域上下游突发水污染事件联防联动机制；健全"邻避"问题防范化解机制，严格履行社会稳定风险评估、公众参与等程序。

（四）实施活动有效

在国家生态环境保护管理体制和组织机构不断系统完善、2018年以来生态环境部统一权威行使生态与城乡各类污染排放监管与行政执法职责的带动下，吉林省生态环境保护管理部门开展了一系列卓有成效的环保管理活动。

一是在督察检查方面。开展环境保护综合督察，适时启动省级生态环境保护督察，结合"五化"工作法，综合运用调度、预警、通报、督办、约谈、专项督察等手段，推进落实督察整改任务；就中央生态环境保护督察组对吉林省开展中央生态环境保护督察反馈的问题，制定整改方案，全面、系统、按照时限要求落实各项具体整改任务，加快实现绿色低碳发展、生态环境质量持续提升的目标。连续 5 年组织开展"绿盾"自然保护区强化监督专项行动，发现问题整改完成率达 98.99%，[1] 生态破坏问题得到有效解决；持续开展放射源安全检查专项行动、核与辐射安全隐患年度排查等工作，落实放射源安全主体责任，对涉源单位（使用电子加速器的所有核技术利用单位）就放射源应用、辐射安全与防护设施运行等情况开展自查、现场检查或抽查核实，查找安全隐患并落实整改，开展辐射安全事故应急演练，落实边境地区应急备勤制；等等。

二是在其他环境治理活动方面。推广建设空气自动监测站、水质自动监测站、土壤环境质量监测点位、辐射环境自动监测站、噪声监测点位、生态遥感监测网络、污染源在线监测网络等构成的生态环境监测网络，加强各站点规范管理。开展流域上下游生态补偿，在试点基础上扩大补偿范围和加大补偿力度；推广流域上下游横向生态补偿机制，强化各地政府治污主体责任；在水环境质量达标滞后地区实施流域上下游生态补偿，作为水污染防治的创新投入机制。完成农村人居环境整治三年行动任务，开展全省农村人居环境整治提升五年行动，推进农村"厕所革命"、生活污水治理、生活垃圾治理水平提升、村容村貌整体提升、村庄清洁行动和长效管护机制。开展环境信访积案化解专项行动，持续畅通信访投诉举报渠道，进一步解决影响百

---

① 《吉林省人民政府办公厅关于印发吉林省生态环境保护"十四五"规划的通知》，吉林省人民政府网站，2021 年 12 月 31 日，http://xxgk.jl.gov.cn/szf/gkml/202201/t20220126_8387488.html。

姓生活的生态环境问题，2022 年 1~5 月，全省共接到 2394 个生态环境问题信访投诉（其中省生态环境部门接到 2393 个、省水利部门接到 1 个），包括噪声、大气、水、固废、电磁辐射等污染及生态破坏问题，已办结 2264 个，办结率约为 95%。①

三是在生态保护与绿色发展方面。实施黑土地保护工程，与中科院共同实施"黑土粮仓"科技会战，在全省以至东北地区推广以全程机械化保护性耕作技术为核心的梨树模式，推动长春国家农业高新技术产业示范区获批；从系统工程和全局角度治理查干湖生态，与发展旅游相得益彰，实施退耕还林还草还湿近 10 万亩；② 开展空气、水、土壤环境质量巩固提升行动，实施秸秆全域禁烧，全面启动长白山区山水林田湖草生态保护修复国家试点项目，实施万里绿水长廊建设等重大生态工程；成立东北虎豹国家公园，以"天地空一体化监测系统"等科技手段助力保护野生动物；把冰天雪地打造成新的生态标识，将冰雪旅游等产业作为经济结构升级的突破口。采取综合性措施推进盐碱地治理，加快项目建设，按照"以水定地"原则，把后备耕地有序开发为良田，作为实施"千亿斤粮食"工程的重要一环。实施"秸秆变肉"暨千万头肉牛建设工程，作为富民强省的标志性工程。

四是在动员组织社会力量方面。党委、政府、相关部门主导推动各种形式的生态环保宣传、教育、培训、鼓励等活动，使社会各界和人民群众关注、支持、参与生态文明建设及环境保护的意识和行动日益明显：在黑土地保护利用国际论坛发布"长春倡议"；各级党校（行政学院）均已将习近平生态文明思想纳入课程体系；各类科研机构将其作为重要研究方向或主题；各种媒体大力宣传吉林省生态环境保护举措成效；群众环境信访有奖举报制度深入实施；环保志愿者和社会组织积极行动；生产企业踊跃参加"绿色制造体系建设示范活动"；等等。

① 《2022 年 5 月全省畅通信访渠道解决生态环境信访问题工作进展情况》，吉林省生态环境厅网站，2022 年 6 月 14 日，https：//sthjt.jl.gov.cn/ywdt/ssdt/stdt/202206/t20220614_2190477.html。

② 《吉林：加快推动全面振兴、全方位振兴》，中国政府网站，2022 年 7 月 17 日，https：//www.gov.cn/xinwen/2022-07/17/content_5701406.htm。

二　吉林省环保政策法制保障面临的挑战

当前，吉林省生态环境保护仍处于攻坚期、窗口期，压力尚未根本缓解，仍面临着发展与保护的矛盾，生态环境质量提升的基础还不稳固，环境基础设施短板有待补齐，一些生态环境重点问题亟待解决，地方性环保政策法制保障也在紧迫需求面前凸显出一些问题和不足，需要加以改进和完善。

（一）原有政策规划的系统性科学性有待增强

在生态环保政策上，应当进一步加以平衡和完善：更有力地推动传统产业结构优化升级，推进产业绿色低碳发展，坚决遏制"两高"项目盲目发展；更深入推进碳达峰行动，推动能源清洁低碳转型；进一步加大环保资金投入力度，加强城镇、农村环境基础设施建设；更大范围推行生态环保补偿、资源环境价格机制等。

在生态环保规划上，应使即将出台的各级各类规划与当前已有的各种相关规划及其上位规划在内容上保持协调、一致，更充分体现全局意识、系统思维和整体性；在颁行的步调上也应努力实现有序、统一，及时为各项实践工作按计划顺利完成奠定良好的基础；同时在方针原则上应注意务实、可操作，从本地区本领域实际情况及需要出发，科学合理地谋划出切实可行的重点任务和实施路径，并真正用于指导实践工作。

（二）现有法规的针对性前瞻性不足

社会形势是不断向前发展的，法律作为对社会关系和社会现实的一种反映，必然也要因应各种变化而不断及时调整、演进，或根据当前趋势在合理预测基础上做出前瞻性的规定。应在参与推动和落实国家层面生态环保法律法规的制修订（如参与公民环境权入宪或环境法典编纂的研讨）的同时，按修订后的《立法法》等法律及政策依据，根据省市地方生态环保实际情况，围绕国家战略要求和相关上位法规定，针对当前环境治理重点及新兴领域的热点难点痛点等问题，因地制宜、科学合理、灵活务实地前瞻制定或及时修订地方性法规；还应持续健全生态环保领域各个具体方面的地方标准，形成一个精微、完整、可操作性强的标准体系，使相关各行业、各工种、各环节的实践工作都有"软性"规范可以依循。

（三）生态环保制度及机制的实施效果亟须巩固

吉林省生态环境保护的部分重点领域还存在薄弱环节，主要是制度实施方面与本来设计的效果相比还有一定现实差距，包括：秸秆综合利用工作进展不平衡，散煤污染治理没有实质性突破，露天矿山综合整治有待加强，农业农村面源污染治理仍需深入推进，畜禽粪污治理体系不健全，生态环境分区管控仍需强化，生态修复进展相对缓慢，等等。

三　吉林省环保政策法制保障的完善对策

（一）系统加强政策规划

在生态环保及相关领域更加科学、合理、务实、精准地决策和施策，并坚持规划先行，做到统一规划、同步治理、共同管护，牢固树立全省"一盘棋"思想，统筹经济社会发展、国土空间、生态环境保护总体及各具体领域的规划编制。

1.经济社会发展规划

为提升经济社会的可持续发展水平，吉林省扎实推进绿色循环低碳转型发展，深化产业结构、能源结构等调整优化，实现产业绿色转型升级，加快构建绿色产业体系和清洁低碳的能源、交通、农业等发展体系以及绿色消费体系，兑现"绿水青山""冰天雪地"综合价值，突出发展冰雪经济和避暑休闲等旅游产业，加大环保资金投入力度，协同推进经济高质量发展和生态环境高水平保护。

2.国土空间规划编制

强化分级分类,统一体现和推进"三区三线"划定,努力实现"多规合一",优化国土空间开发格局,坚决守住耕地保护红线,守住生态保护红线,坚持紧凑发展与节约集约相结合,科学划定城镇开发边界。

3.生态环境保护规划

主动服务"六稳""六保""两确保一率先"等工作,持续深化"放管服"改革,全力助推经济高质量发展;以生态强省建设为统领,统筹减污降碳协同增效,做好碳达峰碳中和相关工作;体现精准治污、科学治污、依法治污,深入打好污染防治攻坚战;依法严格生态环境监管,持续提升执法监管效能,提升生态环境治理现代化水平,加大生态示范创建力度,推动不断提升生态环境质量;守住生态环境安全底线,严密防控环境风险,排查化解核与辐射安全隐患,有效维护生态环境安全。

4.各类相关专门规划

谋划抓好各个方面生态治理,有效破解突出生态环境问题,以城镇乡村为生态治理重点,以山川河流为生态保护重点,大力统筹推进山水林田湖草沙冰一体化保护、修复和系统治理,加强生态示范创建,完善生态环境责任制、生态环保补偿机制、资源环境价格机制等;分别部署打好各类污染防治攻坚战,持续推进蓝天、碧水、黑土地、青山和草原湿地"五大保卫战",进一步提升空气质量,不断提升水环境质量,持续巩固提升土壤环境质量,完善以排污许可制为核心的固定污染源监管、环境风险预警排查、综合执法监测等各项制度。

(二)有针对性健全法规标准

为坚持立法引领,未来吉林省应在已有规范的基础上,根据本地实际、发展需要、热点趋势等,不断完善或产生新的生态环保法规及标准,为生态文明建设和环境保护方面的理念、决策、制度、举措等提供充分的法律依据,推进吉林省生态环保科学立法、民主立法、依法立法,增强环保立法的适应性、针对性和可操作性。

1. 规范订立程序

立法之前，以民主协商方式，充分发挥人民政协、各民主党派、基层协商等载体的作用，深入收集、听取和反映各方意见建议，落实《吉林省人民政府拟订地方性法规草案和制定规章办法》，在全省范围内鼓励公民、法人和其他组织立足省情、突出重点、围绕吉林省环保事业发展全局提出立法项目建议。

在立法过程中，应严格恪守立法原则，充分体现程序正义，完全保证立法质量。

2. 采取灵活形式

可以采用"小切口"立法模式，为实现地方立法需要几条就定几条，能用三五条解决问题就不要搞"鸿篇巨制"，应紧盯环保领域具体的热点难点痛点问题，提供有实效、可操作、精准化的立法解决方案；急需一部，成熟一部，就优先、加速订立一部；以"小快灵"的优势提高立法效益，体现地方特色，提升实施效果。

促进环保地方标准的完备，尤其是在重点行业、领域生态环境保护方面，包括研究推行排污口规范化管理、环境影响后评价等方面的技术规范标准等。

加快完善环保领域行政规章，推动相关部门加强文件规范性合法性审核，加快立改废释进程，研究制定减污降碳协同增效实施方案、秸秆全域禁烧工作方案、强化大气多污染物协同控制和区域协同治理行动方案等。

3. 聚焦立法内容

在议题内容上应以下列事项为立法重点。第一，鼓励各种产业绿色低碳循环发展，包括制造工业、能源、文化旅游、交通、农业等的转型发展，如推进钢铁、水泥行业超低排放改造；及时制定秸秆综合利用条例，统筹推进秸秆还田、养牛及畜禽粪便综合利用，促进种养用良性循环。第二，促进各类生态环境保护修复，落实生态保护红线、环境质量底线、资源利用上线和生态环境准入清单，实施生态环境分区管控；研究制定城市湖泊保护条例，促进城市河湖水系连通和生态环境改善；推进制定大气污染防治条例、机动车和非道路移动机械排气污染防治条例；制修订松花江流域水环境保护条例。第三，探索环保监管模式，加强生态环境监管监测，加大执法力度和增强规范性，强化生态环境风险防控，深化协同差异管控等。如继续加强危险废物监管平台建设，推进危险废物可追溯系统试点。第四，健全重要环保制度，包括完善环境损害赔偿（如《吉林省生态环境损害赔偿制度操作规程（试行）》）、环境影响评价、排污许可证、信息披露等制度，健全重点流域上下游生态补偿、环境污染强制责任保险、环保信用评价、河湖田林（草）长制等制度，深化生态文明示范创建、碳排放环境影响评价试点等。

（三）促进落实制度机制

进一步创新探索或健全生态环境保护方面的制度和机制，努力形成完整、科学、高效的制度体系，充分发挥制度的规范和引领作用，加强实施、执行，推动吉林省生态文明建设和环境保护取得更大实效。

1. 强化实施

压实责任。总体上，应通过"三线一单"考核评估机制、推进督查问责、落实责任追究制度等，压紧压实生态环境保护领导责任、部门管理责任、企业环境治理主体责任、各级河湖长第一责任人职责等。

落实工作机制。完善省级生态环境保护督察制，落实高位推进、精准管理、预警督办、跟踪问效"四项机制"和领导包保、清单管理、定期调度、销号验收、通报预警、督查督办、考核问责、信息公开"八项制度"；完善发现问题、解决问题、长效常治的闭环管理机制，对中央环保督察具体整改任务等实行全过程台账式精细化闭环管理。

提升能力。加强核技术应用单位及Ⅲ类以上放射源、燃煤锅炉及工业企业治污设施、污染地块违法违规利用、畜禽粪污乱堆乱排、排污许可"一证式"管理和证后监管等重点领域风险防控和监管；强化信息化赋能，实现全过程智能监管，构建以卫星监测、无人机、视频监控等手段为基础的现代化生态环境监测体系，加快建设大气污染超级监测站、"天空地"三维立体巡护监测系统、全省互联互通"天地车人"一体化机动车排放监控系统、噪声自动监测设施及声屏障、高风险移动放射源及危险废物在线监控系统等；建强执法队伍，加强生态环境保护综合执法机构能力标准化建设，推进移动执法和非现场监督执法，加强县（市、区）、乡镇（街道）基层执法队伍能力建设，创新执法"大练兵"方式。

2. 拓展联动

跨部门联动。完善生态环境保护领域民事、行政公益诉讼制度，建立生态环境行政执法与刑事司法衔接以及（危险废物）监管部门联动、司法联动机制；完善河湖长制，建立河湖长+河湖警长+检察长+法院院长协作机制。

跨区域联动。推动城市群、省际大气污染联防联控及联合执法；完善森林、草原、湿地、水流、重点生态功能区纵向生态补偿机制和跨地区跨流域横向生态补偿机制，如跨省界河流流域上下游生态补偿机制等。

多元主体联动。采取多种形式广泛吸引群团组织及社会组织、社会工作者、志愿者、群众、市场主体等共同参与环保，如鼓励发展社会化环境检测机构，支持规范社会资本参与生态环境修复，健全市场化多元化生态保护补偿机制，发展园区环境污染第三方治理、生态环境导向开发等。

3. 创新模式

采用差异化管控手段。实行大气污染防治分区域、分时段、分行业重点污染物的差异化防控制度，重点河流突发水污染应急"一河一策一图"，化工园区安全整治"一园一策"；完善农用地分类管理制；加强医疗废物分类管理，做好源头分类；加快建立完善分类投放、收集、运输、处理的生活垃圾处理系统。

实行综合治理机制。统筹水环境治理、水资源保护和水生态修复，坚持"减排""增容"同步施治，将污染治理、生态保护、循环利用有机结合，推进一体化污水泵站等建设，实行水资源消耗总量和强度双控，促进雨水回收利用；将土壤普查、污染防治、盐碱地改良与黑土地保护相结合，实行黑土地使用城市边界和总量控制；推动应对气候变化与生态环境管理制度融合，将温室气体管控纳入环境影响评价管理；在开展畜禽养殖污染专项整治的同时，推进畜禽粪污资源化利用，促进种养结合、农牧循环；将秸秆全域禁烧与综合利用相结合。

完善清单式管理方法。推行危险废物风险点、风险等级和管控要求清单式管理制；动态发布重点管控新污染物清单及其禁止、限制、限排等风险管控措施；建立水质管控方面"问题、措施、项目、责任"四个清单。

参考文献

范进学：《作为"权利"的环境权及其反思》，《中国法律评论》2022 年第 2 期。

张永生：《为什么碳中和必须纳入生态文明建设整体布局——理论解释及其政策含义》，《中国人口·资源与环境》2021 年第 9 期。

李娟：《新中国环境保护事业起步的历史回顾——兼论周恩来对中国环境保护事业的突出贡献》，《北京党史》2021 年第 2 期。

陈海嵩：《生态环境治理现代化中的国家权力分工——宪法解释的视角》，《政法论丛》2021 年第 5 期。

汪雷：《刑法在环境治理中的应用研究》，《环境工程》2022 年第 4 期。

刘长兴：《〈民法典〉合同编绿色条款解析》，《法学杂志》2020 年第 10 期。

吕忠梅：《做好中国环境法典编纂的时代答卷》，《法学论坛》2022 年第 2 期。

梁本凡、刘夏青、康文梅：《新中国生态环境保护制度的演进脉络与创新探索》，《城市与环境研究》2022 年第 1 期。

B.20
吉林省打击电信网络诈骗犯罪的
实践与思考

张明正 *

摘　要：　随着互联网技术的快速发展和信息社会的加速演进，电信网络诈骗犯罪逐渐成为我国发案数量最多、损失数额最大、波及面最广的犯罪形式，其发案数量占据全部侵财刑事案件发案数量的"半壁江山"。电信网络诈骗犯罪技术性强、根治难度大、追赃挽损难，因此，应坚持以"技术反技术""以团队打团队""以专业打专业"，坚定不移推进反电信网络诈骗工作已是形势所需、民心所盼、任务所迫。

关键词：　电信诈骗　反诈意识　预警　劝阻

2021年4月，习近平总书记对打击治理电信网络诈骗犯罪工作做出重要指示，强调要坚持以人民为中心，全面落实打防管控措施，坚决遏制电信网络诈骗犯罪多发高发态势。[①] 近年来，吉林省公安机关提升政治站位、忠诚履职担当，充分发挥人民公安主力军作用，积极联合各相关部门，加强反电信网络诈骗犯罪社会源头治理，下大力气开展打击治理电信网络诈骗犯罪宣传防范工作，对电信网络诈骗犯罪持续保持高压震慑，侦破一批有重大影响的刑事案件，展示政法机关依法从严处置此类违法犯罪的坚定信心决心。

　＊　张明正，吉林省公安厅法制总队一级警长，研究方向为刑法、刑事诉讼法。

　①　2021年4月8日，全国打击治理电信网络新型违法犯罪工作电视电话会议在北京召开，会上传达了习近平总书记对打击治理电信网络诈骗犯罪工作做出的重要指示。

一　吉林省电信网络诈骗犯罪态势分析

（一）案件常发高发，根治难度大

近年来，在吉林省各类刑事案件总量不断下降的背景下，电信网络诈骗案件常发高发。2022年，吉林省电信网络诈骗犯罪案件立案数量和财产损失数额尽管相较于2021年大幅减少，但是发案绝对数量仍处于高位，在短时间内彻底铲除电信网络诈骗犯罪难度很大，反电信网络诈骗犯罪既是攻坚战，也是持久战。

（二）传播媒介众多，受害群体广泛

吉林省所有市州都有接报电信网络诈骗犯罪案件，其中长春市、吉林市、延边州三地人口数量大、经济发展活跃，电信网络诈骗发案数量相对较高，三地发案数量占全省总发案数量的74%。不法分子通常使用电话、短信、微信朋友圈、微信群、QQ群、抖音短视频、购物网站等网络媒介散布、推送诈骗信息和链接。电信网络诈骗犯罪具有受害群体多、涉及地域广、面向不特定人等特点。犯罪分子为了提升诈骗"业绩"，往往采用"广泛撒网、重点捞鱼"的模式，犯罪行为危害后果不仅涉及大中小城市，更波及全省众多乡镇和农村地区，受害群体上至古稀老人（易发养老金诈骗），下至中小学生（易发游戏装备诈骗），被骗人群既有涉世未深的大学生和身为知识精英的大学教师，也有精通商业规则的企业老板和熟悉国家政策的公务人员。虽然受害群体中年轻群体占据主流，但随着智能手机在老年人群中的普及，犯罪分子越来越多地将作案目标指向中老年人。电信网络诈骗案件的作案手段以网络刷单、网络贷款、网络购物为主，发案数量占总量的65%。最常见的诈骗媒介为微信，其次为社交网站、QQ、电话、游戏聊天软件，最常用的转账方式是银行转账、微信转账、支付宝转账，三种转账方式占比达95%。

（三）输入型诈骗为主，上游犯罪滋生

一些电信网络诈骗犯罪团伙，迫于公安机关对电信网络诈骗犯罪打击的高压态势，将犯罪窝点转移至境外。一是输入型诈骗占比高。近年吉林省接报的电信网络诈骗犯罪案件中，外省输入型诈骗占比高达95%。其中，以福建安溪、广西来宾、江西上饶为窝点实施诈骗的案件占发案总量的30%。二是通信网络窝点频繁在省内出现。受利益驱使，省内一些群众利用自己的住宅、车辆架设专用设备，为诈骗团伙提供通信条件。三是电信网络诈骗犯罪灰产蔓延。一些群众受不法分子引诱、指使，实名开具银行卡、对公账户，将手机卡出租出售给他人，牟取经济利益。大量的实名卡被转售至职业犯罪团伙手中，直接用于实施诈骗。

（四）财产损失巨大，次生危害突显

电信网络诈骗案件涉案金额往往达数十万元，动辄上百万元，对吉林省经济发展负面影响较大。受害者被骗的资金往往是养老金、看病钱、生活费，甚至是小额贷款取得的资金，诈骗行为严重影响受害人家庭和睦，严重威胁和损害广大人民群众的安全感、满意感。因电信网络诈骗导致受害人自残、自杀死亡的极端事件时有发生，致使受害家庭人财两空、家破人亡，电信网络诈骗次生灾害不容忽视。

二 吉林省打击治理电信网络诈骗犯罪的实践探索

2022年1~6月，吉林省电信网络诈骗案件立案数量较去年同期下降34%，居全国第9位；财产损失数额同比下降16%，居全国第13位；侦破案件数量同比上升110%，抓获违法嫌疑人数同比上升250%，处于全国先进行列，"两降两升"① 完成情况明显优于去年同期。据国务院联席办打击治理电信网络诈骗违法犯罪工作通报，吉林省是阶段性完成"两降两升"

---

① "两降两升"是指电信网络诈骗案件立案数、损失数下降，破案数、抓获数上升。

任务目标的 12 个省区市之一，打击、治理、防范电信网络诈骗犯罪工作取得显著成绩。

（一）完善制度建设，建成专业队伍

一是制定规范性文件。吉林省公安厅会同吉林省高级人民法院、吉林省检察院、中国人民银行长春中心支行、吉林省通信管理局等单位充分开展调研论证，对办理电信网络诈骗犯罪案件中的法律适用问题进行专门研究，广泛借鉴兄弟省份经验做法，制定印发 10 个规范性文件，为深化打击治理各项工作提供有力指导。二是发挥考核杠杆作用。设定"两降两升"、党政领导、万人发案、宣传覆盖率等 8 项考核指标，以考评杠杆撬动各县市区党委政府打击治理电诈犯罪工作积极性。三是建成专业队伍。精选配备人员，抽调业务骨干，按需整合资源、合成作战，建成省市县三级反诈专业队伍，进行实体化运作。

（二）坚持防范为先，加强预警宣防

一是强化预警劝阻。吉林公安建设系列反诈预警劝阻信息系统，制定反诈预警劝阻工作规范，实现对省内潜在被骗事主的快速发现、高效劝阻。2022年上半年，吉林省省市两级公安机关累计预警劝阻潜在被骗事主人次和避免经济损失数额均实现大幅提升。二是按照"立足实战、服务基层"原则，完善反诈相关信息系统功能模块，与国家反诈大数据平台形成优势互补，全链条、全维度服务支撑打击治理工作。三是强化宣传教育。整合全省传统媒体和新型媒体反诈资源，在全国率先依托企业微信打通反诈宣传通道，建立微信面对面宣传模式，以集中宣传月、万警进万家、明星说反诈、反诈伴出行等活动为载体，深入开展反诈宣传"五进"[①] 工作，联合吉林艺术学院、吉林动画学院等高校共同建立反诈创新创业实训基地，创作优质反诈作品，其中 11 部短视频在公安部和国家反诈中心政务号播放，赢得广泛赞誉。

---

① "五进"即进学校、进企业、进社区、进家庭、进农村。

（三）保持高压态势，强化打击效果

一是整合优势资源。组建上下协调、横向衔接、集约高效的"一体化"反诈联合作战队伍，举全警之力向电信网络诈骗犯罪发起凌厉攻势。2022年以来，吉林省公安机关每百位民警破获电信网络诈骗案件、抓获犯罪嫌疑人数两项均位于全国前列，涉及百万元以上诈骗数额的重特大案件全部告破。二是开展专项打击。坚持开局即决战，深入开展"云剑""断卡""断流""拔钉"等专项行动。在专项打击期间，全省共破获电信网络诈骗案件2300余起，抓获犯罪嫌疑人7300余名，破案抓捕数位于全国前列。三是创新工作模式。启动"省级分发工作任务、市级包保目标地区"的侦查打击工作新模式，组织全省350余名警力分赴25个重点省份驻点，开展抓捕、取证工作。

（四）压实主体责任，深化综合治理

一是压实主体责任。组织各县市区党委政府负责同志、公安机关主要负责同志签订《滞留境外涉诈高危人员劝返工作责任状》，严格落实劝返工作措施。2022年，通过半年工作，全省滞留境外涉诈高危人员劝返率由年初的20%提升至45%。二是严格出境人员审核。加强电信网络诈骗前科劣迹人员的日常管理，采取有力工作措施，严防涉诈高危人员离境继续作案。三是深化综合治理。建立同中国人民银行长春中心支行、吉林省通信管理局的常态化议事会商机制，定期召开会议，研究推进全省涉诈"两卡"整治工作。创新反诈预警劝阻工作方法，建立涉诈高危电话联动预警机制，在压降冒充公检法、冒充电商客服及网络贷款等电诈发案方面取得了明显成效。四是试点工作初见成效。选择梅河口、前郭等18个县市区开展打防电诈试点工作，推动党委、政府主要负责同志担任"双组长"，坚持县、镇、村"三级书记"抓反诈，压实反诈责任"最后一公里"，以"县域治"助推"全省治"，形成齐抓共管的反诈整体合力。试点以来，18个县市区电诈案件发案量和损失下降幅度均大于全省平均水平。

三 打击电信网络诈骗犯罪工作存在的困难和问题

与传统接触式诈骗犯罪不同，电信网络诈骗存在于网络虚拟空间，时间空间跨度大、技术含量高、影响范围广，传统侦查打击方法已经远不能适应这一新兴犯罪打击工作的需要。受到人力、物力、财力的影响以及金融、电信、三方支付行业壁垒的限制，反电信网络诈骗犯罪工作仍然面临较大困难。

（一）打击能力仍有不足

一是境外团伙抓捕少。近几年，吉林省公安机关虽然成功破获在全国范围内有重大影响的系列跨境电信网络诈骗案件，但仍然有大量的诈骗团伙窝点隐藏境外，案件尚未破获，巨额诈骗资金无法追回。二是有的地区侦破电信网络诈骗案件的经验不足。一些地区整合优势资源、运用大数据、云计算分析方法，成功破获重大案件，抓捕重要嫌疑人，但有的地区对打击电信网络诈骗犯罪经验不足、招法不多，破获案件数量和挽回损失数量较少，对电信网络诈骗发案特点、犯罪规律、破案方法、取证思路研究不深不透，对侦办涉境外、省外的电信网络诈骗犯罪案件心有顾虑、存在畏难情绪。

（二）宣传防范、预警劝阻效果有待提高

一是有的社区、村居反诈宣传形式大于内容，宣传内容、文案创意不够新颖，在提升反诈视频吸引力、使反诈宣传接地气方面缺少创新。有的宣传内容平淡、方式机械被动，不能入脑入心。简单以"刷单就是诈骗""六个凡是""不听不信不转账"等标语作为宣传重点，难以将电诈作案本质深度传递至所有群众，人民群众识骗、防骗、拒骗能力没有大幅提高。二是信息传递渠道不对称。无论是传统方式宣传还是新媒体宣传，都缺乏群众视角，一些农村派出所在辖区微信群里广泛转发大量反诈文章，但部分群众文化水平不高，根本无法理解其中内容，或没有兴趣去阅读，或者

阅读参与度不高，无法达到宣传防范的目的。三是主动预警劝阻能力欠缺。预警劝阻是控发案降发案的有效手段，当前一些地方电信网络诈骗预警劝阻在很大程度上依赖上级公安机关下发的线索数据，缺乏事先有效甄别发现电信网络诈骗案件的能力，制约了公安机关主动预警、精准劝阻作用的发挥。

（三）专业打击力量不够强

反电信网络诈骗工作是一项系统性工程，涉及计算机、网络通信、金融审计等众多专业领域，越来越趋于智能化、专业化，依靠传统防范治理方式难以有效应对。县区级公安机关专业、高素质人才较为匮乏，在数据统计、冻结查询、预警防范、侦查取证工作上存在短板。在保障重大刑事案件办理、重大活动安保维稳工作时，警力资源捉襟见肘，加之吉林省地方财力有限，跨省跨国开展摸排、调查、取证、抓捕工作经费需求大，很多县市区难以负担。有的地区办案装备相对落后，专业设备不足，专业软件缺乏，工作效率和科技含量不高，较难满足打击犯罪工作需要。

（四）全链条打击取证难度大

一是电信网络诈骗犯罪集团内部组织严密，分工协作方式成熟，各环节均由专人单独完成且互相并不熟知，大部分人员通过完成某一网络授权的任务获取一定数额返点佣金。这种单线联系方式极大增加了公安机关扩线侦查的难度，很难通过一个犯罪层级破获隐藏在境内的下游犯罪案件，全产业链铲除整个诈骗犯罪集团仍然相当困难。一些诈骗窝点和服务器设置在境外，受害人遍布全国，取证工作庞杂，抓捕嫌疑人难度大，协调公安部案件管辖周期长，跨省异地办案协作渠道不畅，进一步加大了反电信网络诈骗工作难度。二是打从犯易，打主犯难。从吉林省各地公安机关破获的有影响的电诈案件来看，以打击境内小型诈骗团伙、打击帮助信息网络犯罪活动人员、打击其他电信网络诈骗团伙的"分支""马仔"为主，对长期盘踞国外的电诈集团尚缺乏直接有效反制手段。

（五）行业管理部门工作合力发挥不够

反诈是全社会的共同责任。长期以来，公安部门承担了其中最主要的工作，但有的行业管理部门对治理电信网络诈骗犯罪重要性认识不足、积极性不高，共同治理责任落实不够，在一定程度上影响了全社会反诈群防群治工作合力的形成。由相关行业管理部门组成的反电信网络诈骗协调联动机制虽已建立，但各行业管理部门重视程度不一、参与程度不一，积极性还未充分调动，职能优势发挥不够充分，刑事犯罪惩处与行业违规惩戒互补衔接机制仍需完善，行业监管仍有漏洞。2022 年以来，吉林省被诈骗团伙用于实施犯罪的银行卡、电话卡数量达 6000 余张，充分暴露出金融、通信领域监管仍然存在一定漏洞。

（六）打击效果有待提高

一些诈骗犯罪集团首要分子藏身国外，难以及时抓捕归案，境内抓捕的犯罪嫌疑人多为上下游违法犯罪人员，众多受害人零星分布在全国各地，难以全面取证，难以形成完整证据链条。有的地区办理电信网络诈骗案件存在大抓大放、高拘低捕低判的情况。对电信网络诈骗犯罪嫌疑人以诈骗罪本罪判处实刑的案件较少，多数以侵犯公民个人信息、帮助信息网络犯罪活动等罪名进行惩处，对犯罪分子震慑作用有限。部分地区公检法机关对法律适用和证据规格认识理解不统一，嫌疑人被起诉率、被判处刑罚比例较低，打击效果有限。

四　打击治理电信网络诈骗犯罪的对策建议

（一）进一步加大打击力度

要继续保持对电信网络诈骗犯罪的强大高压态势，立足省内打省外，立足境内打境外，严打电信网络诈骗衍生犯罪，斩断电信网络诈骗犯罪上下游产业利益链条。严打组织偷越国边境等偷渡犯罪。以全国打击治理"一盘棋"应对电信网络诈骗"广撒网",紧盯各种新型犯罪,因案施策,加强个案分析、类案串并、大案攻坚,狠打"七寸",对刷单、"杀猪盘"、冒充客服类高发诈骗案件,轮番开展全域集群会战打击。积极探索流程化、规范化反诈工作机制,摆脱过去各自为政、零打碎敲的被动局面,与阿里、腾讯、滴滴、顺丰、美团等拥有大数据资源的企业持续深化战略合作,实现科技赋能、数据赋能,做强科技支撑。

(二)建设一支高素质专职专业队伍

要做强专业反诈团队,打造人才聚集、数据集成、信息集中的专业战斗实体,真正实现"以专业力量反制专业犯罪、以信息技术反制技术犯罪、以团队侦查打击集团犯罪"的目标。坚持科技赋能,从技术方法上打造反制电信网络诈骗"撒手锏",筑牢诈骗行为境外向境内倒灌输入和诈骗资金境内向境外转移的"防洪堤",提升电信网络诈骗态势感知、精准预警、拦阻劝返和资金快速止付、快速冻结能力。

(三)广泛号召动员,打赢反诈人民战争

深入发动群众提供电信网络诈骗线索,号召更多群众参与反诈工作,对案件侦破提供有价值线索情报的,给予一定的物质或精神奖励,营造全民反诈良好工作氛围。充分发动社区民警、辅警、网格长、楼栋长、志愿者建立完善村居反诈工作小组,负责制定方案、汇总数据、分析反馈、发布指令,形成反诈工作部署落实闭环体系。明确网格长、企业主、校长等一把手为其管辖单位的反诈工作第一责任人,在所有网格群同步推送县市区内每日电诈警情和典型受害案例,定期张榜公布辖区内反诈工作动态,表彰先进、通报落后,倒逼积极履职作为。对反诈工作重视不够、措施不力的网格或者单位,适时约谈提醒,单位内部发生诈骗案件的,要同步进行问题隐患自查自纠,努力实现"一人被骗、全员免疫"。

（四）创新宣传方式，使反诈意识深入人心

电信网络诈骗的实施主要借助于互联网，电信网络诈骗的受害人群体具有触网时间长、网络黏性大的特点，反电信网络诈骗犯罪的宣传形式，要以网上宣传为主、网下宣传为辅。如制作内容新颖的反诈短视频，邀请本地小有名气的人物拍摄反诈微电影，将反诈文案创作成反诈网红歌曲，发布在抖音、快手、微信视频号、微博等短视频平台和社交平台上，以受众喜闻乐见的形式开展反诈教育宣传，不断提升人民群众的自我防骗能力，从根本上减少群众被骗案件的发生。

（五）打造电信网络诈骗犯罪网上报警通道

要建设电信网络诈骗犯罪一键报警、网上报警新通道，使发现线索的人或者受害人足不出户即可将受骗过程中产生的电子数据、使用的网络账号提供给公安机关，公安机关亦可方便地向受害人调取犯罪嫌疑人的网络特征信息，掌握更多有利于案件侦破的线索证据，避免有限的警力资源过多消耗在收发资料、笔录制作、程序履行等方面，将宝贵的警力资源投放到最有利于线索发现、最有利于案件侦破、最有利于追踪嫌疑人和涉案资金等工作上来。

（六）在预警拦截、精准劝阻上下苦功夫

一是针对手机是受害人接收诈骗信息和转账汇款的主要工具这一现状，全力推广使用反诈中心 App，帮助群众自查、删除手机内可疑 App、短信，精心构筑群众手机防骗"防火墙"。二是在事后有效劝阻上下苦功夫，构建"第一时间电话联系、第一时间上门见面、第一时间告知家属、第一时间推送网格"的劝阻流程。在接到反诈中心预警指令后，做到"联系不断、不见不散"，确保预警一起、坐实一起。将预警对象分为高危、中危、低危三个等级，分类采取精准劝阻措施。针对受害人电话常常占线、无法找到受害人等突发情况，创新应用保护性措施。针对受害人已处于被骗高危区不听劝阻的情形，对其适时采取金融临时性保护。三是要充分发挥国际执法合作优

势，加大反诈重点国家、地区的警务合作力度，深度拓展海外资源，综合运用法律、行政、政策手段，结合教育、协商、疏导方法，精准投放，不断扩大对出境作案人员劝返成果。

（七）落实行业管理责任，凝聚联动工作合力

一是金融、互联网、市场监管等行业主管部门要紧盯"两卡"开办、资金转移、企业注册等关键环节，开展涉诈风险隐患大起底、大排查。二是简化银行、电信经营者之间证据核查审批流程，降低行业协作壁垒，准确发布诈骗预警信息。严格转款时身份验证流程，严格落实手机号码注册实名制，加大对垃圾短信、诈骗电话的监管力度，对频繁发送垃圾信息、频繁拨打陌生电话的行为做好动态跟踪监测。三是要强化通信运营商预警劝阻顶层设计，提升预警劝阻精准性、有效性。持续排查清理存量账户、风险账户，重点堵住服务器、域名管理漏洞，对有涉诈风险的及时下架，铲除犯罪滋生土壤。四是发改、财政等部门要在反诈项目建设、资金保障方面予以重点扶持。吉林银保监局、中国人民银行要督促各类金融机构完善涉诈风险监测、协助查扣冻、快速止付、追缴返还工作机制。

（八）完善案件管辖权配置，提高案件侦办效率

适时调整完善电信网络诈骗案件管辖权配置，赋予县级公安机关对电信网络诈骗案件更广泛的管辖权，完善侦查管辖、起诉管辖、审判管辖的内部协调机制，形成县级公安机关对电信网络诈骗"一部关联、全部管辖"的案件管辖新格局。司法机关要围绕大量诈骗分子捕不了、诉不出、判不实等实际问题，加强法律解读，统一执法思想，加大财产刑量罚力度，有效落实检察机关提前介入、重大疑难案件协调会商机制，确保用足用好法律武器，全链条打深打透。

（九）严打涉诈"黑灰产业链"

一是严厉监管整治网络涉诈 App。工信部门及网站监管部门要对 App 打

包公司、后台数据服务提供者进行严格备案审查，对不依法履行网络备案义务的严格予以处罚，对涉案 App 进行关停，对怠于履行网络监管职责的管理部门及人员倒查责任，并对此类信息受众进行风险提示。二是严打上下游"黑灰产业链"，严惩为实施诈骗犯罪提供更改号码服务、非法提供互联网接入服务、非法提供代理服务器托管、侵犯公民个人信息、涉电诈洗钱的行为，严惩为电信网络诈骗分子提供电信线路和技术支持的不法电信运营商，依法查封涉案服务器，斩断境外向境内实施诈骗的联络通道，最大限度挤压电信网络诈骗犯罪分子生存空间。三是严控金融、电信、教育、医疗、交通领域信息泄露，教育群众提升安全意识，不违规下载使用收集公民个人信息的 App 和访问不安全网址，不使用弱保密等级密码，及时举报钓鱼网站链接，不轻易填写网上注册信息，不连接存在漏洞和安全风险的公共 Wi-Fi，不轻易发布和披露个人信息。

B.21
吉林省深化药品监管体制改革的
实践与探索

金　锋*

摘　要： 吉林省是医药大省，吉林省委、省政府将"一主六双"产业空间布局升级为高质量发展战略，持续深化药品监管体制改革，加快完善药品地方性法规制度，创新建立依法行政体制机制，系统性、区域性药品安全事件得到根本性遏制，药品监管法治政府建设取得显著成效，为医药强省建设提供了坚强组织保障。针对吉林省推动医药产业高质量发展进程中遇到的新问题、新任务和新挑战，还需要进一步加大改革力度，强化党对药品安全工作的全面领导，推动各个方面落实药品安全责任，扎实推进药品监管治理体系和治理能力现代化建设，为实现吉林全面振兴全方位振兴营造良好发展环境，不断满足人民群众对健康美好生活的向往。

关键词： 药品安全　科学监管　信用监管　告诫约谈

药品安全事关人民群众生命健康和社会和谐稳定，党的十八大以来，以习近平同志为核心的党中央，坚持以人民为中心的发展理念，相继出台了多项事关药品安全的改革举措，为切实保障药品安全提供了根本遵循。吉林省在药品监管体制改革和监管机制创新方面不断探索和实践，走出了符合吉林省医药产业发展实际的药品监管之路，为医药强省建设提供了强有力的组织保障。

---

* 金锋，吉林省药品监督管理局科技处处长、副主任药师。

一 吉林省在保障药品安全方面的探索与实践

（一）着力推动构建新时期药品安全新体制新机制

吉林省深入贯彻落实习近平总书记对食品药品安全提出的"四个最严"要求，持续加强药品质量安全监管，坚持以人民生命健康为中心，结合产业发展实际，深入推动药品监管体制改革，完善监管长效机制，为我国药品监管事业发展提供了"吉林方案"，有效满足了人民群众对健康美好生活的向往，人民群众获得感、幸福感、安全感不断增强。

1. 坚持问题导向，药品安全体制改革迈出新步伐

2018年12月6日，吉林省委办公厅、省政府办公厅《关于印发〈吉林省药品监督管理局职能配置、内设机构和人员编制规定〉的通知》规定，吉林省药监局负责药品、医疗器械和化妆品（以下简称"两品一械"）生产环节的许可、检查和处罚，以及药品批发许可、零售连锁总部许可、互联网销售第三方平台备案及检查和处罚。市县两级市场监管部门负责药品零售、医疗器械经营的许可、检查和处罚，以及化妆品经营和药品、医疗器械使用环节质量的检查和处罚。吉林省在改革过程中，出现了基层监管力量不足的问题，主要原因是"两品一械"生产环节的监管由改革前的省、市、县三级监管调整为省一级监管，而市县两级从事监管的人员没有调整到省级药品监管部门管理，改革前全省从事药品生产环节监管的人员合计909人，监管对象合计1418户，改革后核定编制为90人，防范"两品一械"安全风险的压力积聚。为此，全省探索推进药监系统机构改革，在全省9个行政市（州）设立了吉林省药监局检查分局，以设置派出机构的方式，构建了横向到边、纵向到底的药品生产监管新体制。各检查分局积极主动投身到监管工作之中，检查频次显著增加、检查力度明显加大，自2019年5月检查分局成立至2022年6月，已累计开展执法检查5964户次，出动执法人员16869人次、执法车辆5330台次，查办"两品一械"违法案件216件，受理各类投诉举报142件，

累计罚没 2325.8 万元，先后排查各类风险隐患 502 个，向企业发放风险提示函 34 件，主动约谈药品生产企业 36 户，对药品领域违法行为形成强烈震慑。吉林省改革举措形成了药品安全快速反应机制，有利于及时发现当地"两品一械"生产企业的违法违规行为，相比省局机关分赴各地开展监督检查极大节约了行政成本，提高了行政效率，充分体现了改革的深远意义。

2. 结合吉林实际，长效机制建设取得新进展

医药产业是吉林省的优势产业，有良好的产业基础和资源优势。2019~2021 年，吉林省委、省政府先后推动了 5 项涉药重大改革事项落地，包括出台《关于深化审评审批制度改革鼓励药品医疗器械创新的实施意见》（2019 年）、《关于全面加强药品安全监管工作的实施意见》（2019 年）、《吉林省关于改革和完善疫苗管理体制的实施意见》（2019 年）、《关于加快建立职业化专业化药品检查员队伍的实施意见》（2019 年）、《全面加强药品监管能力建设的若干措施》（2021 年）等政策文件，高规格推动药品监管长效机制建设，为医药强省建设提供了坚强的制度保障。通过一系列药品监管体制改革，医药产业市场主体创新创业活力得到了充分释放，2020~2021 年，全省新获得药品注册批件 35 件，第三类医疗器械注册批件 36 件，吉林省药监局与国家药监局医疗器械审评中心共建医疗器械创新（吉林）服务站，连续两年举办中国（吉林）医疗器械创新发展大会，产业创新发展态势良好，加快了新旧动能接续转换。同时，保障药品安全水平也得到了稳步提升，进一步明确提出了强化监管执法力量、加快职业化专业化检查员队伍建设，2021 年，吉林省通过公开遴选的方式，在全国公开聘任了 1015 名兼职检查员，有力补充了吉林省职业化专业化药品检查员队伍，为切实守住药品安全底线提供了坚强组织保障。各项改革举措统筹提升了吉林省药品安全治理能力，着重强调了推动药品、医疗器械检验检测能力提质增效；突出严厉打击涉药违法犯罪行为，进一步强化重点领域安全整治、加强部门间协作配合、突出行政执法与刑事司法衔接、对严重失信企业实行联合惩戒等；特别是对疫苗等高风险产品监管具有特殊的政治意义和指导意义，2020 年，出台了《吉林省疫苗质量安全事件应急预案》，构建了新时期新体制下疫苗的应急处置新机制，成功承办了国家疫苗质量安全事件Ⅲ级应急演练，疫苗安全应急处置能力得到了显著提升。

3. 深化协同治理，推动提升药品安全综合治理能力

为进一步贯彻落实习近平总书记关于药品安全的指示批示精神，认真抓好《药品管理法》的执行，加强部门间协调配合，2020 年 12 月，成立了吉林省政府药品安全议事协调机构，即"吉林省药品安全委员会"，分管药品监管工作的省领导任主任，成员由 25 个中省直部门组成，统筹研究药品安全及高质量发展重大事项，形成了具有吉林特色的药品安全齐抓共管的工作合力。在各地的积极努力下，2021 年完成了市、县药品安全综合议事协调机构的建立，至此，吉林省建成了各级党委、政府和相关部门共同参与的药品安全综合治理体系。2022 年 9 月，吉林省药安办印发《吉林省药品安全责任约谈办法》（吉药安办〔2022〕8 号），为切实落实药品安全党政同责奠定了坚实的基础。

（二）开创新时期药品监管法治建设新局面

吉林省在药品安全监管过程中，重点推动出台了《吉林省药品管理条例》，为规范药品监管提供了强有力的法治保障，成为全国第二个出台药品管理地方性法规的省份，为推动药品安全治理体系和治理能力现代化创造了良好的法治条件。《吉林省药品管理条例》全面总结了吉林省过去在药品安全监管工作方面的经验，深刻汲取了重大药品安全事件的教训，有效弥补了监管机制漏洞，为吉林省进一步提升药品安全保障水平提供了根本遵循。

《吉林省药品管理条例》在药品监管法治建设方面具有三个鲜明特点。一是突出"四个最严"，着重强调控制药品质量安全风险。对药品上市许可持有人严格履行主体责任做出了更加严格的规定，同时有效填补了现行规章制度中的一些法律空白，着力破解了药品监管体制机制中存在的障碍。二是突出地方特色，着重强调促进中医药传承与创新。吉林省现有的 13634 个药品批准文号中，中药批准文号有 7275 个，占比为 53.4%，中药资源优势明

显，《吉林省药品管理条例》全面支持医疗机构应用传统工艺配制中药制剂，鼓励经典名方中药制剂研制，为吉林省中医药现代化和医药产业高质量发展奠定了坚实基础。三是突出主体责任，着重强调适应监管力量的变化。取消了细贵中药材监督投料制度，将药品安全性、有效性和质量可控性的责任回归生产企业。通过出台药品管理地方性法规，进一步统筹"强监管"和"促发展"，切实发挥药品监管政策优势，为产业高质量发展营造良好法治环境。

（三）以制度创新保持打击涉药违法行为高压态势

密切药品监管行政执法与刑事司法衔接，健全省、市、县三级药品监管执法联动机制，强化药品监管责任的有效落实，重点建立药品监管部门与公安机关、检察部门的协作配合机制。

1. 创新建立涉药违法行为行刑衔接机制

2020年，吉林省药监局会同吉林省公安厅联合出台了《关于打击药品、化妆品、医疗器械违法犯罪活动执法协作实施办法》，成立了联动执法办公室；会同吉林省检察院联合签署了《强化药品监管领域行政执法和刑事司法协作框架协议》，设立了执法协作办公室，强化涉药违法案件查办工作的交流会商，形成打击药品违法犯罪行为的工作合力。

2. 密切涉药违法案件查办的协同配合

广泛开展执法协作，特别是联动执法办公室和执法协作办公室成立后，密切配合，打出了保障药品安全的"组合拳"。在行刑衔接方面，由吉林省公安厅生态环境犯罪侦查总队和吉林省药监局督查指导处相关人员联合组成联动执法办公室，负责信息互通、形势研判、案件会商、执法联动；联动执法办公室成立以来，吉林省药监局已为公安机关送检的13批次疑似非法添加化药的涉案物品和9件来源不明的医疗器械进行检验，并出具检验结论，为公安机关查办案件提供了技术支持。在行检协作方面，由吉林省检察院第四检察部和吉林省药监局督查指导处相关人员联合组成执法协作办公室，负责互通案件信息、研判评估形势、会商解决疑难问题、联合执法办案等工作。

3.持续保持打击涉药违法行为高压态势

联动执法办公室和执法协作办公室都建立了联席会议制度，定期通报工作开展情况，研究解决存在的问题，并以联络员方式加强沟通和联络，加强案件移送、材料流转、信息交换等管理。自 2020 年 7 月建立行刑衔接、行检协作工作机制以来，吉林省药监局会同吉林省公安厅、吉林省检察院等部门深入排查风险隐患，重拳打击违法违规行为，共办理"两品一械"违法案件 1480 件，假劣药、不符合标准医疗器械和假冒化妆品案件立案数 167件，案件总体数量较改革前同期增加 824 件，增长了 55.7%，案件查办效能显著提升。全省药品监管部门向公安机关移送"两品一械"案件 13 件，出具假药认定意见 7 份，配合公安机关开展联合行动，端掉 4 个生产假药的黑窝点，抓获犯罪嫌疑人 27 人，刑拘 2 人，取保候审 15 人，缴获涉案假药900 余箱、生产假药设备 12 台，涉案价值 1000 余万元，有效遏制了涉药违法行为蔓延态势，维护了良好的市场经营秩序。

（四）以药品监管科学化推动科学监管提质增效

面对药品监管新体制、新要求，吉林省认真分析新问题、新形势，始终坚持药品监管科学化建设，加大药品监管科学的研究力度，积极应对严峻挑战，以适应产业高质量发展需要。

1.扎实推进"智慧药监"平台建设

紧紧围绕《"数字吉林"建设规划》，借助"吉林祥云"大数据平台，在整合利用吉林省药监局现有信息化资源的基础上，构筑统一的信息化监管网络和云服务体系，建设"一个中心、三品覆盖、四类支撑、九大系统"信息化工程，形成"云在算、数在转、人在干"的药品科学监管信息化管理体系，最大限度地打破了部门间的壁垒，提高了工作效率。"智慧药监"一期项目已上线运行，并获评 2021 年国家药监局十大智慧监管典型案例，在提高药品监管科学化水平方面发挥了积极作用。

2.高效完成疫苗追溯监管系统建设

吉林省药监局依托国家疫苗追溯协同服务平台数据，结合本省疫苗储运日常监管数据，建设了"吉林省疫苗药品追溯监管系统"。目前，疫苗追溯系统已经上线运行，在确保每支疫苗"来源可查、去向可追"方面发挥了积极作用。

3. 组织实施监管科学行动计划

2021年，东北师范大学"细胞和基因药物质量控制重点实验室"和吉林大学第一医院"疫苗与细胞治疗产品人源化动物模型评价重点实验室"2家实验室获批国家药品监管重点实验室，实现了吉林省药品监管重点实验室零的突破，将为全国细胞和基因药物监管、疫苗与细胞治疗监管提供依据和技术支撑。2021年，吉林省药监局与吉林大学共建"吉林省药品监管科学研究基地"，旨在立足药品监管工作实际，切实加强监管科学学术交流，推动药品监管政策制度创新，加强药品监管新技术、新方法、新手段、新模式等方面的研究，促进药品监管科学化、法治化、国际化、现代化发展。

（五）以"四张清单"改革持续优化营商环境

在推动医药领域建立更加优质的营商环境方面，吉林省在牢牢守住药品安全底线的同时，以实施"四张清单"改革为抓手，不断探索柔性监管方式在推动医药产业高质量发展方面的积极作用。

1. 厘清权责清单，规范权力阳光运行

全面梳理了"两品一械"监管领域法律法规，对权责清单及时予以修订。2021年调整行政权力31项，其中新增13项，经吉林省司法厅审定后在门户网站公开，便于企业和公众查询，保障公众对监管行为拥有完整的知情权、参与权。

2. 制定"四张清单"，探索包容审慎监管机制

把制定并实施"四张清单"作为探索建立药品包容审慎监管机制的具体抓手，确定不予处罚事项16项、从轻处罚事项7项、减轻处罚事项8项和免于行政强制事项1项，共计32项。自2020年"四张清单"制度实施至2022年6月，已有51件药品类行政处罚案件适用一般程序查处，有25件适用减轻处罚情形规定，10件适用从轻处罚情形规定，2件适用不予处罚情形规定。同时，强化执法监督，建立并落实行政执法"三项制度"，建立行政处罚案件审核办法、"一案三书"工作规范、行政执法"四张流程图"等机制，有序推进规范、公正、文明执法。

3. 推行告诫约谈，指导企业查堵漏点

全面推行行政告诫和行政约谈制度，对基本符合药品生产质量管理规范要求的药品生产企业，及时发出行政告诫信，指出其存在的缺陷，帮助企业在期限内实施整改，尽快恢复常态生产，而不是简单地一罚了之。2020～2021年，吉林省药监局先后发出21份药品告诫信和43份医疗器械警示函，17次约谈药品、医疗器械生产经营企业282家，获得企业的认可和好评，企业后期整改效果良好。

4. 灵活分类监管，提高监管靶向性

2020年，吉林省药监局制定并印发《吉林省药品分类监督管理制度》，同年，动态调整《医疗器械分类分级监管目录》，根据药品安全风险、企业质量管理水平、药品不良事件等因素，对省内药品生产企业、批发企业实施分类分级动态监管；对生产经营企业、医疗机构，以日常巡查为主，实施行政检查。企业接受监管检查的情况，全部录入企业信用档案，定期更新。根据企业监管档案信息，及时调整分类等级，为企业量身制定更为有效、更具针对性的指导、监管方案，同时筛选出一批守法经营、信用良好、运行稳定的药品生产经营企业，打造吉林省医药产业龙头。

（六）药品安全全要素保障体系建设卓有成效

在各个方面的大力支持下，吉林省药品安全技术支撑体系得到了明显加强，服务行政决策的能力显著提高，监管部门依法行政、科学决策的水平不断提升，市场主体满意率和人民群众获得感稳步提高。

1. 检验检测水平实现新提升

吉林省政府投资3.4亿余元建设疫苗批签发实验室，2021年获得国家药监局新冠疫苗批签发检验资质授权，批签发检验新冠疫苗1073批（3.5

亿剂次），对切实做好防疫物资持续、有效、安全供应发挥了积极作用，目前已具备省内主要疫苗品种全项检验能力，为吉林省生物制品产业高质量发展提供了良好条件。省级药品检验机构新增化妆品检验职能，获得了化妆品注册和备案检验检测机构资质。2019 年 8 月，吉林省药监局印发《关于进一步加强药品检验机构能力建设的实施意见》（吉药监综〔2019〕176 号），稳步推进地市级药品检验机构能力达标建设。

2. 技术审评能力实现新跨越

省级专职技术审评人员队伍得到有效扩充，基本能够适应产业发展需要，先后有 7 人次挂职到国家药监局药品审评中心、医疗器械审评中心学习培训，建立了省级监管部门与国家技术部门常态化人员培养机制，专业化审评员队伍建设取得了阶段性成效。医疗器械电子审评系统上线运行，医疗机构院内制剂平台完成升级改造，逐步实现审评全过程信息化管理，持续提高审评检查的规范性和透明度。强化审评质量管理，建立并持续完善医疗器械审评质量管理体系。

3. 审核查验效能实现新提高

全面实施 ISO9001-2015 质量管理体系，强化审核查验工作的规范化管理，严格规范各项检查工作的工作流程和行为记录，确保检查行为处于受控状态。2020 年 6 月，吉林省药监局制定并发布实施《吉林省药品检查员管理办法》，不断完善职业化专业化检查员队伍建设，进一步细化专兼职检查员培训、抽调选派、考核等管理制度。完善检查工作协调机制，高效衔接稽查执法、注册审评、检验检测、监测评价等方面的监管信息，形成权责明确、协作顺畅、覆盖全面的药品监督检查工作体系。面向基层组织开办监管技术培训班，进一步鼓励市县负责药品监管的部门中从事药品监管工作的人员取得检查员资格，参与药品检查工作。

4. 药物警戒体系建设实现新突破

2021 年 11 月，吉林省药安办印发《关于推动建立省市县三级药物警戒体系的意见》（2021 年），支持在市、县两级建立职责清晰、分工明确、系统完善的监测技术机构。加强基层药品不良反应监测人才队伍和能力建设，稳步推进药品不良反应监测哨点建设，进一步创新监测评价方式方法，强化主动监测、识别各类风险，实现全生命周期质量风险防控。先后报送了关于加强风险管理的药品品种 4 个，有序组织处置 3 起药品不良反应聚集性事件，药物警戒制度逐步完善，现已基本建立起与吉林省医药产业发展相适应的风险监测体系。全面对接人用药品注册技术要求国际协调会议（ICH）技术指导原则，药品上市后风险管控能力持续提升。

5. 药物研究技术实现新飞跃

总投资 1.43 亿元的"吉林省药物安全性评价实验室（GLP）"项目于2020 年开工建设，填补了吉林省药物非临床研究机构的空白，截至 2022 年6 月，项目土建工程已经完工，实验室装修正在加快推进，建成后将为省内制药企业提供创新药物研发的技术支撑平台，推动吉林省药物毒理学研究水平不断提升。2022 年 6 月，"吉林省仿制药一致性评价药学研究中心"建成并投入使用，为企业开展一致性评价工作提供了优质、高效的技术服务平台。

二 吉林省药品安全监管面临的形势与挑战

保障药品安全形势稳定是重大的政治任务，吉林省药品安全监管工作必须准确理解党中央的战略意图，深刻把握新形势、新任务、新机遇、新挑战，立足吉林实际，勇于担当作为，努力破解体制机制上存在的突出问题，为药品安全工作提供坚实保障。

（一）技术的不断进步要求监管水平持续提升

近年来，世界生命科学和生命技术不断取得新突破，基因工程、分子诊断、干细胞治疗、3D 打印等重大技术加速应用，大数据、云计算、互联网、人工智能等新一代信息、生物、工程技术与医疗健康领域的融合日趋紧密。远程医疗、移动医疗、精准医疗、智慧医疗等技术蓬勃发展，健康管理、健康养老、健康旅游、休闲养生、"互联网+健康"等健康产业新业态、新模式蓬勃兴起，医药健康产业呈现爆发式增长态势。新时期药品监管工作务必适应产业发展需要，适应新技术的广泛应用，推动新时期药品监管能力适应产业发展实际，为产业高质量发展提供有效的安全保障。

（二）防范化解风险隐患仍然不容忽视

当前，新型疾病风险对药品安全现代化治理体系和治理能力提出了新的挑战，适应新的形势和要求，强化突发公共卫生事件的有效应对，积极有序化解药品安全质量风险，对药监部门审评审批、检验检测、现场检查、应急处置等各个方面能力都提出了新的严峻考验。

（三）供给侧结构性改革任务依然艰巨

吉林省现有 215 户药品生产企业拥有化学药品品种，化药药品批准文号合计 6176 个，需开展一致性评价的仿制药批准文号 5353 个（含固体制剂 4083 个、注射剂 1270 个），占全省 13634 个药品批准文号的 39.26%。2019 年 10 月 11 日，吉林省药监局牵头会同吉林省财政厅、吉林省卫健委、吉林省发改委等八部门联合印发了《关于推进和鼓励仿制药一致性评价有关政策措施的通知》，完善了对通过一致性评价的企业奖励补助、税费减免等优惠政策，激发了企业开展研究的积极性，截至 2022 年 6 月，吉林省获得国家药监局审批通过一致性评价（视同通过）药品文号共计 59 个，占全部需开展仿制药一致性评价文号的 1.1%，还需要企业进一步加大力度，推动文号资源提质增效。

（四）医疗器械检验检测能力亟待提升

吉林省医疗器械检验检测能力在一定程度上制约了产业高速发展。吉林省医疗器械检验研究院作为全省唯一的医疗器械专业检验机构，整体实力薄弱，加快提升技术支撑能力已迫在眉睫。2020 年，吉林省医疗器械生产企业约 40% 的产品需到外省检验，其中第三类医疗器械几乎全部需到外省检验，特别是在电磁兼容检验方面，吉林省始终无法建成医疗器械检验专用电磁兼容实验室，企业反响尤为强烈。

（五）药品监管能力与监管任务需求仍不匹配

吉林省出台了一系列深化药品监管体制改革的举措，药品监管体制机制建设取得了显著成效。但与医药强省建设的任务相比，药品监管能力建设中还存在一些短板和弱项，监管人员数量、专业能力、设施设备与产业发展、科技进步、风险防控的需求还不匹配；药品、医疗器械各环节的协调联动还需加强；市县药品监管机构设置、人员配备、硬件设施参差不齐，能力达标建设还需久久为功。

三　提升吉林省药品安全综合管理水平的建议

（一）建立更加完善的法制和标准体系

一是以出台《吉林省药品管理条例》为契机，研究制定与《药品管理法》及其实施条例、《疫苗管理法》、《医疗器械监督管理条例》、《化妆品监督管理条例》相配套的一系列地方性法规、规章、规范性文件，推动吉林省建立健全新时期覆盖"两品一械"全生命周期的监管法制体系。二是依照国家法律法规规定，修订"两品一械"行政处罚裁量规则和基准，规范行政处罚行为，提升依法行政水平。三是持续动态发布《吉林省中药材标准》《吉林省中药饮片炮制规范》《吉林省中药配方颗粒标准》，鼓励药品生产企业开展中药配方颗粒原辅料、标准汤剂制备工艺和质量标准的研究。四是完善医疗器械标准体系，组织开展化妆品地方标准研究，加强国家标准、行业标准、团体标准、企业标准统筹协调。

（二）以信用监管倒逼企业落实主体责任

组织制定"两品一械"严重失信企业判定标准、公示制度、信息共享机制，为实施联合惩戒奠定基础；进一步发挥信用监管体系的积极作用，加强部门间信用评价信息的互联互通，科学制定市场主体信用等级评定标准，推动跨部门联合惩戒机制加快建设，引导医药领域从业者依法规范从事生产经营活动。

（三）推动医疗器械检验检测能力实现新跨越

进一步加强省级医疗器械检验检测研究机构建设，给予必要的经费支持，有序扩展检验项目，确保省内医疗器械生产企业生产的产品能够得到快速、精准检验；要切实加强基础设施建设，重点推进基因扩增（PCR）实验室、电磁兼容检验实验室、生物学评价实验室建设，科学扩展检验项目，提升新冠病毒体外检测试剂、电磁兼容、生物性能等检测能力，深入开展物理、化学、电气、电子、光学、生物学、信息技术、洁净环境、生命科学等专业项目研究工作，努力打造智能化、信息化、效能化检验体系，稳步提升医疗器械检验项目数量，推动医疗器械检验检测能力达到全国领先水平，为吉林省医疗器械产业高质量发展提供强有力技术支撑。

（四）增强突发公共卫生事件应对处置能力

一是根据形势发展需要，不断完善省级"两品一械"应急预案，推动市（州）、县（市、区）健全应急管理机制。二是发挥吉林省药品安全委员会、吉林省疫苗管理联席会议等综合议事协调机构的作用，进一步整合资源，提高政策协同性，形成科学权威、指挥统一、运行高效、保障有力的应急管理机制。三是强化应对突发重特大公共卫生事件中检验检测、体系核查、审评审批、监测评价等工作的统一指挥与协调，对应对突发公共卫生事件所需医疗器械设立专门绿色通道，随报随审随检。四是加强省级药品突发事件应急能力建设，强化全省各级监管队伍应急能力培训和实战演练，全面提升应急处置水平。

（五）配齐建强新时期药品监管队伍

一是建设高水平领导干部队伍。针对新时期监管形势，强化行政部门和技术支撑机构领导班子建设，全面加强药品监管干部政治建设，提高领导干部政治站位，进一步加强党的创新理论及法律法规培训，全面开展能力素质提升教育，突出药品监管系统领导干部理想信念和党风廉政建设，锻造敢于斗争、善于斗争的新时代药品监管领导干部队伍。二是建设高素质高标准监管队伍。创新人才选用方式，多渠道充实人员，加快构建"专职检查员+兼职检查员+社会购买服务"的药品检查体制，大力培养"两品一械"国家级检查员，建立吉林省与国家药监局之间的协调沟通机制，为吉林省优秀检查员建立常态化业务培训载体，带动省内检查力量能力提升。大力开展专业能力培训，根据监管新业态、新技术、新模式、新方法的变化，紧盯科技前沿，有针对性地强化技术支撑力量的教育和培养，支持系统内高层次专业技术人员参与科技项目研究，带动专业技术水平稳步提升。三是建设高起点基层执法队伍。全面开展省以下从事"两品一械"执法人员的教育培训，提高基层监管干部能力素质和执法水平，引导"两品一械"从业人员依法合规从事生产经营活动。强化新入职人员岗前培训，常态化开展日常培训，提升全省药品监管总体水平。

（六）建立更加优化的政务服务体系

结合药品监管和产业发展实际，研究制定产业扶持政策，深化"放管服"改革，不断加大简政放权力度，统筹推进行政审批制度改革和商事制度改革，在更大范围内推动药品监管领域照后减证和简化审批，创新和加强事中事后监管，进一步优化营商环境，激发市场主体发展活力。继续推进"证照分离"改革、证明事项清理等工作。深入落实"互联网+政务服务"，进一步完善行政许可项目全流程"一网通办"机制，提高行政审批效能，到 2025 年，力争实现审评审批事项在符合法律法规规定条件下平均提速30%。打通监管和审批信息孤岛，推动各类信息资源共享。行政审批途径更加便捷，群众办事更加高效，更好地惠及企业。

参考文献

胡颖廉：《产业安全和质量安全：中国药品监管体制改革的逻辑》，《社会科学战线》2016年第7期。

刘杰、张怡、何清清：《以制促治：我国地方药品监管能力提升路径》，《中国行政管理》2022年第8期。

王广平、胡骏、王颖、梁云、蒋蓉、徐蓉：《我国药品监管质量管理规范建设原则和框架探索》，《中国食品药品监管》2022年第9期。

朱文静、许龙、温瑞睿、周玥：《新发展阶段完善我国药品网络销售监管体制的思考》，《中国合理用药探索》2022年第3期。

鲍华燕、罗杰：《新时代药品监管落实"四个最严"要求几个重点问题探讨》，《中国药学杂志》2022年第5期。

B.22

吉林省完善知识产权保护调研报告

李 雪*

摘 要： 近年来，吉林省一直以落实国家知识产权强国战略为引领，聚焦"一主六双"高质量发展战略，坚持强保护、夯基础、促发展，高质量推进知识产权保护工作，取得了一系列显著成效。但是由于多个方面因素的制约，还存在一些问题和挑战。因此，需要进一步结合省域品牌特色，逐步打造知识产权保护高地，促进专利技术供需的有效对接，强化知识产权全链条保护，进而助力吉林省知识产权强省建设。

关键词： 知识产权 知识产权强省 全链条保护

2021 年，中共中央、国务院印发的《知识产权强国建设纲要（2021—2035 年）》释放了建设知识产权强国的强烈信号，知识产权逐渐成为打造当代强省、强市的重要标志。近年来，为深入贯彻习近平总书记关于知识产权工作的重要论述和视察吉林重要讲话重要指示精神，吉林省加快推进知识产权强省建设，取得了一系列显著成效。2022 年 4 月，国家知识产权局通报 2021 年各省（区、市）知识产权保护工作检查考核结果，吉林省荣获优秀等次。至此，吉林省知识产权保护工作已连续两年获得此项国家级荣誉，为东北三省一区唯一省份。①

---

* 李雪，长春工业大学公共管理学院讲师，研究方向为知识产权法。

① 本报告数据来源于国家知识产权局网站、吉林省人民政府网站、吉林省知识产权局网站、吉林省知识产权保护中心大数据平台。

一 吉林省知识产权保护工作的现状

（一）知识产权数量和质量逐步提升

2021 年，吉林省国内专利申请量 33960 件，授权量 29877 件，分别比上年增长 5.6% 和 24.8%（见图 1）。其中，发明专利授权量 5730 件，增长 44.4%。吉林省万人发明专利拥有量 9.80 件，同比增长 1.91 件。2021 年商标申请量 79358 件，同比增长 0.4 万件（见图 2）。[①]

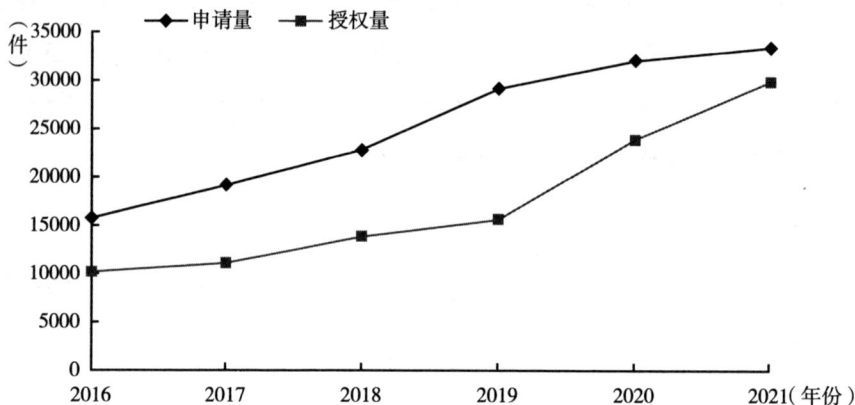

图 1 2016~2021 年吉林省专利数量变化趋势

资料来源：吉林省知识产权保护中心大数据平台。

整体来看，吉林省的发明专利高度集中在长春市（88%）、吉林市（6%）、四平市（2%）、延边州（1%）、通化市（1%）、白城市（1%），这 6 座城市 2021 年获得的专利数量共占全省的 99%，是吉林省专利研发的重要区域。[②]

[①] 《吉林省 2021 年国民经济和社会发展统计公报》，吉林省统计局网站，2022 年 6 月 2 日，http://tjj.jl.gov.cn/tjsj/tjgb/ndgb/202206/t20220602_ 8466591.html。

[②] 陈立新、张琳、黄颖：《2021 年吉林省国家发明专利统计分析报告——增 44%，医疗、车辆技术有优势，企业专利不多》，科学网博客，2022 年 4 月 1 日，https://blog.sciencenet.cn/blog-681765-1332020.html。

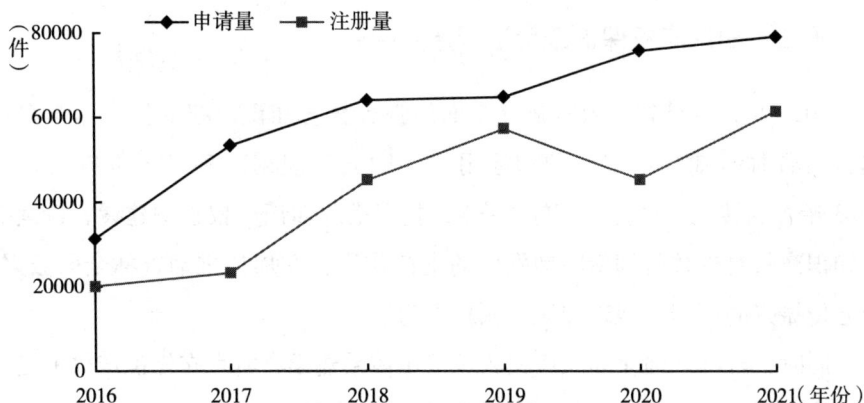

图 2　2016~2021 年吉林省商标数量变化趋势

资料来源：吉林省知识产权保护中心大数据平台。

2021 年，长春市获得国家专利 5038 件，专利数量增长率为 45%，近年（2015~2021 年）的平均增长率达到了 20%。另外，长春市每亿元 GDP 伴随的专利产出数量为 0.71 件，表明长春市经济发展的技术含量较高，属于技术创新驱动型经济发展模式。长春市每万人专利拥有数量为 5.56 件，表明其劳动人口中的技术研发人员占比较高，各机构的研发能力较强。总之，长春市在专利年度指标上具有较大的优势。[①]

在吉林省专利申请人类型方面，2021 年，吉林大学获得了最多的国家发明专利，达 1907 件。另外，中国科学院长春光学精密机械与物理研究所、中国第一汽车股份有限公司、中国科学院长春应用化学研究所、长春理工大学、一汽解放汽车有限公司、长春工业大学、东北师范大学、吉林建筑大学也获得了较多的专利。其中，高校专利占 52%，公司专利占 24%，科研机构专利占 20%，个人专利占 2%。共有 302 家企业获得专利，这些企业的平均专利数为 4.1 件。这些表明，高校和科研院所是吉林省专利研发的重要力量。

---

① 陈立新、张琳、黄颖：《2021 年吉林省国家发明专利统计分析报告——增 44%，医疗、车辆技术有优势，企业专利不多》，科学网博客，2022 年 4 月 1 日，https：//blog. sciencenet. cn/blog-681765-1332020. html。

（二）知识产权保护政策法规逐步完善

2021年，吉林省组织实施《全面加强吉林省知识产权保护工作方案》，出台《吉林省知识产权保护和运用"十四五"规划》和《吉林省2021—2023年专利转化行动计划实施方案》，扎实推进知识产权强省建设，持续提升知识产权对吉林省创新驱动发展的支撑作用，在加快推动吉林全面振兴、全方位振兴的征程上展现知识产权新作为。

同时，吉林省强化知识产权领域信用体系建设，将存在知识产权重复侵权、故意侵权、严重违法代理行为的市场主体列入市场主体诚信档案"黑名单"，实施联合惩戒。

（三）知识产权保护平台建设取得新突破

1. 中国（长春）知识产权保护中心试运行启动

2022年1月19日，中国（长春）知识产权保护中心试运行，形成了中国吉林、中国长春两个知识产权保护中心的一体建设，打通了知识产权服务的"最后一公里"，开辟专利快速预审、快速确权的绿色通道，是吉林省营造稳定公平透明营商环境的重要举措。

2. 延边东北亚知识产权运营中心获批建设

2021年6月9日，国家知识产权局批复吉林省知识产权局《关于申请建设中国（延边）东北亚知识产权运营中心的请示》，支持在延边建设知识产权运营中心，以知识产权运营推动东北老工业基地高质量发展。

3. 知识产权强市建设启动

国家知识产权强市建设示范城市和试点城市获批建设。2022年8月4日，国家知识产权局确定长春市为"国家知识产权强市建设示范城市"，四平市被列入"国家知识产权强市建设试点城市名单"。①

---

① 《国家知识产权局关于确定国家知识产权强市建设试点示范城市的通知》，国家知识产权局网站，2022年8月11日，https：//www.cnipa.gov.cn/art/2022/8/11/art_75_177268.html? eqid=cb4d19c300005c6f00000006647ffb5cThank。

（四）知识产权公共服务体系逐步优化

1. 知识产权公共服务体系初步建成

2021 年，吉林省加快建成由知识产权服务大厦、运营中心、省市保护中心、法庭和 50 个服务机构组成的知识产权生态小镇，新建 30 个省级知识产权信息公共服务网点，建成由吉林大学、吉林省知识产权保护中心、吉林省图书馆筹建的 3 家技术与创新支持中心。

2. 加快高校院所专利转化实施

2021 年末，吉林省市场监督管理厅（吉林省知识产权局）征集了吉林大学等 16 家吉林省高校院所首批开放许可专利 723 件，其中，实施免费许可专利 147 件；发明专利 604 件，占 83.5%；实用新型专利 119 件，占16.5%。按照国际专利分类标准，编制了《吉林省首批高校院所开放许可专利名录》，对开放许可专利进行展示推介，加快高校院所专利转化实施。这些措施有助于唤醒高校院所未实施的"沉睡专利"，提高专利转移转化能力，扩大专利技术的供给。

（五）知识产权保护能力大幅提升

2021 年，吉林省市场监督管理厅（吉林省知识产权局）与吉林省高级人民法院、吉林省人民检察院、吉林省公安厅、吉林省版权局等部门密切配合，全省全年办理知识产权行政执法案件 403 件，同比增长 59%，知识产权诉讼案件7244 件，同比增长 74%。全省 9 个市（州）均建立了知识产权纠纷人民调解委员会，新建 53 家维权援助工作站，为创新主体提供咨询服务 1100 余次、培训2000 余人。[①]

同时，吉林省加强重点产业知识产权海外维权机制建设，组建由 62 名顾问组成的海外维权专家库，在中韩（长春）国际合作示范区建立知识产权维权援助示范工作站。

[①]《吉林省知识产权保护工作连续两年获得国家考核优秀等次》，凤凰网吉林，2022 年 4 月 16日，http：//jl.ifeng.com/c/8FEmSi4w77O。

二 吉林省知识产权保护面临的问题和挑战

尽管吉林省在推进知识产权保护方面开展了大量富有成效的工作，但是由于多方面因素的制约，还存在不少问题和挑战。

（一）应由重数量向重质量转变

吉林省知识产权保护与全国横向比较不占优势。2021 年吉林省专利申请量在全国排第 24 名。2021 年，专利数量增长最快的 12 个城市增长率均超过 50%，无论从每亿元 GDP 伴随的专利产出数量这一指标来看，还是从每万人专利拥有数量这一指标来看，吉林省和长春市均不具有优势。

（二）知识产权金融化能力有待提升

知识产权金融化是知识产权运营的重要途径。金融化能够最大限度地将知识产权转化为现金流，补充企业经营所需资金，备受企业青睐和各地政府支持。2021 年开始，各地政府全面取消对知识产权申请阶段的奖励支持，为知识产权实现产业化收益提供了更加便利的条件。吉林紧跟全国步伐，充分发挥知识产权服务业行业优势形成的支撑作用，但是，在 34 个省（区、市）中，吉林省知识产权金融化水平排名并不高，GDP 在全国排第 26 名的吉林，知识产权金融化指数排全国第 22 名。这就意味着吉林省知识产权运营经验有待进一步积累，在知识产权金融化方面助推能力有待提升，高校和科研院所的专利成果转化较难，吉林省应该大力推进高校和科研院所科研成果的转化，助力吉林省的经济发展。

（三）知识产权保护各环节各渠道缺乏衔接

当前，知识产权领域仍存在侵权易发多发现象，知识产权侵权违法行为呈现新型化、复杂化、高技术化等特点。知识产权维权效果差、成本高、赔偿低、周期长、索赔难的问题突出。原因是多方面的，知识产权行政保护存在行政执法手段弱、主动性不够，行政惩罚的力度不大，相关程序不够规范完善，知识产权诉讼行政保护管理分散等问题；知识产权司法保护存在现有行政司法保护体系对审理知识产权诉讼案件的专业性和特殊性考虑不足、管辖权分散等问题；知识产权行政和司法保护机构之间联动不够紧密、衔接机制不畅通导致知识产权保护效率低下，各个机构之间缺乏一定的协调性，不同部门之间出现利益冲突，进而对政府的公信力造成一定的负面影响。

（四）专业人才短缺

目前，知识产权保护领域信息技术专业人才短缺，信息化建设尚存短板。基层法院的信息技术专业人员存在缺口且流动性大，既懂信息技术又懂法律的复合型人才更加稀少；行政执法队伍专业人才不足。在专利执法中，执法人员除了要熟悉知识产权法律法规，具有一定的知识产权法律基础，还要通晓一定的理工科知识，从我国专利代理师资格考试的报考条件可以看出，理工科专科以上人员才可报考。因此，培养和选拔合格的复合型人才是当前亟须解决的问题。

三　进一步完善吉林省知识产权保护工作的对策建议

吉林省要贯彻落实《知识产权强国建设纲要（2021—2035年）》、《"十四五"国家知识产权保护和运用规划》和《吉林省知识产权保护和运用"十四五"规划》，按照国家知识产权局的部署，进一步做好知识产权保护工作，扎实推进知识产权事业高质量发展。

（一）提升知识产权质量，打造知识产权保护高地

聚焦高端装备制造、生物医药、新一代信息技术、现代农业、新材料等战略性新兴产业和吉林省优势产业，依托长春、吉林、延边等产业集聚型城市，以知识产权运营服务体系建设重点城市、知识产权生态小镇等服务业集聚区建设为契机，统筹发挥吉林省知识产权运营服务体系现有的资金、平

台、机构的作用，打造知识产权保护高地。

第一，实施高价值专利培育工程。发挥企业、高校院所和服务机构优势，围绕人工智能、新一代信息技术、智能装备、新材料、医药健康等重点产业建设高价值专利培育中心。

第二，实施专利密集型产业培育工程。制定吉林省专利密集型产业培育方案，探索开展专利密集型产品认定工作。对专利密集型产业培育工作进行监测与评价，发布全省专利密集型产业统计结果。

第三，实施地理标志促进乡村振兴工程。探索地理标志与专利、商标等多类型知识产权协同运用支撑产业区域创新发展机制。培育一批市场占有率高、经济效益好、辐射带动强、有较高知名度的地理标志品牌。

第四，实施汽车产业知识产权保护工程。围绕汽车产业关键技术需求，推动高校、科研院所和上下游企业加强合作，建立汽车产业主要竞争对手知识产权布局情况跟踪分析与风险应对机制。[1]

（二）发掘中小企业的技术需求，促进专利技术供需的有效对接[2]

第一，建立健全专利技术转化运用平台。建设吉林省知识产权公共服务平台，打造长春知识产权运营服务平台和延边东北亚知识产权运营中心，充分利用平台资源汇聚优势，定期向全社会推送专利技术供需信息。指导各市州围绕优势产业组建产业知识产权运营中心，推行股权合作、成果共享的市场化运作机制。依托高校、科研院所专利技术或科技成果转移转化中心、产业知识产权运营中心等载体，围绕关键核心技术，进行专业化评估、培育、增值、推介，促进专利转化运用。

第二，开拓线下精准供需对接渠道。以高新区、经济开发区等中小

---

[1] 《〈吉林省知识产权保护和运用"十四五"规划〉解读》，吉林省人民政府网站，2022年8月17日，http://xxgk.jl.gov.cn/zsjg/glj/xxgkmlqy/202208/t20220817_8544004.html。

[2] 《吉林省知识产权局 吉林省财政厅关于印发〈吉林省2021—2023年专利转化行动计划实施方案〉的通知》，中国企业知识产权网，2021年4月22日，http://www.cneip.org.cn/html/14/41956.html。

企业集聚区为重点，培育知识产权经理人，支持专业服务机构为专利权人推广转化专利项目，开展技术论证和市场前景分析，组织高校、科研院所、国有企业深入中小企业开展专利技术对接活动，为优秀的科技成果策划专场推广会、研讨会及新闻发布会，提供技术引资融资专项服务。引导涉农专利技术向县域和农业园区转移转化，助力乡村产业振兴和发展。

第三，探索专利转化运用模式。鼓励高校、科研院所等创新主体的专利权人采用或参照"开放许可"方式，提前发布专利转让费用或许可费用标准、支付方式等条件，降低许可谈判的难度，降低交易成本和风险。推动建立大型国有企业与中小企业共创、共有、共享专利技术的激励机制，引导国有企业加大专利技术许可力度，通过"先使用，后缴纳许可费"等方式，降低中小企业专利技术获取门槛，提升知识产权转化运用效率。

第四，强化服务支撑。建立吉林省涉及中小企业转让、许可、质押业务快速办理绿色通道，推动知识产权转移转化公共服务向知识产权生态小镇等知识产权服务业集聚区延伸和集聚，同时依托集聚区引进的优质服务机构，为吉林省高校、科研院所、国有企业和中小企业提供专利价值评估、转移、转化、质押等市场化服务。

第五，完善配套政策。修订《吉林省专利条例》，提高专利转化运用工作在知识产权工作中的比重。优化各级专利资助奖励政策，更大力度促进专利转化运用。统筹省市（州）各类资金和政策，对于积极参与专利技术转移转化工作的高校、科研院所和企业，在专利导航、知识产权贯标、转化后奖补、专利奖、试点示范创建、信息服务网点建设等方面予以优先支持。强化知识产权金融支持，加强政府与银行、保险机构、担保机构之间的沟通协调，通过贴息、保费补助等措施，促进知识产权质押融资、专利保险等业务开展，有效缓解中小企业融资难题。

（三）强化知识产权全链条保护，推进知识产权强省建设

推动建立知识产权行政确权案件与各类侵权纠纷案件联合审理机制。完

善知识产权纠纷多元化解决机制，推广利用仲裁、调解等方式快速解决纠纷。鼓励行业协会、商会等建立知识产权保护自律机制，推动诚信体系建设。健全行政确权、行政执法、司法保护、仲裁调解、行业自律、公民诚信等环节的衔接机制。优化知识产权维权援助体系。加强知识产权保护规范化市场建设，建立重点关注市场名录。全面提升知识产权代理机构监管水平。深化知识产权国际交流。加强知识产权国际合作机制建设，促进东北亚知识产权交流合作，支持企业加强知识产权海外获权、布局和运用，加强知识产权海外维权援助，维护知识产权领域国家安全，等等。从总体上进一步提升知识产权全链条保护的能力和水平。

（四）加强技术人才队伍建设，促进数据共享

第一，加强人才队伍建设。一是建立本省知识产权专家库，按照"科学管理、结构合理、规范使用、素质优良"的原则建设和管理专家库，发挥知识产权生态圈中优秀人才的作用，强化专家在政府知识产权政策制定中的作用。二是加大知识产权保护人才培训力度，建设高素质的知识产权保护人才队伍。加强知识产权技术调查人才库建设。加强信息化、智能化基础设施建设，形成便民利民的知识产权公共服务体系。

第二，促进数据共享。一是充分利用国家知识产权运营数据管理平台、专利产品备案系统、专利导航成果共享平台和贯标认证学习平台等四大平台，共享专利数据和分析成果，建立吉林省专利技术转让、许可、质押等运营数据和专利产品备案信息定期通报机制，通过吉林省知识产权公共服务平台进行发布，并对专利转让、许可异常数据进行监控、评价和反馈。二是建立健全知识产权诚信管理制度，出台知识产权保护信用评价办法；强化知识产权侵权失信行为的联合惩戒，提升全社会的知识产权保护意识；开展知识产权服务机构信用建设，探索建立各类知识产权服务标准化体系和诚信评价制度；等等。

参考文献

肖佳宁：《知识产权保护现状与解决对策——以吉林省为例》，《法制博览》2021 年第 5 期。

张维：《完善保护体制机制　打造知识产权保护高地——访国家知识产权局知识产权保护司司长张志成》，《法治日报》2022 年 6 月 30 日。

吉林省市场监管厅：《持续深化商事制度改革　着力优化营商环境》，《中国市场监管研究》2021 年第 10 期。

李彩霞、边钰雅、王博、刘凯、魏阙：《吉林省有效发明专利统计分析及对策研究》，《科学技术创新》2020 年第 15 期。

《国家知识产权局 2021 年度报告》，https：//www. cnipa. gov. cn/col/col2925/index. html。

《2021 年中国知识产权保护状况》，https：//www. cnipa. gov. cn/module/download/downfile. jsp？classid＝0&showname＝%E4%BA%8C%E3%80%87%E4%BA%8C%E4%B8%80%E5%B9%B4%E4%B8%AD%E5%9B%BD%E7%9F%A5%E8%AF%86%E4%BA%A7%E6%9D%83%E4%BF%9D%E6%8A%A4%E7%8A%B6%E5%86%B5%E7%99%BD%E7%9A%AE%E4%B9%A6. pdf&filename＝c8d9993ab34b402392de0b8eab900078. pdf。

《2021 年全国知识产权服务业统计调查报告》，https：//www. cnipa. gov. cn/module/download/down. jsp？i_ ID＝172507&colID＝88。

《国家知识产权局关于印发〈推动知识产权高质量发展年度工作指引（2022）〉的通知》，https：//www. gov. cn/zhengce/zhengceku/2022-03/22/content_ 5680443. htm。

《吉林省知识产权局　吉林省财政厅关于印发〈吉林省 2021—2023 年专利转化行动计划实施方案〉的通知》，http：//www. cneip. org. cn/html/14/41956. html。

《〈吉林省知识产权保护和运用“十四五”规划〉解读》，http：//xxgk. jl. gov. cn/zsjg/glj/xxgkmlqy/202208/t20220817_ 8544004. html。

社会治理

B.23
吉林省社会治理状况调研报告

中共吉林省委党校课题组*

摘　要： 社会治理是社会建设的重大任务，是国家治理体系和治理能力的重要组成部分，也直接决定法治国家、法治中国的建设步伐。在新时代背景下，立足吉林省实际，全省各地在普法、法治文化建设、基层自治、网格管理、群防群治、矛盾纠纷化解等方面取得了明显成绩，但同时也存在一定的不足。未来应在优化普法宣传手段、强化法治文化建设、有效推进网络治理建设、畅通矛盾纠纷化解渠道等方面进一步发力。

关键词： 社会治理　法治化　法治社会

---

* 中共吉林省委党校课题组：主持人：宋湘琦，中共吉林省委党校法学教研部副教授、硕士生导师。成员：傅大鹏，中共吉林省委党校教授；刘淑艳，中共蛟河市委党校讲师；郑海霞，中共延吉市委党校教授；卢瀚冰，中共白山市委党校助教；郑艳红，中共吉林市船营区委党校讲师；王洋，中共梨树县委党校副教授。执笔人：宋湘琦。

吉林省认真落实《中共中央　国务院关于加强基层治理体系和治理能力现代化建设的意见》，着力破解制约基层治理效能提升的突出问题，进一步建强基层、夯实基础。吉林省委把 2022 年确定为"基层建设年"，出台了《关于深入开展"基层建设年"的方案》，并在第十二届吉林省委常委会第一次会议上审议通过《关于提升党建引领"平战结合"基层治理效能的若干措施（试行）》（以下简称《若干措施》），全面推进全省基层治理体系和治理能力现代化建设。《若干措施》提出了一系列制度性安排和创新性举措，推动党建引领基层治理效能实现大巩固、大突破、大提升。在建强基层治理队伍方面，着眼破解基层力量不足、激励保障不够等问题，重点提出选派万名基层治理专干、畅通基层工作者晋升"双通道"、强化基层干部锻炼选拔和考察激励三项务实举措；在构建基层治理体系方面，主要提出建立基层治理服务中心，建强街道、社区、网格党组织，建强用好各类党群服务阵地三项具体举措；在完善基层治理机制方面，主要落实开展"双报到"活动、建立"双三长"制、常态开展"敲门行动"三项任务；在压实基层治理责任方面，重点完善"五级包保"责任制，做到包保全覆盖。

按照"基层建设年"部署安排，吉林省各部门结合工作周密部署、精心组织，全面落实各项任务。开展基层治理专干招聘，为吉林省城乡基层治理提供重要人才支撑。在 2021 年实现弃管小区"动态清零"基础上，进一步启动实施小区管理"巩固提升"行动。启动实施以"百个场所惠民生、千家机构进基层、万个岗位强基础"为主要内容的强基惠民"百千万"工程。聚焦群众反映强烈的治安领域"急难愁盼"问题，开展夏季治安打击整治"百日行动"。实施"万家联一网"工程，提升基层数字治理整体水平。启动 2022 年全省乡村建设行动"千村示范"创建工作，全面建设宜居宜业美丽乡村。长春市开展"幸福小区"创建评比活动，让基层治理成效更好地惠及基层群众。

一　吉林省社会治理建设取得的成果

（一）多角度开展普法宣传

近年来，吉林省坚持服务中心大局，不断丰富法治宣传教育载体实践。

一是突出学习宣传《宪法》和《民法典》。常态推进"宪法宣传周"工作，深化"宪法七进"主题宣传，加大《民法典》学习宣传力度。二是重点宣传普及与高质量发展和民生保障相关的法律法规。如长春市组建律师专业服务团队，在市公共法律服务中心设置"专家坐诊"窗口，为3150家企业"法治体检"，解决涉企法律问题5200余个。

1.普法助企

在助企服务中，吉林省司法行政机关着力加强涉企法规和规范性文件清理公开工作，着力加强涉企行政执法行为的监督监管，全面推行行政执法"公示、全过程记录、重大执法决定法制审核"三项制度，宣传曝光不规范、不合法的涉企执法行为，依法平等保护各类市场主体产权和合法权益，让营商环境更温暖，让企业经营更有安全感。全省司法行政部门主动回应企业所需所盼，更好地帮助企业解决法律知识需求、法律风险防范等方面的实际困难。从"线上线下、多措并举"的智慧普法思路出发，长春市司法局整合助企法治沙龙成员单位优势法律资源，集专业律师、仲裁员等法律智慧，以录制助企法律讲师团微视频的形式，开设"助企法治沙龙微课堂"，通过手机端线上传播渠道，把法律知识和普法服务以课程清单普法方式呈现在企业家面前。

长春市司法局在全市"四项重点工作"中发挥司法行政职能优势，专门制定服务四项重点工作任务清单，出台"支持和促进民营企业发展二十二项措施"。着眼民营企业最常见、最迫切的法律服务需求，不断助力打造吉林省最优法治营商环境。全面整合法律服务资源，突出"便捷、精准、高效"服务理念，提升民营企业的获得感、满意度。2019年，长春市76支法律服务团队累计为937家企业免费法律体检，出具体检报告369份，为企业提供法律顾问服务3649件，代理诉讼案件3289件，办理涉企公证1099件，培训企业高管1.3万余人，在律企互动群推送法律风险防范信息1.7万余条，调解企业纠纷524件，提供涉企法律援助服务511件。

长春市司法局在2019~2021年开展了"送法进万企、普法促振兴"活动。具体工作任务有：根据企业需求，开展"上门普法"活动；结合助企发展，开展"服务普法"活动；围绕化解纠纷，开展"调解普法"活动。帮助企业防范化解法律风险，依法解决生产经营难题和矛盾纠纷，推动企业建立和完善现代企业管理制度。

2. 普法惠民

一是深化区域法治创建。加强对国家、省、市级"民主法治示范村（社区）"的动态管理，长春市创建四级民主法治示范村（社区）1403个，创建率达到71.2%。二是实施专项治理行动。长春市结合农村人居环境整治及文明城市、卫生城市、食品安全城市创建，开展"守护绿水青山""长春式过马路""舌尖上安全"依法治理，将普法贯穿于立法、执法、司法和法律服务全过程，让人民群众切实感受到义务须履行、权利有保障、正义可期待。三是擦亮"法治实事"品牌。长春市连续6年组织实施"法治建设十件实事"工程，运用法治思维和方式，全力破解60个党政关切、社会关注、群众关心的难点热点问题，有效增强了人民群众在法治领域的获得感。

自2015年以来，长春市司法局连续7年依托农博会举办展会普法活动，长春农博会普法深受广大群众和社会各界的一致好评，已经成为长春普法宣传工作的亮点和品牌。目前，共发放普法产品15万份，提供法律服务1.3万件。开设法律服务绿色通道，各类法律问题一站式受理，通过视频展播、发放普法产品提升民众参与度。

3. 普法责任制

坚持目标牵引和问题导向，推动构建主体明确、层次清晰、推动有力的普法责任体系。一是压实国家机关普法责任。修订完善普法责任清单，明确了省市相关部门、单位普法责任，引导执法、司法机关在办案和服务中释法说理；持续深化旁听庭审和以案释法等制度，组织开展"谁执法谁普法"优秀案例征集评选活动。二是引导媒体履行公益普法责任。电视台等主流媒体全部开设专栏，打造了《百姓与法》《长春大律师》等一批优秀普法栏目。三是推动落实社会普法责任。例如，长春市司法局吸纳农村"两委"干部和致富带头人，培养法律明白人6.5万人；成立普法志愿者协会，组建由法学专家、知名律师等参加的"七五"普法讲师团，开展各类普法活动500余场次。

长春市中级人民法院认真落实"谁执法谁普法"责任制，坚持两级法院一体部署、全员参与、全面覆盖，立足审判职能，创新普法方式，突出四个重点，切实通过"以案释法"扎实有效开展新时代法治宣传教育，在全社会大力营造尊法学法守法用法的良好氛围。搭建"立体式"普法格局，推行"订单式"普法服务，发挥"融入式"普法功能，拓展"公开式"普法平台。

（二）持续推进法治文化建设

吉林省围绕法治建设中心工作，强化组织领导，持续推进法治文化基地（阵地）创建。一是同安排同部署。将法治文化基地（阵地）创建工作纳入吉林省法治社会、"八五"普法规划内容，与法治建设工作同安排同部署，重点推进，重点建设。二是制定创建标准。对全省法治宣传教育示范基地（阵地）创建工作再安排、再部署。长春市对创建场所规模、形式展现、主题设置、软硬件标准、对外开放等要求进行了细化，统一明确了全市法治宣传教育示范基地（阵地）创建标准。三是强化监督考核。将法治文化基地（阵地）创建纳入年度绩效考核指标体系、法治政府示范创建、文明城市创建和依法治市督察项目，每年考核评价，确保落地落实。

同时，坚持发挥地方资源优势。一是全方位建设法治文化阵地。坚持"一县（市）区一品牌"，长春市集中打造了以农安县宪法公园、朝阳区德苑公园为代表的200余个法治文化示范阵地，利用每月"公益法律服务日"开展法治宣传教育，方便群众就地就近、随时实时学法用法。二是多维度开展法治文化活动。长春市组建了1.28万人法治文艺演出队伍，创作法治文化作品2000余件，举办大型法治文艺展演90余场次。三是宽领域推进法德融合。深化以文明城市创建为龙头的各类道德实践活动，以社会主义核心价值观引领群众崇德向善、见贤思齐，提升公民法治素养和道德水准。

（三）健全基层治理体制机制

为深入贯彻落实习近平总书记视察吉林重要讲话重要指示精神，吉林省各地健全基层治理体制机制，认真贯彻落实吉林省委有关精神要求。白山市经市委城乡基层治理工作委员会研究决定，对应吉林省委设立街道（乡镇）管理体制改革、简政放权、网格治理、物业治理、民生服务5个专项工作组。长春市宽城区团山街道长山花园社区通过积极推进基层协商民主建设，组建居民自治队伍，完善社区治理体系，引领居民共同创造幸福、传递幸福、共享幸福，实现了长山花园社区的旧貌换新颜，社区彻底变成了环境优美、服务完善、管理有序、和谐幸福的花园式社区，先后荣获全国和谐建设示范社区、全国文明单位、国家级充分就业社区等百余项荣誉。

蛟河市建立村级事务小微权力清单制度，制定《关于全面推行村级事务小微权力清单制度的实施方案》，实现乡镇（街道）全覆盖；深入开展城乡社区协商实践，制定《蛟河市城乡社区民主协商实施办法》，并征集城乡社区典型案例，形成典型案例汇编。

在村规民约方面，2019年，吉林省转发了《关于做好村规民约和居民公约工作的指导意见》，根据意见要求，全省各地纷纷开展相关工作。一是全面实施村规民约重新修订工作。二是村委会换届后又进行了完善梳理。村规民约的修订一方面强化了村民遵纪守法的意识，规范了村民的行为，促进了乡村振兴和乡村治理工作；另一方面村规民约是对现有法律法规有针对性地域性的补充，切实保障了村民的合法权益，维护了农村的社会稳定，并且为新一届村民委员会工作的有序开展提供了依据。2022年6月2日，蛟河市民政局印发了《关于修订完善村规民约和居民公约工作实施方案的通知》，明确了制定和完善村规民约、居民公约的指导思想、总体要求、主要内容。

加强城乡基层民主建设。深入落实依法监督制度。村（居）务监督委员会要认真履行职责，重点对村（居）务、财务管理等情况进行监督，受理和收集村（居）民有关意见建议。村（居）务监督委员会不得超越职责范围进行监督、不得夹带私人恩怨进行监督，更不得借监督之名纠缠历史遗留问题、干扰村级组织正常运作。

（四）强化网格化管理

延吉市积极探索网格化人民调解新模式，将各村、社区人民调解委员会调解员全部纳入网格。一是全面摸排，网格化管理。以网格员日常巡查为契机，坚持常规排查和重点排查相结合，及时掌握苗头隐患，并建立矛盾纠纷排查台账，确保矛盾纠纷件件有登记、事事有着落。二是广泛宣传，网格化教育。依托网格化服务管理，利用网格员"铁脚板"优势，广泛宣传人民调解的法律规定、调解范围、优势等，积极引导辖区群众有纠纷优先选择人民调解方式解决，同时，吸纳网格内的法律明白人、普法志愿者、退休干部等人加入调解员队伍，不断壮大基层调解力量。三是分级处置，网格化调解。明确网格员和人民调解员的工作职责，将网格内排查发现的矛盾纠纷分为简易纠纷、一般纠纷和复杂疑难纠纷，简易纠纷可由网格员直接介入处理，事后登记备案；一般纠纷由网格员联系村居人民调解员了解具体情况，并引导当事人到村居调委会协商调解；复杂疑难纠纷由网格员稳控后及时反馈到镇、街司法所，由镇、街司法所牵头相关职能部门协商研究，必要时可邀请市人民调解中心一同参与调解。同时，对于网格员化解人民纠纷的案件同样落实人民调解"以案定补"政策，充分调动广大网格员的工作积极性和主动性。简易纠纷网格内现场调、一般纠纷村居内及时调、复杂疑难纠纷联合调的分类处置和多元化解模式大大提高了人民调解工作成效。

梨树县创新开展"法官进网格"活动。2021年初，邀请全县39名员额法官以"包干制"的形式深入24个乡镇（街道）、304个行政村提供司法服务，法官主动在乡镇村屯"晒出"手机号和微信号，24小时在线提供法律服务，以"包干制"的形式深耕"责任田"，让法律服务进一步扎根乡村、扎根基层，努力解决人民群众的"急难愁盼"问题。活动开展以来，共计完成270项工作任务。工作情况先后被《人民日报》等多家媒体刊载、报道。同时，打造了"云治梨树"基层诉源治理品牌。2021年通过县委政法委主导，推进人民法院调解平台进乡村、进社区、进网格，构建全流程一站式矛盾纠纷线上化解模式和基层服务模式，深化基层司法能力建设和诉源治理机制创新，实现"数据多跑路，群众少跑路"，努力打造信息时代诉源治理建设新高地，夯实平安梨树建设根基。

（五）群防群治取得显著成效

1. 以信息化建设为支撑，提升治安防控效能

重点实施"万家联一网"工程，推动全省 1.2 万个乡镇（街道）、村（社区）便民服务中心（站）实现"一张网一片云"。推动"吉事办"移动端服务应用总数突破 500 项，以数字化手段推动群众经常办理且基层能有效承接的政务服务不断向街道、社区延伸，确保每个地区至少有 1 个县（市、区）政务服务向基层延伸实现全覆盖。加快打破行业部门之间的信息壁垒，构建开放共享的数据资源体系，加快实现各部门生成的电子证照 80% 以上可在"吉事办"展示、查询。

延吉市率先启动"钉钉打卡+矫正系统平台"双核定位、"小鱼系统录入+人脸"双重识别系统，进一步筑牢电子围栏。公安、检察等部门定期开展社区矫正执法督查和训诫谈话，开启"云轨迹"智能查询客户端。出入境管理中心与延边州司法局共同办理限制出入境的手续。司法所与镇（街）组成矫正小组，针对重点矫正对象开展教育矫正、查找追查、信息查询、列入重点人口管理等工作。

2. 以帮扶模式为延伸，创新便民惠民工作机制

试行"五管一"制度，为社区矫正对象制定有针对性的矫正方案，定期召开小组会，进行集体评议，调整矫正方案。同时依托吉林省司法厅心理服务热线平台，为焦虑、无助等矫正对象提供心理服务，化解社会潜在矛盾，建立司法所初步识别、心理咨询师跟踪诊断的工作机制。

3. 以制度化管控为关键，强化应急管控目标导向

延吉市制定《延吉市社区矫正安全稳定应急处置预案》，着重处理涉稳群体性事件及其他违法犯罪活动等突发情况。对可能引发风险的事件，牢牢

把握防范控制主导权，落实群体性和突发性事件处置预案。

4. 坚持必接登记制度，确保特殊人群不脱管不漏管

深入践行"枫桥经验"，结合开展"百万警进千万家"活动，组织民警、辅警、"一村（格）一警"结合入户走访和信息采集，滚动排查掌握辖区各类矛盾纠纷信息。建立完善"一网一图一机制"，对矛盾纠纷多发高发的重点部位、时段、人员和问题进行常态化研判预警。针对夏季夜间活动增多的特点，严密部署公安武警联勤、备勤和派出所巡逻等社会面巡逻力量，科学布设巡逻警力，延长联勤时间，加强对繁华夜市、市民广场等夜间人员密集场所的巡逻防控。

5. 坚持排查走访制度，切实解决特殊人群实际困难

对所有帮教对象进行摸底和调查，对回归的人员建立"一人一档"工作台账，分类列入、统一管理，做到底数清、情况明。对于因种种原因未到公安机关报到的刑满释放人员，工作站坚持做好排查工作，做到掌握情况、了解去向，以敦促他们尽快报到建档。对于排查到的遗漏人员，帮教工作迅速跟上，确保做到不脱管、不漏管，认真落实帮教衔接管理工作。定期、不定期地上门走访重点帮教对象，了解情况，切实为他们解决生产、生活中的实际困难，时时处处体现出党和政府的关心。

（六）矛盾纠纷化解机制得到完善

吉林省高度重视矛盾纠纷多元化解机制在修复社会关系、维护社会和谐稳定中的地位和作用，继承和发展"枫桥经验"，坚持将非诉讼纠纷解决方式挺在前面，推动吉林省矛盾纠纷多元化解机制建设迈入新阶段、取得新进展。

1. 深入开展矛盾纠纷排查化解工作

延吉市根据吉林省关于"万家万事和"调解行动的要求，组织动员广大人民调解组织和调解员坚持排查在先、关口前移，围绕矛盾纠纷突出的领域、人群，聚焦重要敏感时段、节点，深入开展矛盾纠纷排查化解工作。截至2022年7月末，全市各调委会开展矛盾纠纷排查1943次，其中，"五一"

期间开展集中重点排查 10 次。

蛟河市"六六议事堂"工作在市委、市政府高度重视和各相关部门的大力配合下，全市 17 个乡镇（街道）、18 个社区、256 个自然村，已经全覆盖实行了"六六议事堂"制度，调解各类民间纠纷 5034 件，真正做到了闻民声、解民忧、议村务、促和谐。拉法街道海青村由于在"六六议事堂"工作中成绩突出，2021 年 9 月被中央农村工作领导小组办公室、农业农村部、中央宣传部、民政部、司法部、国家乡村振兴局表彰为"第二批全国乡村治理示范乡镇"。

2. 健全诉调对接机制

延吉市司法局、延吉市法院为进一步做好新时期民事纠纷诉前调处工作，及时化解纠纷，防止矛盾激化，维护社会稳定，成立了民事案件诉前人民调解委员会（以下简称"诉调中心"）。诉调中心成立后，以人民调解为抓手，构建起诉调衔接、递次推进、科学合理的调解新格局。2022 年，诉调中心共受理人民调解案件 156 件，涉及协议金额 28.7 万元。

3. 注重强基垒台，筑牢多元纠纷化解根基

长春市将调解工作作为法治长春、平安长春建设和提升社会治理能力重要内容进行谋篇布局，强化高位统筹。一是强化统筹。先后召开全市推进会、现场会近百次，2021 年 6 月，长春市司法局配合市人大起草下发了《多元化解纠纷机制建设的决定》等指导性文件，并积极推进文件精神落实。二是延展网络。建成人民调解委员会 3100 余个，"百姓说事点"3600余个，个人调解室、特色调解室 165 个，以村居为基础，将排查化解工作延伸到社会最前端，为提升市域治理水平奠定坚实基础。三是建强队伍。严格"准入、培训、管理"制度，通过持证上岗和开展等级评定，进一步规范人民调解员聘任和管理。建成"数据库""案例库"，成立人民调解员协会、"调解专家团"、"巡回宣讲团"，开展年度培训、巡回培训。四是前移关口。注重源头治理，在不同时期、不同节点集中开展"矛盾纠纷排查化解"专项行动，在服务振兴发展、"万人助万企"、扫黑除恶、乡村治理等活动中，人民调解员主动承担急难险重任务，成为发现线索、化解纠纷的主力军，年均调解案件 3 万余件。五是创新手段。人民法院和司法行政机关开发网上智能调解平台，调解员采取视频、热线等手段进行调解，"互联网+调解"模式已广泛应用，2022 年成立心理疏导及调解热线，32 名调解专家总计接听电话 9589 人次，总时长 35900 分钟。

二 吉林省社会治理建设存在的困难

（一）普法和法治文化建设的多样化和针对性不足

目前，普法宣传手段还需提升多样化水平和针对性，还需进一步拓展普法宣传的广度和深度。同时，法治文化阵地建设上的相关保障还需加强，个别边远乡村法治文化阵地规模达不到应有标准或者经费保障不了相应的建设需求。法治文化建设内容有待进一步创新和丰富。尽管吉林省在法治文化阵地建设过程中做了很多有益的尝试，有一定的创新性，但宣传载体以法治宣传栏、LED 电子屏、法治橱窗为主，宣传法规法条较多，形式还需提升多样性。法治文化基地建设规划还需加强，法治元素与场地的融合度还需进一步提升。

（二）网格治理力量和信息化支撑有待加强

一是网格力量匹配不足。一些地方基本由村（社区）"两委"成员既兼职社区工作者又兼职网格长、网格员，少数村（社区）存在挂名的情况，出现服务和管理跟不上的情况。二是待遇保障压力较大。由于地方财政力量有限，激励措施很难落地，工作人员参与网格化服务管理的积极性不高。三是信息化支撑不足。依托信息化手段的矛盾纠纷处置线上闭环管理的运行模式尚未形成，信息化建设的资金投入压力较大。四是基层工作人员能力素质有待提升。很多地方存在活多人少、任务繁重、待遇不高等问题，出现年轻能力强的人才留不住、年纪大的很难适应信息化高科技管理方式的现象。

（三）矛盾纠纷化解组织领导和统筹推进意识有待提升

在多元化解机制建设方面，组织领导和统筹推进意识还需进一步提升，应重视信访办理和群体性事件的处置，对矛盾纠纷预防、排查等基础工作的重视度还需提升，部分地方存在"重处理、轻调解"的观念。同时，人民调解员队伍建设存在短板，专业化程度有待提升，这对于调解效率和质量有直接影响。人民调解工作的经费压力亟待缓解。政府购买调解服务尚未纳入政府购买服务指导性目录，限制了社会力量参与的积极性、主动性。矛盾纠纷多元化解机制建设在统筹方面还有差距，合力还不够强，缺少具有统筹协调职能的指挥部门，缺少衔接联动机制。

三　吉林省社会治理建设的对策建议

（一）进一步加强普法和法治文化建设

1. 优化普法宣传手段

一是全面发挥"互联网+普法"新效应。加大中国普法网、"智慧普法"平台的宣传推广力度，全面打造普法新媒体宣传矩阵。二是精心打造普法宣传新产品。上线开通《宪法》《民法典》地铁专列，制作发放衍生产品。三是积极探索惠民普法新路径。借助省市一体化公共法律服务运管中心数据分析平台，根据百姓现实之需，开展"菜单式"普法。

同时，进一步深化重点对象法治宣传教育。坚持突出重点和以点带面，持之以恒推动全社会尊法学法守法用法。一是突出抓好领导干部这个"关键少数"。党政主要负责人自觉履行推进法治建设第一责任人职责，党委（党组）理论学习中心组学法、政府常务会议学法、重大事项决策会前学法等制度全部落地落实。二是突出抓好青少年这个"希望人群"。实现计划、课时、教材、师资"四落实"，开展法治教育第二课堂、《宪法》诵读等各类主题活动，配备法治副校长、法治辅导员。三是突出抓好农民这个"最大基数"。扎实开展"送法进乡村"系列活动，编印发放《农民常见法律问题答疑》等普法资料，开展惠农普法活动。

2. 强化法治文化建设

一是制定全省社会主义法治文化建设实施方案。对推进法治文化基地（阵地）建设提出具体要求，明确职责分工，推动各地各部门结合区域资源、行业优势，打造各具特色的法治文化基地（阵地）。二是持续推动法治文化基地（阵地）创建工作。开展法治文化基地（阵地）创建工作，推荐评选出法治文化建设示范基地（阵地）。三是提档升级省级法治宣传教育示范基地，维护完善已建成的法治文化公园、法治文化展馆、法治文化广场、法治文化街区等各类法治宣传教育基地（阵地），继续培育一批有自身特色、有示范作用的青少年法治宣传教育基地。

（二）有效推进网格治理建设

开展网格治理专项工作，深入总结并研究分析不足。进行网格治理专项工作督导，研究制定网格治理专项工作督导清单，制定评分细则，可与业绩奖惩机制衔接，提升网格治理工作人员积极性、主动性。精准谋划强弱项，研究制定每一年度的网格治理专项工作重点任务清单，明确责任分工、完成时限、责任人员，压紧压实属地责任和部门责任，推动任务落地落实。

实现吉林省第十二次党代会确定的各项目标任务的关键在于基层推动落实。一要学思践悟习近平总书记重要指示精神，推动基层建设全面提升、全面过硬，真正把基层党组织建成坚强战斗堡垒。二要深化基层治理专项攻坚，进一步提升基层政治建设、统筹协调、服务群众、应急管理、数字治理能力。三要创新基层治理机制，理顺基层管理体制，为街道（乡镇）赋权扩能、减负增效；建立健全"五级包保"责任制体系，组织党政机关企事业单位到街道社区报到、处级以下在职党员到居住地社区报到、市县直属部门"一把手"担任社区第一书记，从驻地机关企事业单位党员干部中选配兼职"三长"，探索形成党建引领基层治理有效路径。四要持之以恒加强作风建设，按照"快准严细实"要求做好各项工作，千方百计为群众排忧解难。五要突出补短板强队伍增活力，招考万名基层治理专干，进一步充实基层工作力量、提升队伍能力素质，让基层干部工作有舞台、干事有动力、成长有通道。六要切实加强组织领导，各级党委（党组）要压紧压实责任，抓好教育培训，以"五化"闭环工作法推动落实，尽快形成一批实践成果、制度成果、理论成果。

（三）畅通矛盾纠纷化解渠道

要继承和发展新时代"枫桥经验"，畅通矛盾纠纷化解渠道，合理配置社会资源，规范诉求表达形式，实现合理衔接联动，努力将矛盾纠纷化解在基层，控制在源头。一是夯实党政责任。各级政府要在党委的领导下，切实扛起矛盾纠纷多元化解机制建设的主体责任，为矛盾纠纷多元化解工作提供强有力基础保障。二是落实部门职能。政府各部门及人民法院、人民检察院要本着"谁主管、谁负责"的原则，履行好各自职责，支持、指导和监督本系统行政调解组织、行业性人民调解组织建设工作。三是统筹社会参与。鼓励和支持人民调解员、律师、基层法律服务工作者、社会志愿者设立各类调解室；大力培育人民调解协会、相关行业协会等社会组织，积极承接政府购买调解服务；引导各法律服务机构参与多元纠纷化解，鼓励依法建立纠纷化解相关基金会，鼓励各方为公益性纠纷解决服务捐赠、资助或者提供志愿服务。四是搭建综合平台。要加强县（市）区、乡镇（街道）社会矛盾纠纷调处化解中心规范化建设。

参考文献

《长春市人民政府关于矛盾纠纷多元化解机制建设情况的报告》。
《〈"送法进万企　普法促振兴"主题宣传活动实施方案〉的通知》。
《关于"法治宣传阵地建设工程""法治文化基地建设工程"等工作推进情况报告》。
《延吉市社会治理法治化状况调研报告》。
《白山市司法局人民参与和促进法治科 2021 年度工作总结》。

B.24
吉林省提升社会组织参与基层社会治理能力研究

孙　璐*

摘　要：　吉林省不断推动社会组织健康发展并积极参与基层社会治理，在增加数量和增强活力、改善环境和活动、优化机制和效能、协同开展社会工作服务、助力城乡社会振兴等方面成效明显。然而当前社会组织在参与基层社会治理方面仍受到规模和结构不尽合理、自身建设有待加强、提供公共服务质量有待提升、参与公共事务作用有待提升、社会角色关系有待厘清等因素制约。未来进一步提升吉林省社会组织参与基层社会治理能力的建议路径包括：健全相关法规和政策；完善有关制度和机制；持续深化社会组织党建；理顺各类主体关系；推动社会组织加强自身建设。

关键词：　社会组织　公共服务　基层社会治理　社会工作

近年来，随着政治体制改革和经济社会发展，社会组织已经逐步成为共建共治共享的基层社会多元治理格局中的重要一员，在整合全社会资源专业化提供原由政府承担的一部分公共服务及管理事务、扩大基层民主协商范围以感知和表达民众合理诉求、健全矛盾纠纷化解平台、增强社区应对风险危机的韧性等方面日益发挥着不可替代的作用。面对党的二十大召开之后从国

---

* 孙璐，吉林省社会科学院法学研究所副研究员，研究方向为国际经济法、环境法、人权法、国内与国际法治。

家到地方的新形势新要求，应从合理归纳现状和局限出发，科学探索进一步提升吉林省社会组织参与基层社会治理能力的路径。

一 吉林省社会组织发展及参与基层社会治理的现状

近年来，吉林省在大力扶持引导社会组织发展、深化社会组织相关改革、加强综合监管等方面不断努力，推动全省社会组织持续健康发展并积极参与各种社会治理活动，主要表现在以下五个方面。

（一）增加数量和增强活力

吉林省通过实行各项鼓励扶持措施，开展培育发展社区社会组织专项行动，培训社会组织负责人及业务骨干，向社会组织购买社会服务项目等，培树社会组织及个人的先进典型，使社会组织数量持续增加，法律地位日益明确，参加社会治理及公共服务的活力不断凸显。2021年，全省各类社会组织增至20111家，较2020年增长17%；省内万人社会组织拥有量达8.3家，超过全国平均值1.9家；孵化社区社会组织7946家，较2020年增长46%；培育出吉林省汽车工业协会、通化宝贝回家志愿者协会等一批本土化品牌社会组织；各类社会组织从业人员达60多万人；吉林省异地商会在吉林投资2400余万元；全省范围购买社会组织服务项目29个，带动投入资金4000余万元。①

（二）改善环境和活动

不断提升社会组织执法水平，有力开展打击整治非法社会组织、清理整治"僵尸型"社会组织、规范整治市场行为等专项行动，解决浪费资源等突出问题，为各类社会组织创造良好的外部环境，推动其健康发展和有序活

---

① 祖维晨：《吉林：2021年底社会组织超2万家》，新浪网，2022年2月22日，https：//finance.sina.com.cn/jjxw/2022-02-22/doc-imcwipih4692360.shtml。

动，更加规范有效地在基层社会治理及服务中发挥作用。2021 年，吉林省采取引导登记、劝散、取缔等方式，共整顿 69 家非法社会组织；以撤销或注销登记、限期整改、吊销登记证书等手段，共整治 1678 家"僵尸型"社会组织；清理违规使用医院名称的康养保健类社会组织共 9 家；推进学科型义务教育阶段校外培训机构转制，共 2921 家；规范行业协会商会等收费，共计近 2000 万元。①

（三）优化机制和效能

在专门成立的吉林省社会组织改革发展领导小组及先后召开的第一次、第二次、第三次全体会议的组织引导下，相关部门协同履职，研究推动吉林省社会组织改革发展，深化行业协会商会与行政机关全面脱钩改革以及社会组织相关放管服改革，健全政社分开、权责明确、依法自治的社会组织制度，充分释放社会组织参与基层社会治理的活力；同时牢牢坚持党的领导，加强依法综合监管，努力实现行业协会商会"脱钩不脱管"，切实防范有关风险问题，使其参与基层社会治理的各项活动都保持在党的统一领导下和法治轨道上。2021 年，全面完成脱钩改革，1424 家行业协会商会实现"应脱尽脱"，进一步释放了行业协会商会的活力。全力推进放管服改革，不断增强社会组织和群众的获得感，吉林省民政厅持续优化审批流程，压缩省本级等各类社会组织审批时限，提升审批效率，2021 年共完成登记审批事项 786 件，提前办结率、群众满意率都达到 100%。②

（四）协同开展社会工作服务

在基层社区治理中积极构建社区、社会工作者、社会组织、社区志愿者、社区公益慈善资源"五社联动"格局的过程中，以社工站为依托、与

---

① 《加大培育扶持力度　助力经济社会发展　全省社会组织超 2 万家》，吉林省人民政府网站，2022 年 2 月 17 日，https://www.jl.gov.cn/yaowen/202202/t20220217_2975663.html。
② 《吉林省社会组织工作实现跨越式发展》，民政部网站，2022 年 2 月 18 日，https://www.mca.gov.cn/n152/n166/c44434/content.html。

社会工作相结合，提供更多机遇和平台，引导鼓励社会组织在健康发展的基础上提供与其性质相适应的各类专业社会服务。在《吉林省乡镇（街道）社会工作服务站设立工作方案》《吉林省乡镇（街道）社工站项目服务内容参考（暂行）》等规范的指导下，吉林省自 2021 年开始在全省范围广泛设立乡镇（街道）社工站以及村（社区）社会工作服务点（室），统筹实施社工站项目，主要以公益类社会组织为承接主体，签订政府购买服务协议，组织驻站社工即承接主体聘用的专业化社会化工作人员，常态化开展社会救助、养老服务、儿童福利、社区治理、社会事务等领域的社会工作专业服务。

（五）助力城乡社会振兴

围绕吉林省新时期"一主六双"高质量发展战略，培育和推动包括新兴领域社会组织在内的各类社会组织为经济社会发展贡献力量，通过开展其所擅长的多种多样的社会活动和服务，更好地助力吉林全面振兴和全方位振兴。包括支持各类社会组织开展"我为群众办实事""千企助千村""邻里守望"关爱行动等，特别是发动社会组织根据自身优势确定帮扶领域和对象，以参与创业就业、人才培育、扶弱济困、医护康养、社会治理、消费帮扶等行动的方式助力乡村振兴和基层治理。2021 年，动员全省社会组织开展"我为群众办实事"系列实践活动共计近 5000 次，服务群众约 4 万人次；推动广大社会组织在"千企助千村"活动中参与超过 160 个公益帮扶项目，提供资金及物资共约 2400 万元；[①] 按照国家层面规章政策，结合落实《吉林省培育发展社区社会组织专项行动实施方案（2021—2023 年）》，指导省内社会组织积极开展"邻里守望"关爱行动。[②]

---

① 《加大培育扶持力度　助力经济社会发展　全省社会组织超 2 万家》，吉林省人民政府网站，2022 年 2 月 17 日，https：//www. jl. gov. cn/yaowen/202202/t20220217_ 2975663. html。

② 《吉林省民政厅办公室关于转发〈民政部办公厅关于推动社会组织开展"邻里守望"关爱行动的通知〉的通知》，吉林省民政厅网站，http：//mzt. jl. gov. cn/mztyw_ 74291/shzzgl/tzgg/202106/t20210625_ 8118073. html。

二 吉林省社会组织参与基层社会治理的制约因素分析

从参与基层社会治理的角度来看，吉林省社会组织在当前发展过程中仍存在着一些短板弱项，主要包括以下几个方面。

（一）规模和结构不尽合理

作为社会治理多元主体之一的社会组织整体上在我国形成发展得较晚、速度较慢，当前仍处于起步阶段，虽然近年来在各级政府政策、资源等方面的大力扶持下已经有了可观的进步，但是与基层广大人民群众日益丰富多样的美好生活需要和国家治理体系现代化的要求相比，仍显露出相当大的缺口。首先，各类社会组织总体数量未能满足实际需要，社区社会组织尤为短缺，特别是广大农村地区的社会组织更加不足，不能达到乡村振兴相关要求。其次，社会组织总体上的种类构成、结构布局仍不够合理，一些活动效能不高，未能提供经济社会发展所需服务的社会组织仍然存在，而公益性、服务性、互助性的社会组织则较为稀缺，扶老助残等基本民生服务、矛盾纠纷化解、公益慈善和志愿服务、社区建设和公共事务、农业农村科技服务等领域的社会组织尤其紧缺。

（二）自身建设有待加强

受传统和现实条件束缚，很多社会组织的发展基础仍比较薄弱，体现在组织机构、经费资源、活动平台、专业人才等方面。首先，一些社会组织尚未建立党组织；未按法定条件登记备案，或在暂未达到登记条件的情况下接受所在街道办事处等主体的管理和指导；或者未能依据有效章程健全内部管理制度和运行机制，实现依法自治。其次，资金来源单一或匮乏，活动经费缺乏稳定保障。再次，社区层面缺少常态有效的支持平台，活动场地不足、机会受限。最后，由于薪酬等激励机制不完善，社会组织工作人员流动频繁、稳定性较低，以致很多社会组织缺乏专业人才，现有人员专业技术能力和素养较低，难以保证服务质量、效果及居民满意度。

（三）提供公共服务质量有待提升

社会组织提供公共服务主要采取政府购买方式，具体为项目制运作模式，受这种制度本身局限性的约束，加上社会组织通常缺乏其他筹资渠道，一些社会组织在争取项目并据此提供公共服务的过程中难免存在逐利趋向、短期效应等弊端，过于重视政府的意向和指标，而忽视社区及群众的需求和利益，因此其提供的服务往往流于表面、形式单一、范围狭窄、品质单薄、对象有限、体验欠佳，不能真正解决社区居民的急难愁盼问题，切实增强广大群众的获得感幸福感安全感。当前亟须拓展社会组织提供服务的领域，提升服务的品质，增加服务对象的特殊群体种类。

（四）参与公共事务作用有待提升

除了公共服务提供上的不足之外，囿于传统角色、薄弱基础、有限经验等因素，当前社会组织在参与社会治理的其他方面的作用发挥同样不够充分。首先，参与基层民主协商力度不大，未能良好充当政府与群众之间的"桥梁"，代表民众反映合理利益及诉求，在基层党组织引领下协助群众性自治组织带动居民开展社区自治及协商活动，通过多种形式、发动多方主体、围绕公共事务开展基层民主协商议事。其次，参与综合治理协同深度不足，有待进一步深化纠纷化解、隐患排查、特困帮扶、心理服务、社区康复、应急救援、治安巡逻等平安建设活动。最后，参与精神文明创建广度欠缺，需要引导社会组织不断开展形式和内容多样的群众性文化和教育活动，结合本地特色推动社区文化建设。

（五）社会角色关系有待厘清

社会组织在当前体制改革和职能转变后扮演的社会角色仍不够明确，尤其是与其他主体的关系不够清晰。首先，在与政府及其部门之间的关系上，虽然外部基本上已完成脱钩改革，但是长期以来的依附传统，以及至今在资源获取上仍存在的依赖性，使得社会组织的独立性仍然远远不足，尚未根本摆脱作为基层政权机构的附庸甚至下属的实质地位，不能完全自主地开展与社区服务及公共事务管理有关的各项业务。其次，在与社区及居民之间的关系上，仍然缺乏有效沟通和深切信任，尚未形成互信、合作的局面，主要是由于前述社会组织人才专业性不足、政府购买服务项目运行短期效应，一些社会组织未能与社区及居民建立长远联系并获得对方真正认同。

三　吉林省提升社会组织参与基层社会治理能力的建议

针对吉林省社会组织在参与基层社会治理方面仍存在的不足和面临的挑战，建议在未来进一步提升其相关能力。

（一）健全相关法规和政策

吉林省政府应进一步完善与社会组织发展有关的地方性法规、规章和决策，努力通过法律法规赋权、政策支持，促进吉林省社会组织的孵化培育、合理布局、规范管理和高质量发展。

首先，在程式上，应遵循当前国家相关法律政策（如《社会团体登记管理条例（2016年修正版）》《关于改革社会组织管理制度促进社会组织健康有序发展的意见》），以吉林省现有与社会组织及其参与社会治理事务有关的系列规章、政令（如《吉林省培育发展社区社会组织专项行动实施方案（2021—2023年）》《吉林省乡镇（街道）社会工作服务站设立工作方案》）为基础，借鉴其他地区的有效做法模式（如搭建多级多方参与的社会组织孵化架构、实施社会组织示范园建设项目等），并立足翔实的调查研究资料，进行充分的民主协商，参考各方特别是社会组织自身的合理诉求和意见。

其次，在内容上，扶持、引导和管理各类社会组织，明确其在宏观上以及具体事务上的法律地位、权利和职责，为指导其更加广泛深入地参与基础设施建设及运营维护、突发事件应急、弱势群体关照、环境保护、安全保卫等领域的公共管理和服务提供依据。还应及时出台相关配套政策或具体实施办法，并不断健全法规政策的监督、评估等，支持社会组织以专业知识、运作模式、群众联系等方面优势和宗旨提供紧缺公共服务，实现柔性靶向施策以民生保障为重点。同时应注意制定完善新兴领域相关法规政策，包括信息服务内容、群组管理责任、新技术新应用安全评估、网络空间知识产权归属等方面的法治规范，促进有关社会组织有序健康参与新兴领域的社会治理。

最后，在目标上，应着眼人民群众的利益需要、党和政府的方针目标以及本地区实际和需求，强调社会组织的政治、社会和公益属性，孵化壮大社区服务、社会事务、慈善互助、权益保护、纠纷调处、乡贤议事、治安巡防、乡风文明等各类社会组织，积极培育新兴领域社会组织，促进区域间结构布局合理化。

（二）完善有关制度和机制

将完备的法规政策予以细化落实，形成并不断健全相关制度及运行机制，切实保障社会组织的健康发展，有力促进各方社会力量以社会组织为载体积极参与基层社会治理，承担公共服务及事务，实现基层社会共建共治共享。

首先，不断完善对社会组织引导、帮扶、支持的制度体系。精确设计并体现社会组织在基层社会治理活动中的角色、定位、准入条件、参与范围、运作方式、保障措施等环节和方面，通过财政支持、税收优惠、孵化基地建设、政府购买服务等制度的落实，实现政府对社会组织的有力扶持。

其次，构建对社会组织包容管理、有效监督的制度体系。深化改革社会组织登记备案制度，适度放宽资金规模、办公场所、会员数量等成立条件，向基层社区社会组织倾斜；优化双重管理体制，逐步实现"备案法人—社会组织法人—慈善组织法人"分级管理；对于暂未达到登记条件的社区社会组织，区分规模明确其由街道办事处或村（居）民委员会等进行管理；构建由政府监督、行业监督、第三方监督、社会监督等组成的多元监督网；

健全信息披露制度以及公信力评价制度，以之为杠杆引导社会组织良性发展；不断探索运用新科技或对新型社会组织进行有效监管。

最后，健全促使社会组织发挥作用的制度体系。拓展社会组织及其成员表达诉求、参与协商、与其他主体联动治理的制度、机制及渠道、平台，便利社会组织与政府部门等其他主体沟通协作；完善项目外包、商业保险、责任清单等制度，激励包括社会组织在内的社会主体提供紧缺公共服务、参与公共事务、承担社会责任，并注意从贷款融资、技术转让、产权保护、品牌扶植、人员交流、效益转化等方面优化制度环境，特别应完善政府购买制度，使其程序更加公开规范、条件更加公平合理、评估更加客观有效；健全推动社会组织等主体以多种方式参与基层社会治理的其他配套协同制度，如关于社会组织成员福利保障、社会公众参与志愿服务、公众捐赠免税、基层社区建设、精神文明创建等的制度。

（三）持续深化社会组织党建

党的领导是包括社会治理在内一切活动的前提和方向，在社会组织壮大发展和参与治理的过程中应坚持和加强党的核心政治引领，以党建工作确保政治方向。吉林省在当前社会组织党建工作在分层级开展党员教育培训、健全党建工作机构、建立目标清单、推动社会组织参与创新基层党建"吉林行动"计划[①]等方面已取得良好成效的基础上，未来还应从以下方面进一步加强社会组织党建工作。

首先，在各类社会组织中建立健全党的基层组织。根据党组织设置的有关条件规定督促社区社会组织建立党组织或联合党组织，或者选派党建工作指导员、联络员等负责开展党的工作；加强社会组织联合会党委建设，在社区设立社会组织党建管理岗位，组织和指导党建工作；推动落实街道党工委、社区党组织等的党建主体责任，与社会组织定期联系并加强党对其引

---

① 《中共吉林省社会组织联合委员会印发〈2021年吉林省社会组织党建工作要点〉的通知-吉社联党字〔2021〕2号》，吉林省民政厅网站，2021年6月17日，http：//mzt. jl. gov. cn/mztzyw_ 74291/shzzgl/fgwj/202106/t20210617_ 8107566. html。

领，对其进行党组织孵化、党建工作指导、党员教育培训等。

其次，坚持管好社会组织的政治方向。坚持政治标准：推动在社会组织章程中写入"坚持党的全面领导"，并把坚持党的全面领导切实贯穿社会组织运行和发展的全过程。突出政治功能：确保社会组织的党组织成为其政治核心，充分发挥引领和组织作用，在社会组织发展中保证政治方向、团结广大群众、弘扬核心价值、建设先进文化等。强化政治引领：统筹深化党建对社会组织业务工作的融合和引领，将党的领导和组织优势切实转化为社会组织的发展优势。

最后，探索创新党建推动社会组织参与社区治理。在不断完善政府购买社会组织社区服务项目制度的基础上，探索推动各类社会组织以参加定期基层协商、联席会议、"党建微盟议事会"等方式，参与社区治理及公共服务；在引导和鼓励社会组织为社区居民解决急难愁盼问题的过程中，更好地发挥基层党组织战斗堡垒作用以及党员先锋模范作用。

（四）理顺各类主体关系

应当明确社会组织与政府及其相关部门、社区其他治理主体各自的角色定位，并理顺它们相互之间的关系，通过角色嵌入、功能互补，实现基层社会治理的高效协同。

首先，在政府与社会组织之间的关系上，政府应持续深化职能转变和体制改革，在推进服务型政府建设的同时适当简政放权，将更多的公共服务提供和社会事务管理职能让渡给具备能力和优势的社会组织，在具体运作中充分确认社会组织的主体地位和自主性，尽力发挥其在提供服务方面的能动性和灵活性，给予其公共事务管理或治理方面更多的、与其功能相符的权限；注意厘清政府及其所属部门与社会组织之间的职能边界，弱化社会组织的行政附庸色彩，减少其对政府行政权力和资源的依赖；同时规范社会组织的综合监督管理，明确对其进行监管的机构、依据、程序等。

其次，在村（居）民委员会等基层治理主体与社会组织之间的关系上，应加强沟通协作，促使各类主体良性互动，共同为基层群众的基本需要服务；妥善协调不同治理主体之间围绕资源筹集等事项进行的博弈，平衡好其权责和利益关系；注意从社会组织所承担项目申报、运行、评估等各环节完善对其运营过程和服务质量的监督，可推广由第三方专业机构进行评估以确保独立和公正；在基层部门工作总结和各类舆论宣传中给予社会组织及其活动成效充分肯定，助其获得更多激励与认同。

最后，在各个社会组织相互之间的关系上，鼓励不同社会组织通过综合性平台深化信息交流、事务协商、业务合作等，以更显著的专业、规模等方面优势为所在社区协力提供更好的公共服务；引导避免或合理解决不同社会组织及其成员之间的利益冲突，促使其构建平等、公平、友好的竞争关系。

此外，还应注意在社会组织内部理顺管理机构、党组织、成员之间的关系，在充分体现党的政治引领作用的基础上，最大限度保证社会组织在自身事务上的独立地位以及成员个体的合理权益。

（五）推动社会组织加强自身建设

对于作为整体的社会组织体系的建设而言，外部支持固然重要，社会组织自身的努力也必不可少。应当推动其在组织性、资源、人才等方面有针对性地进行自我提升，不断提高自身提供紧缺公共服务、参与基层社会治理的能力。

首先，在组织性方面，按照《吉林省社会组织规范化建设操作规程（试行）》等规范健全内部管理架构、制度及运行机制；以民主决策、信息公开等制度保证其运作公开、透明，提升公信力；依现代化发展趋势确立法人地位和组织结构，加快再组织化进程；注重培养本土性，成长为不依赖政府项目的长期性本土社会组织，汇聚本土资源，培育本土人才队伍，拓宽本地社区服务领域。

其次，在资源方面，创新并完善筹资机制，拓展公益创投等多种资源筹集渠道；更多争取政府专项财政扶持资金等扶助，利用有关政策享受金融、税收等优惠，积极参加政府各类公共项目竞标；扩大与其他社会组织、周边企事业单位的协作，获取物资、场地等形式的支持或赞助；吸纳来自社会各界的闲散资金，以及教育、科技等其他资源，合理统筹使用和管理。

最后，在人才方面，参加或组织方式新颖的教育培训，促进人才专业化、职业化；鼓励从业人员参加社会工作者职业资格考试；健全长效运行的薪酬、职位、精神等激励机制，减少人员流失，引进专职人员；推行规范化的队伍管理，包括完善岗位人员服务质量评估机制；采用灵活机动的招募模式，壮大志愿者队伍；以共建等方式，广泛吸引来自其他社会组织、企业、事业单位团体等的人员协同活动。

参考文献

陈姝娅：《论析基层社会组织参与社会治理的创新路径》，《领导科学论坛》2022 年第 5 期。

曾丽敏、刘春湘：《社会组织参与城市社区治理的正式制度嵌入性分析》，《城市发展研究》2022 年第 3 期。

郭梓焱、刘春湘：《社会组织制度执行环境的结构维度、现实困境及优化路径》，《学习与实践》2022 年第 3 期。

熊晓宇：《从"机械嵌入"到"有机嵌入"：社会组织参与城市社区治理的困境及路径探究》，《南方论刊》2022 年第 2 期。

章晓乐、任嘉威：《治理共同体视域下社会组织参与农村社会治理的困境和出路》，《南京社会科学》2021 年第 10 期。

邱玉婷：《市域社会治理现代化格局中社会组织协同治理的效能提升》，《理论导刊》2021 年第 8 期。

曹胜亮、胡江华：《新时代社会组织参与社会治理创新的理论困境和路径选择》，《武汉理工大学学报》（社会科学版）2021 年第 5 期。

Abstract

Since the 18th National Congress of the Communist Party of China, Jilin Province has comprehensively promoted scientific legislation, strict law enforcement, impartial justice and abiding by the law. The construction of the rule of law Jilin has taken a new step and has become a strong guarantee for the province's reform, development and stability and has laid the foundation for solid rule of law for promoting the economic and social development of Jilin Province. Jilin Provincial Committee of the Communist Party of China has gradually improved the construction of party regulations, Comprehensively and strictly governed the party, strengthened the rule of law in party governance, and adhered to the party's leadership into the entire process and all aspects of the construction of the rule of law Jilin; the Standing Committee of the Jilin Provincial People's Congress has implemented the party's leadership into the entire process and all aspects of legislative work, and based on the actual needs of the province's revitalization and development, adhered to scientific, democratic and law-based legislation, given full play to the leading role of the National People's Congress in the legislative process, and comprehensively promoted legislation in the fields of economy, environmental protection, society, people's livelihood, culture, etc; The Jilin Provincial Government has attached great importance to the construction of the rule of law government, actively promoted the transformation and reform of government functions, built a systematic, scientific and standardized, and effective administrative systems of law-based administration of government, focused on the comprehensive law enforcement reform to improve the various administrative law enforcement systems, strictly regulate fair and civilized law enforcement, and continuously improved the level of administrative law enforcement; The judicial organs of Jilin Province have always adhered to the people-centered, adhered to fair justice, actively served and safeguarded the revitalization and development of Jilin, comprehensively strengthened the reform of the judicial system, and further promoted the construction of Ping An Jilin and the rule of law Jilin. Jilin Province has continuously enhanced the concept of the rule of law in the whole society, promoted the whole society to establish a sense of rule of law, resolved social contradictions by the rule of law thinking and the rule of law methods, and promoted the construction of a harmonious and stable society of the rule of law. At present, Jilin Province is at a critical stage of realizing high-quality development and solving deep-seated contradictions, and compared with the revitalization of Jilin in the new era and the demand for the rule of law of the people, there are still certain gaps and deficiencies in the work, urgently needed to better play the fundamental, stable, and long-term guarantee of the rule of law under the guidance of the 20th National Congress of the Communist Party of China and Xi Jinping thought on the rule of law. Jilin Province should take the study and implementation of Xi Jinping thought on the rule of law as an important political task at the moment and in the future, adhere to the guidance of Xi Jinping thought on the rule of law, continuously implement it into the whole process, all-round, and overall fields of Law-based governance of the province, so as to better transform it into a vivid practice of the rule of law Jilin; Jilin Province should closely follow the "14th Five-Year Plan" of Jilin Province and other important rule of law plans and programs, strengthen legislation of key areas and emerging areas, and the content of the legislation should reflect the local characteristics, adhere to the problem-oriented, enhance the applicability and operability of legislation, and the legislative process should be practiced throughout the process of people's democracy, and widely listen to the people's opinions and suggestions on legislative planning; guided by Xi Jinping thought on the rule of law, Jilin Province will implement various government responsibilities and tasks set in important rule of law plans and programs and ensure that government fully fulfills its functions in accordance with the law; Jilin Province should continue to deepen the comprehensive supporting reform of the judicial system, improve the system of simplified and complicated litigation, adhere to and develop the "maple bridge experience" in the new era, and further promote equal emphasis of litigation source governance and law enforcement; Jilin Province should accelerate the implementation of full coverage of lawyer defense in criminal cases, expand the coverage of remote notarization services, establish and improve the mechanism of lawyers participating in the source governance system, and promote the public legal services to improve quality and efficiency; Jilin Province should vigorously tap the potential of social resources and use the "five social organizations linkage" mechanism to innovate the grass-roots governance pattern; Jilin Province should innovate the mechanism of ecological environmental protection, promote the construction of a strong ecological province with "task lists, work charts, operation manuals, standard templates, and task force mechanisms" closed-loop work method, and promote the public's participation in the whole process and all-round supervision of ecological environmental protection.

At present, Jilin Province is in a critical period of comprehensively building a new socialist modernized Jilin, and focusing on building a higher level of the rule of law Jilin is a fundamental requirement for solving a series of major issues facing economic and social development. The province's government agencies, judicial administrative systems, scientific research institutions, colleges and universities have continuously conducted research and exploration on the construction of rule of law Jilin, and have formed a lot of results with theoretical and applied value, which are presented for the first time in the "Annual Report on Rule of Law in Jilin (2024)". "Annual Report on Rule of Law in Jilin (2024)" is divided into six parts, including general report, rule of law government, judicial construction, rule of law society, industry regulation, and social governance, with a total of 24 reports, comprehensively and systematically summarizes the practical process and experience of the construction of the rule of law in Jilin Province since the 18th National Congress of the Communist Party of China, especially in recent years, thoroughly analyzes the problems and reasons, and at the same time provides suggestions for the construction of the rule of law in Jilin Province, clarifies the direction of efforts in the construction of the rule of law, effectively implements Xi Jinping's thought on the rule of law into the entire process of the construction of the rule of law Jilin, further promote Law-based governance of the province, and persistently builds the rule of law Jilin.

Keywords: Rule of Law Jilin; Law-based Governance of the Province; Modernization of Governance

Contents

Ⅰ General Report

B . 1   The Overall Situation and Prospect of the Construction and
Development of Rule of Law in Jilin Province since the
18th National Congress of the Communist Party of China
The Research Group of Jilin Provincial Academy of Social Sciences / 001

1. Strengthen the Governance of Rule of Law within the Party,
and Coordinate the Construction of Rule of Law Jilin   / 002

2. Improve Legislation and Penetrate the Whole-Process People's
Democracy throughout the Process of Legislation   / 007

3. Adhere to Law-based Administration of Government, and Continue
to Promote the Establishment of a Rule of Law Government   / 011

4. Deepen the Reform of the Judicial System and Effectively
Upholding the Judicial Justice   / 018

5. Strengthen the Entire Society's Concept of the Rule of Law,
and Comprehensively Promote the Construction of a Rule of
Law Society   / 024

6. Meet New Challenges of the Construction of the Rule of Law,
and Promote the Construction of the Rule of Law Jilin to
Achieve New Breakthroughs   / 032

Abstract: Since the 18th National Congress of the Communist Party of

China, under the guidance of comprehensively promoting the rule of law and building the rule of law Jilin, Jilin Province has strived to promote the improvement of the local legislative system; has adhered to administration in accordance with the law and continuously deepened the establishment of a rule of law government; has deepened the reform of the judicial system and ensured the high-quality development of judicial services; has continuously enhanced the entire society's concept of the rule of law and promoted the construction of a harmonious and stable society of the rule of law. The construction of the rule of law Jilin has achieved remarkable results. During the "14th Five-Year Plan" period, Jilin Province is at a critical stage of realizing high-quality development and solving deep-seated contradictions, and compared with the revitalization of Jilin in the new era and the demand for the rule of law of the people, there are still certain gaps and deficiencies in the construction of the rule of law. In the coming period, Jilin Province should continue to implement Xi Jinping's thought on the rule of law to lead the construction of the rule of law Jilin, closely follow the "14th Five-Year Plan" of Jilin Province to strengthen the legislation in key areas, continue to deepen the reform of the administrative systems and comprehensive supporting reform of the judicial systems, solidly promote the construction of higher level of Ping An Jilin, promote the quality and efficiency of public legal services, innovate the pattern of grass-roots governance by formulating specific action strategies for the linkage of the "Five Social Organizations", promote the construction of an ecologically strong province by innovating the ecological environmental protection mechanism, etc. With a view to leading the way and the combination of dots and noodles, we will effectively promote the construction of the rule of law Jilin to achieve new progress and new results.

Keywords: Law-based Governance of the Province; Comprehensive Law Enforcement; Openness in Government Affairs; Judicial Impartiality; Five Social Organizations Linkage

II Rule of Law Government

B.2 A Study on Countermeasures for the Strengthening of the
Management of Administrative Normative Documents

The Party School of the CPC Jilin Provincial Committee Research Group / 040

Abstract: CPC Jilin Provincial Committee and Jilin Provicial Government highly value the management of administrative normative documents, considering it as an important aspect of constructing a rule-of-law government, and have achieved remarkable results. However, due to reasons such as the multitude of subjects involved in the formulation of administrative normative documents, indifference to the rule of law among individual staff, and insufficient accountability and supervision, there still exist some weak links in the management of administrative normative documents. Therefore, it is necessary to enhance the awareness of administration according to law, improve the procedural systems within the drafting agencies, increase the supervision of filing review, refine the dynamic clearance mechanism, and strengthen the construction of talent teams, thereby continuously improving the level of management of administrative normative documents.

Keywords: Administrative Normative Documents; Rule of Law Government; Administration According to Law

B.3 Summary of Reform of Comprehensive Administrative
Law Enforcement System in Jilin Province

Provincial Department of Justice Comprehensive Administrative Law
Enforcement System Reform Research Group / 055

Abstract: Promoting comprehensive administrative law enforcement is an objective requirement for building a modern government responsibility system and organizational system, an important way to transform government functions, and a key measure to improve the grass-roots governance system. Jilin Province regards the reform of comprehensive administrative law enforcement as a key move to optimize comprehensive governance, stimulates the potential of comprehensive administrative law enforcement in the aspects of system construction, team construction, and system construction, and effectively improves the moderni-zation level of grass-roots governance system and governance capacity. However, the grassroots law enforcement system has not been fully rationalized, the evaluation system is not perfect and other problems still exist, the next step will continue to optimize the work layout, deepen the strong base measures, strengthen the innovation drive, and continue to promote the comprehensive administrative law enforcement reform to achieve greater results.

Keywords: Comprehensive Administrative Law Enforcement Reform; System Construction; Supervision of Administrative Law Enforcement

B.4　Jilin Province's "Random Selection of Both Inspectors and Inspection Targets and the Prompt Release of Results" Practice and Innovation in Regulatory Work

Research Group of Jilin Provincial Department of Market

Supervision and Administration / 066

Abstract: The Jilin Provincial Party Committee and Government have fully implemented the decisions and deployments of the Central Committee of the Communist Party of China and the State Council on "random selection of both inspectors and inspection targets and the prompt release of results" supervision, adhering to the "random selection of both inspectors and inspection targets and the prompt release of results" supervision work as a powerful lever to deepen the reform of "streamlining administration and delegating power, innovating supervision methods, and optimizing the business environment. They have improved institutional design, established work mechanisms, played a demonstrative role, standardized implementation processes, and comprehensively promoted the "random selection of both inspectors and inspection targets and the prompt release of results" supervision work in the administrative law enforcement field at all levels in the province, achieving significant results. A new type of supervision mechanism has been formed with "random selection of both inspectors and inspection targets and the prompt release of results" as the basic means, key supervision as a supplement, and credit supervision as the foundation. At the same time, there are still certain problems in the "random selection of both inspectors and inspection targets and the prompt release of results" supervision work in Jilin Province in terms of intelligent supervision, departmental collaboration, and result application. It is necessary to further improve the platform's intelligence level, strengthen the analysis and application of results, and strengthen the construction of law enforcement teams.

Keywords: Market Regulation; "Random Selection of Both Inspectors and Inspection Targets and the Prompt Release of Results"; Business Environment

B.5 Explore the New Path for Construction of the Rule of
Law at the Grass-roots Level in the Field of Market
Supervision in Jilin Province

The Party School of CPC Jilin Provincial Committee Research Group / 081

Abstract: President Xi Jinping mentioned in the report of the Nineteenth National Congress of the Communist Party that China has entered a new era of reform and development. According to the report of the 20th National Congress of the Communist Party of China, the central task of the Communist Party of China is to unite and lead the people of all nationalities to build a strong socialist modern country in an all-round way, to achieve the goal of the second century and comprehensively promote the great rejuvenation of the Chinese nation with

Chinese-style modernization. The grass-roots rule of law construction of market supervision in Jilin Province has achieved fruitful results through continuous exploration of reform. However, there are still some challenges in the reform and development, and it is necessary to clarify the reform ideas, we will continue to promote the in-depth development of the rule of law at the grass-roots level of market supervision, it provides a possible path for the scientific allocation of government functions and the continuous optimization of business environment.

Keywords: Market Supervision; Administration According to Law; Business Environment

Ⅲ Judicial Construction

B.6 The Judicial Management of Jilin Courts since the 18th
National Congress of the CPC Path Innovation and
Effect Analysis *Chang Feifan / 094*

Abstract: Focusing on the work goal of "striving to let the people feel faimess and justice in every judicial case", effectively identify the entry point and foothold of trial management work, strive to solve various problems affecting and restricting the standardized operation of trial power and outstanding problems strongly reflected by the people, and constantly innovate the trial management concept, management mode, work mechanism and work path. To help improve the quality and efficiency of trials and judicial credibility, give full play to the functional role of "regulating, guaranteeing, promoting and serving" trial work, and have achieved obvious results. This paper comprehensively summarizes the effectiveness of the trial management of Jilin courts, analyzes the existing problems, and puts forward targeted improvement measures, in order to further strengthen and innovate the trial management of people's courts in the new era.

Keywords: Efficiency; Trial Management Pattern; Sunshine Justice

B.7 Research Report on the Construction of Judicial Responsibility System in Jilin Province *Gao Yuan* / 107

Abstract: In July 2021, the Central Commission for Political and Legal Affairs organized a meeting to comprehensively deepen the reform in the field of politics and law, and took "accelerating the reform and construction of the judicial responsibility system of law enforcement" as the main direction of the current and future comprehensive deepening of the reform of politics and law. The people's courts accelerate the construction of a powerful supervision and effective implementation of the judicial responsibility system, which directly affects the quality and efficiency of the people's courts in handling cases, and directly affects the overall stability of the society and the rights and interests of the people. As one of the first batch of pilot provinces for judicial reform in China, Jilin takes the lead in the reform work with the implementation of the judicial responsibility system as the core, and promotes the judicial reform in an orderly and effective manner for the courts throughout the country, especially the implementation of the judicial responsibility system reform, which contributes Jilin wisdom and provides Jilin solutions. But compared with the new requirements of the Party and the new expectations of the people, the courts of Jilin Province have exposed some shortcomings in the process of promoting the reform, especially in the construction of the judicial responsibility system. Therefore, Jilin court should correctly understand and grasp the new situation, new tasks and new requirements of promoting the construction of judicial responsibility system, take scientific responsibility, serious examination and supervision, strict accountability and accountability as the important grasp, constantly improve the judicial power restriction and supervision system framework covering all fields of the people's court, all links of the trial, and all aspects of the management, and build a judicial responsibility system with complete system, efficient operation and consistent power and responsibility as soon as possible.

Keywords: Judicial Power; Judicial Responsibility System; Supervision of the President of the Court

Contents ⎘

B.8   Research on Compliance Issues of Micro, Small, and
Medium-sized Enterprises Involved in Cases in Jilin
Province   *Liu Zhihui* / 125

Abstract: The procuratorial organs in Jilin Province have focused on the compliance reform of enterprises involved in cases, with a particular emphasis on micro, small, and medium-sized enterprises (MSMEs) due to their small size, strong resilience, and good growth potential. By extending the role of procuratorial functions, these organs have helped and urged numerous MSMEs involved in cases to carry out compliance rectification and establish a compliance system. Based on the practical experience of judicial handling, procuratorial organs across the province have explored the targeted simplified compliance model for MSMEs involved in cases, providing basic compliance guidance to these enterprises. From both internal and external perspectives of MSMEs involved in cases, they have constructed paths and models suitable for compliance rectification of MSMEs in Jilin Province, thereby enhancing the resilience and ability of MSMEs in our province to resist risks. This approach has enabled procuratorial organs to actively fulfill their duties, promote the transformation of corporate crime governance models, deepen the governance of the source of complaints, and effectively expand the space for criminal law to promote social governance.

Keywords: Micro, Small, and Medium-sized Enterprises Involved in Cases; Simplified Targeted Compliance; Compliance System

B.9   The Research Report on Personal Security Protection
Order of Jilin Provincial Court   *Huang Yiming* / 138

Abstract: Since the Law of the People's Republic of China Against Domestic Violence was officially launched, the data of case is growing. The system personal security protection order strongly enhances the intervention of the vulnerable group of family. The system has been implemented for nearly years, and the effectiveness of the system is evident through the work of courts and the later national promotion. This paper is based on the judicial practice of the system's problems, and then from national conditions to put forward suggestions for optimization.

Keywords: Personal Security Protection; Domestic Violence; Vulnerable Group

B.10 Jilin Provincial Community-corrections History Evolution and Development Status Countermeasures

Zhao Meng, Jiang Tao / 149

Abstract: The Jilin Provincial Community-corrections work has gone through the development of trials, comprehensive implementation, and implementation according to law. The province's Community-corrections work has achieved good legal effects and social effects. However, with the continuous changes in the Community-corrections situation, the community correction work is also facing problems such as insufficient institutional level, insufficient implementation level, and insufficient security level. It is recommended to fully promote the establishment of the Community-corrections committee to explore and improve the provincial level Community-corrections related correction related Legislation, further enhance the level of correction management of Community-corrections and law enforcement, and explore the establishment of a mechanism for exchanges and cooperation mechanisms for the Department of Law School of the University.

Keywords: Community-corrections; Punishment Execution Integrated; Smart Community-corrections

B . 11   Analysis and Countermeasures Research on the Current

Situation of People's Mediation Work in Jilin Province

Cui Jialiang / 163

Abstract: In recent years, significant achievements have been made in the people's mediation work in Jilin Province, fully leveraging its role as the first line of defense in maintaining social harmony and stability. It has identified and resolved a large number of conflicts and disputes, making positive contributions to the construction of a rule of law and peaceful Jilin. At the same time, there are also some prominent issues that should be addressed through strengthening the construction of people's mediation organizations and teams, ensuring funding for people's mediation, and continuously promoting innovative development in people's mediation work.

Keywords: People's Mediation; Fengqiao Experience; One-Stop People's Mediation

Ⅳ   Rule of Law Society

B . 12   Strengthen the Law Construction in Rural Areas and Help

Push Forward All-round Efforts in Rural Revitalization

— *Work Report Law Construction in Rural Areas in Jilin Province*

Zhang Chao / 175

Abstract: Strengthening the law construction in rural areas is an important component of comprehensively implementing the rule of law and an effective means of providing a sound legal environment for implementing the rural revitalization strategy. In recent years, marked efforts have been produced in continuously and comprehensively implementing the rule of law in the province and deeply strengthening the law construction in rural areas in Jilin Province. However, some new problems and challenges have also emerged. Therefore, it is necessary to strengthen the law construction in rural areas in the whole province and help push forward all-round efforts in rural revitalization continuously through various ways like strengthening the implementation of responsibilities for law construction in rural areas, continuously strengthening law learning and training, strengthening law publicity and education, properly handling cases related to peasant's livelihood guarantee, and strengthening the innovation of rural primary-level social governance work.

Keywords: Law Construction in Rural Areas; Ruling Province by Law; Rural Revitalization

B.13 Research on Building a New Type of Legal Education
Front in Jilin Province by Utilizing Red Cultural
Resources   *Li Xiansong* / 190

Abstract: Jilin Province has abundant red cultural resources and obvious advantages, which are important spiritual and material sources for the cultural development of Jilin Province. Highlighting regional characteristics throughout the province, continuously innovating the inheritance, promotion, protection and utilization of red cultural resources. However, Jilin Province is not yet very mature in the deep integration and gradual development and utilization of existing red cultural resources and legal elements to form a legal propaganda and education platform. Entering a new stage of historical development, Jilin Province should combine the "Eighth Five Year Plan" legal education work, pay attention to the use of red cultural resources within the province, actively create new platforms for legal publicity and education, actively promote the use and development of red cultural resources, deeply integrate with legal education and legal governance work, create new legal platforms, and better play the role of red legal culture in the nationwide legal education work.

Keywords: Red Culture; Legal Education Front; Cultural Strong Province

B. 14　Research on the Current Situation and Mechanism

　　　Innovation of Legal Aid Work in Jilin Province

Zhang Xinmei / 198

Abstract: In recent years, the legal aid work in Jilin Province has achieved significant results in the construction of standardization and rule of law. Based on the construction of the legal aid regulatory system, the legal aid work service network has been basically established, the guarantee of legal aid funds and the on duty lawyer system have been further optimized, and the protection of the rights and interests of vulnerable groups has gradually increased. However, due to various constraints, the legal aid work in Jilin Province still faces problems such as insufficient funding, lack of professional personnel, low social participation, and intensified supply-demand contradictions. In this regard, it is necessary to explore the service potential of existing legal aid service institutions and personnel in Jilin Province through "open source" methods, encourage and support more qualified social diverse entities to participate in legal aid through various channels and forms, in order to make up for the shortage of legal aid resources in Jilin Province and expand the supply side of legal aid services.

Keywords: Legal Aid; Collaborative Governance; Diversified Supply

B. 15　Public Legal Services Assist Rural Revitalization in

　　　Changchun

Joint Research Group of Changchun Municipal Bureau of

Justice and Jilin Academy of Social Sciences / 212

Abstract: In the context of rural revitalization, the Changchun Municipal Bureau of Justice attaches great importance to the role of public legal services in promoting the rural revitalization strategy. In line with the specific deployment of the "Rural Revitalization and Rule of Law Peer" activity plan by the Ministry of

Justice and Jilin Province, public legal services have made efforts in multiple directions, and measures such as promoting full coverage of rural public legal service platforms, increasing agricultural legal aid, promoting diversified and specialized legal services, and promoting the construction of rule of law rural areas have been implemented and effective, assisting the revitalization of rural areas in Changchun.

However, there are still some imbalanced and insufficient problems in the construction of the public legal service system in Changchun. We should take some positive action focus on the general requirements of rural revitalization, which are " prosperous industries, livable ecology, civilized rural culture, effective governance and prosperous life", establish and improve the supply mechanism of services based on demand, give fully play to the role of grass-roots governments and service institutions, improve the service evaluation mechanism. To respond to the development and changes of the new era, meet the new legal needs of the people, and carry out rich content and diverse forms of public legal services for agriculture.

Keywords: Public Legal Services; Rule of Law Rural Construction; Rural Revitalization

B. 16 Research on Countermeasures to Optimize the Law-based Business Environment in Jilin Province

Su Zhiheng, Lin Haibo / 226

Abstract: The business environment is the soil for the survival and development of enterprises, reflecting the economic competitiveness of a country and region. Currently, China's regional economic development is facing some new situations and problems. To accelerate the realization of comprehensive and comprehensive revitalization in Jilin Province, the fundamental solution is optimizing and improving the business environment. By adhering to problem orientation, goal orientation, and result orientation, targeting impediments, painpoints and aporias, research to promote reform and innovation in the system, optimize and reconstruct processes, make practical and transparent policies, and provide high-quality, efficient, and convenient services, to propose ideas and countermeasures for optimizing and improving the legal business environment from multiple dimensions such as policies, regulations, and institutional mechanisms.

Keywords: Business Environment; Credit System; Comprehensive Revitalization

B.17 Jilin Province to Play the Role of Judicial Function,
Optimize Business Environment Research Report
Zhang Ying, Wei Ying / 239

Abstract: The rule of law is not only the inherent requirement of market economy, but also the fundamental guarantee of its sound operation. The people's court is the department primarily responsible for ensuring judicial services and optimizing the business environment. In recent years, Jilin court has always put the optimization of business environment ruled by law in an important position, adhere to the problem oriented, goal oriented, effect oriented, vigorously carry out the rule of law business environment construction special action and improve the rule of law business environment construction action, and achieved remarkable results. Through investigation and research, this report summarizes the achievements and experience of Jilin court in the construction of multi-dispute resolution mechanism, the qualitative efficiency of trial execution and the "handling of bankruptcy." The bankruptcy trial mechanism is not perfect, the communication between the linkage departments is not close, the litigation service level needs to be improved and other problems, put forward the current and future period of Jilin court to play the role of judicial functions, optimize the business environment work ideas, such as promoting the source of litigation governance work, Strengthen the concept of prudent and goodwill justice, optimize the bankruptcy trial, adhere to the principle of comprehensive and equal protection, in order to promote the business environment of Jilin Province to step into and maintain the country's first phalanx, in order to accelerate the construction of socialist modernization of Jilin to provide more powerful judicial services and protection.

Keywords: Business Environment; Litigation Source Governance; Prudence Goodwill

B.18 Research on Innovation of Grassroots Social Comprehensive Governance Model in Jilin Province

Xu Jian / 252

Abstract: In today's rapidly developing science and technology economy, the comprehensive governance model of grassroots society can no longer keep up with the pace of science and technology economy development. Improving the social governance system of co construction, co governance, and sharing, strengthening and innovating the ability of comprehensive governance of grassroots society, has received attention from local governments. This article analyzes the innovative exploration of grassroots social comprehensive governance in Jilin Province, encourages the promotion of good practices, summarizes experiences, lessons learned and shortcomings, proposes feasible improvement suggestions, and studies innovative governance models. The aim is to enhance people's sense of gain, belonging, security, and responsibility, while continuously improving the management level and efficiency of grassroots social comprehensive governance, and achieving greater results.

Keywords: Grassroots Comprehensive Governance; Social Governance; Grid Management

V   Industry Regulation

B.19   Research on Legal System Guarantee of Ecological

Environmental Protection in Jilin Province

He Zhipeng，Sun Lu / 263

Abstract：The construction of ecological civilization and environment and resource protection is of great significance to the comprehensive revitalization of Jilin and all-round revitalization. While meeting the needs of the people's beautiful ecological environment, it can bring new kinetic energy and growth points to economic development with green industrial models such as summer and snow-saving tourism, "straw change", etc. , and effectively promote the comprehensive revitalization of the economy and society. Jilin Province's ecological environmental protection has been very effective in terms of policy planning, regulatory standards, institutional mechanisms, and work activities, but there are still some restrictions and deficiencies. Facing the opportunity and challenges of the "Fourteenth Five-Year Plan", we should provide better and effective policy legal guarantees for the development of the ecological civilization and environmental protection of Jilin Province from the aspects of further strengthening policy planning, improving regulations, and strengthening systems.

Keywords：Ecological Civilization Construction；Environmental Protection；Green Development

B.20   Practice and Reflection on Combating Telecom and

Online Fraud in Jilin Province   *Zhang Mingzheng / 278*

Abstract：With the rapid development of Internet technology and the accelerated evolution of the information society，Telecom and Online Fraud has gradually become the crime form with the largest number of cases, the largest amount of losses and the most extensive impact in China. The number of cases accounts for half of the total number of criminal cases of property infringement. Telecom and Online Fraud has the characteristics of strong technology, difficult to thoroughly control, and difficult to recover losses. Therefore, it is necessary to persist in "countering technology with technology", "fighting the team with the team", and "fighting the profession with the profession". Unswervingly advancing the work of countering Telecom and Online Fraud is required by the situation, the people's expectations, and the task is urgent.

Keywords: Telecom Fraud; Anti-fraud Consciousness; Early Warning; Dissuade

B. 21 Practice and Exploration of Deepening the Reform of Pharmaceutical Supervision System in Jilin Province

Jin Feng / 290

Abstract: Jilin Province is a major pharmaceutical province. The Jilin provincial party committee and the provincial government have upgraded the spatial layout of the "one major city and six double plans" strategy to a high-quality development strategy, continued to deepen the reform of the pharmaceutical regulatory system, accelerated the improvement of the local pharmaceutical laws and regulations system, innovated the establishment of a law-based administrative system and mechanism, fundamentally curbed systemic and regional pharmaceutical safety incidents, and achieved remarkable results in the construction of a law-based pharmaceutical supervision government. It provides a strong organizational guarantee for the construction of a major pharmaceutical province. In view of the new problems, new tasks and new challenges encountered in the process of promoting the high-quality development of the pharmaceutical industry in Jilin Province, it is necessary to further strengthen the reform efforts, strengthen the

Party's overall leadership of the pharmaceutical safety work, promote the implementation of pharmaceutical safety responsibilities in all aspects, and solidly promote the modernization of the pharmaceutical supervision and governance system and governance capacity. These strategies are important to create a good development environment for the all-round revitalization of Jilin Province, and constantly meet the people's yearning for a healthy and beautiful life.

Keywords: Pharmaceutical Safety; Scientific Supervision; Credit Supervision; Warning Interview

B. 22　Research Report on Improving Intellectual Property

　　　Protection in Jilin Province　　　　　　　　*Li Xue* / 305

Abstract: In recent years, Jilin Province has been guided by the implementation of the national strategy of building a strong intellectual property country, focusing on the high-quality development strategy of "one main, six double", adhering to strong protection, consolidating the foundation, promoting development, and high-quality promotion of intellectual property protection work, achieving a series of significant results. However, due to various constraints, there are still some problems and challenges. Therefore, it is necessary to further combine the brand characteristics of the provincial capital, gradually build a highland for intellectual property protection, promote effective connection between patent technology supply and demand, Strengthen the full chain protection of intellectual property, and thereby assist in the construction of a strong intellectual property province in Jilin Province.

Keywords: Intellectual Property; Strong Province of Intellectual Property Rights; Full Chain Protection

VI Social Governance

B . 23 Report of Social Governance in Jilin Province

The Party School of the CPC Jilin Provincial Committee Research Group / 316

Abstract: Social governance is a major task of social construction. It is an important part of national governance system and governance capacity. Meanwhile, it determines the pace of building a rule of law in country and rule of law in China. In the context of the new era, based on the actual situation of Jilin Province. It achieved remarkable achievements in popularize law, rule of law culture, grassroots autonomy, grid management, mass prevention and mass governance, conflict resolution and other aspects. At the same time, there are also some shortcomings. In the future, there should be get further efforts on optimize the means of publicizing law, strengthen the construction of the rule of law culture, effectively promote the construction of network governance, and unblock channels for resolving conflicts and disputes.

Keywords: Social Governance; Legalization; Society Governed by Law

B . 24 Research on Jilin Province to Improve Social
Organizations' Capabilities to Participate in Grassroots
Social Governance   *Sun Lu* / 330

Abstract: Jilin Province has continuously promoted the healthy development of social organizations and their active participation in grassroots social governance. It has achieved obvious results in increasing the number and enhancement of vitality, purifying the development environment, promoting the reform of institutional mechanisms, carrying out social work services, and helping urban and rural social rejuvenation. However, at current time, social organizations are still subject to a series of negative elements including the incomplete scale and structure in the grassroots social governance, their own construction needs to be strengthened, the quality of public service needs to be improved, the role of participation in public affairs needs to be strengthened, and the role relationships needs to be clarified. In the future, the path to further enhance the ability of social organizations in Jilin Province to participate in grassroots social governance includes: improving relevant regulations and policies; improving relevant systems and mechanisms; continuous deepening of party building of social organizations; properly handling the relationships between various subjects; and promoting social organizations to strengthen their own construction.

Keywords: Social Organizations; Public Services; Grassroots Social Governance; Social Work

社会科学文献出版社

皮 书

智库成果出版与传播平台

❖ 皮书定义 ❖

皮书是对中国与世界发展状况和热点问题进行年度监测，以专业的角度、专家的视野和实证研究方法，针对某一领域或区域现状与发展态势展开分析和预测，具备前沿性、原创性、实证性、连续性、时效性等特点的公开出版物，由一系列权威研究报告组成。

❖ 皮书作者 ❖

皮书系列报告作者以国内外一流研究机构、知名高校等重点智库的研究人员为主，多为相关领域一流专家学者，他们的观点代表了当下学界对中国与世界的现实和未来最高水平的解读与分析。

❖ 皮书荣誉 ❖

皮书作为中国社会科学院基础理论研究与应用对策研究融合发展的代表性成果，不仅是哲学社会科学工作者服务中国特色社会主义现代化建设的重要成果，更是助力中国特色新型智库建设、构建中国特色哲学社会科学"三大体系"的重要平台。皮书系列先后被列入"十二五""十三五""十四五"时期国家重点出版物出版专项规划项目；自2013年起，重点皮书被列入中国社会科学院国家哲学社会科学创新工程项目。

权威报告·连续出版·独家资源

皮书数据库
ANNUAL REPORT(YEARBOOK)
DATABASE

分析解读当下中国发展变迁的高端智库平台

所获荣誉

- 2022年，入选技术赋能"新闻+"推荐案例
- 2020年，入选全国新闻出版深度融合发展创新案例
- 2019年，入选国家新闻出版署数字出版精品遴选推荐计划
- 2016年，入选"十三五"国家重点电子出版物出版规划骨干工程
- 2013年，荣获"中国出版政府奖·网络出版物奖"提名奖

皮书数据库　　"社科数托邦"
　　　　　　　微信公众号

成为用户

　　登录网址www.pishu.com.cn访问皮书数据库网站或下载皮书数据库APP，通过手机号码验证或邮箱验证即可成为皮书数据库用户。

用户福利

- 已注册用户购书后可免费获赠100元皮书数据库充值卡。刮开充值卡涂层获取充值密码，登录并进入"会员中心"—"在线充值"—"充值卡充值"，充值成功即可购买和查看数据库内容。
- 用户福利最终解释权归社会科学文献出版社所有。

数据库服务热线：010-59367265
数据库服务QQ：2475522410
数据库服务邮箱：database@ssap.cn
图书销售热线：010-59367070/7028
图书服务QQ：1265056568
图书服务邮箱：duzhe@ssap.cn

社会科学文献出版社　皮书系列
SOCIAL SCIENCES ACADEMIC PRESS (CHINA)

卡号：835176223478
密码：

S 基本子库
UB DATABASE

中国社会发展数据库（下设 12 个专题子库）

紧扣人口、政治、外交、法律、教育、医疗卫生、资源环境等 12 个社会发展领域的前沿和热点，全面整合专业著作、智库报告、学术资讯、调研数据等类型资源，帮助用户追踪中国社会发展动态、研究社会发展战略与政策、了解社会热点问题、分析社会发展趋势。

中国经济发展数据库（下设 12 专题子库）

内容涵盖宏观经济、产业经济、工业经济、农业经济、财政金融、房地产经济、城市经济、商业贸易等 12 个重点经济领域，为把握经济运行态势、洞察经济发展规律、研判经济发展趋势、进行经济调控决策提供参考和依据。

中国行业发展数据库（下设 17 个专题子库）

以中国国民经济行业分类为依据，覆盖金融业、旅游业、交通运输业、能源矿产业、制造业等 100 多个行业，跟踪分析国民经济相关行业市场运行状况和政策导向，汇集行业发展前沿资讯，为投资、从业及各种经济决策提供理论支撑和实践指导。

中国区域发展数据库（下设 4 个专题子库）

对中国特定区域内的经济、社会、文化等领域现状与发展情况进行深度分析和预测，涉及省级行政区、城市群、城市、农村等不同维度，研究层级至县及县以下行政区，为学者研究地方经济社会宏观态势、经验模式、发展案例提供支撑，为地方政府决策提供参考。

中国文化传媒数据库（下设 18 个专题子库）

内容覆盖文化产业、新闻传播、电影娱乐、文学艺术、群众文化、图书情报等 18 个重点研究领域，聚焦文化传媒领域发展前沿、热点话题、行业实践，服务用户的教学科研、文化投资、企业规划等需要。

世界经济与国际关系数据库（下设 6 个专题子库）

整合世界经济、国际政治、世界文化与科技、全球性问题、国际组织与国际法、区域研究 6 大领域研究成果，对世界经济形势、国际形势进行连续性深度分析，对年度热点问题进行专题解读，为研判全球发展趋势提供事实和数据支持。

法律声明

"皮书系列"（含蓝皮书、绿皮书、黄皮书）之品牌由社会科学文献出版社最早使用并持续至今，现已被中国图书行业所熟知。"皮书系列"的相关商标已在国家商标管理部门商标局注册，包括但不限于LOGO（ ）、皮书、Pishu、经济蓝皮书、社会蓝皮书等。"皮书系列"图书的注册商标专用权及封面设计、版式设计的著作权均为社会科学文献出版社所有。未经社会科学文献出版社书面授权许可，任何使用与"皮书系列"图书注册商标、封面设计、版式设计相同或者近似的文字、图形或其组合的行为均系侵权行为。

经作者授权，本书的专有出版权及信息网络传播权等为社会科学文献出版社享有。未经社会科学文献出版社书面授权许可，任何就本书内容的复制、发行或以数字形式进行网络传播的行为均系侵权行为。

社会科学文献出版社将通过法律途径追究上述侵权行为的法律责任，维护自身合法权益。

欢迎社会各界人士对侵犯社会科学文献出版社上述权利的侵权行为进行举报。电话：010-59367121，电子邮箱：fawubu@ssap.cn。

社会科学文献出版社